CB069960

0152

Primeiras linhas de
Direito Processual Civil

Volume 2 – Processo I

Conselho Editorial
André Luís Callegari
Carlos Alberto Molinaro
César Landa Arroyo
Daniel Francisco Mitidiero
Darci Guimarães Ribeiro
Draiton Gonzaga de Souza
Elaine Harzheim Macedo
Eugênio Facchini Neto
Giovani Agostini Saavedra
Ingo Wolfgang Sarlet
José Antonio Montilla Martos
Jose Luiz Bolzan de Morais
José Maria Porras Ramirez
José Maria Rosa Tesheiner
Leandro Paulsen
Lenio Luiz Streck
Miguel Àngel Presno Linera
Paulo Antônio Caliendo Velloso da Silveira
Paulo Mota Pinto

Dados Internacionais de Catalogação na Publicação (CIP)

P953   Primeiras linhas de direito processual civil / Felipe Camilo Dall'Alba, João Paulo Kulczynski Forster, coordenadores ; Artur Thompsen Carpes ... [et al.]. – Porto Alegre : Livraria do Advogado, 2017.
226 p. ; 23 cm.
Inclui bibliografia.
Conteúdo: v. 2. Processo I.
ISBN 978-85-69538-78-3

1. Processo civil. 2. Direito processual. 3. Jurisdição. 4. Ação (Direito). I. Dall'Alba, Felipe Camilo. II. Forster, João Paulo Kulczynski. III. Carpes, Artur Thompsen. IV. Processo I.

CDU 347.91/.95
CDD 347.05

Índice para catálogo sistemático:
1. Processo civil   347.91/.95

(Bibliotecária responsável: Sabrina Leal Araujo – CRB 10/1507)

Felipe Camilo Dall'Alba
João Paulo Kulczynski Forster

Coordenadores

Primeiras linhas de
Direito Processual Civil

Volume 2 – Processo I

Artur Thompsen Carpes
Dárcio Franco Lima Júnior
Felipe Camilo Dall'Alba
Fernando Rubin
Gisele Mazzoni Welsch
Guilherme Nassif Azem
Guilherme Puchalski Teixeira
Hilbert Maximiliano Akihito Obara
João Paulo Kulczynski Forster
Juliana Leite Ribeiro do Valle
Luís Alberto Reichelt
Marco Eugênio Gross
Marília Zanella Prates
Miguel do Nascimento Costa

livraria
DO ADVOGADO
editora

Porto Alegre, 2017

© dos Autores 2017

Capa, projeto gráfico e diagramação
Livraria do Advogado Editora

Revisão
Rosane Marques Borba

Direitos desta edição reservados por
Livraria do Advogado Editora Ltda.
Rua Riachuelo, 1300
90010-273 Porto Alegre RS
Fone: 0800-51-7522
editora@livrariadoadvogado.com.br
www.doadvogado.com.br

Impresso no Brasil / Printed in Brazil

Os autores

Artur Thompsen Carpes
Mestre e Doutor em Direito pelo Universidade Federal do Rio Grande do Sul (UFRGS). Professor do Centro Universitário Ritter dos Reis (UNIRITTER). Advogado.

Dárcio Franco Lima Júnior
Mestre em Direito pela Universidade Federal do Rio Grande do Sul (UFRGS). Professor do Centro Universitário Ritter dos Reis (UNIRITTER). Assessor de Desembargador no Tribunal de Justiça do Estado do Rio Grande do Sul.

Felipe Camilo Dall'Alba (coord.)
Mestre em Direito pela Universidade Federal do Rio Grande do Sul (UFRGS). Professor do Centro Universitário Ritter dos Reis (UNIRITTER). Procurador Federal da AGU.

Fernando Rubin
Mestre em Direito pela Universidade Federal do Rio Grande do Sul (UFRGS) e doutorando pela Pontifícia Universidade Católica do Rio Grande do Sul (PUCRS). Professor do Centro Universitário Ritter dos Reis (UNIRITTER). Advogado.

Gisele Mazzoni Welsch
Doutora em Direito pela Pontifícia Universidade Católica do Rio Grande do Sul (PUCRS). Professora do Centro Universitário metodista do IPA. Advogada.

Guilherme Nassif Azem
Mestre em Direito pela Pontifícia Universidade Católica do Rio Grande do Sul (PUCRS). Professor nos cursos de pós-graduação em Direito Processual Civil da Uniritter, do Verbo Jurídico e outras instituições. Procurador Federal da AGU.

Guilherme Puchalski Teixeira
Mestre e doutorando em Direito pela Pontifícia Universidade Católica do Rio Grande do Sul (PUCRS). Professor nos cursos de LLM em Direito dos Negócios da Unisinos. Advogado.

Hilbert Maximiliano Akihito Obara
Mestre e doutorando pela Universidade do Vale dos Sinos (UNIRISINOS). Professor do Centro Universitário Ritter dos Reis (UNIRITTER). Juiz de direito.

João Paulo Kulczynski Forster (coord.)
Mestre e Doutor em Direito pelo Universidade Federal do Rio Grande do Sul (UFRGS). Professor do Centro Universitário Ritter dos Reis (UNIRITTER). Advogado.

Juliana Leite Ribeiro do Valle
Mestre em Direito pela Universidade Federal do Rio Grande do Sul (UFRGS). Professora do Centro Universitário Ritter dos Reis (UNIRITTER). Advogada.

Luís Alberto Reichelt
Mestre e Doutor em Direito pela Universidade Federal do Rio Grande do Sul (UFRGS). Professor nos cursos de graduação, especialização, mestrado e doutorado em Direito da Pontifícia Universidade Católica do Rio Grande do Sul (PUCRS). Procurador da Fazenda Nacional.

Marco Eugênio Gross
Doutor e Mestre em Direito pela Universidade Federal do Rio Grande do Sul (UFRGS). Professor nos cursos de pós-graduação em Direito Processual Civil da Uniritter e Unisinos. Assessor de Procurador de Justiça.

Marília Zanella Prates
Mestre em Direito pela Pontifícia Universidade Católica do Rio Grande do Sul (PUCRS). Professora do Centro Universitário Ritter dos Reis (UNIRITTER). Advogada.

Miguel do Nascimento Costa
Mestre pela Universidade do Vale dos Sinos (UNISINOS). Professor do Centro Universitário Ritter dos Reis (UNIRITTER) e do Centro Universitário La Salle (UNILASSALE). Advogado.

Sumário

1. Processo e procedimento: procedimento comum 11
Felipe Camilo Dall'Alba, Marco Eugênio Gross
1.1. Petição inicial 12
1.1.1. Requisitos 13
1.2. Emenda da inicial 22
1.3. Indeferimento 23

2. Comunicação dos atos processuais 26
Marília Zanella Prates
2.1. Citação 26
2.2. Intimação 32
2.3. Cartas 33

3. Audiência de mediação e conciliação 36
Gisele Mazzoni Welsch
3.1. Noções gerais e previsão legal 36
3.2. Forma e procedimento 37
3.3. Cabimento e matérias passíveis de autocomposição 41

4. Contestação e reconvenção 44
Felipe Camilo Dall'Alba, Guilherme Nassif Azem
4.1. Considerações iniciais 44
4.1.1. A resposta do réu 47
4.1.2. Defesa direta, indireta e reconvenção 47
4.2. Contestação 49
4.2.1. Prazo para oferecer a contestação 50
4.2.2. Princípio da eventualidade ou da concentração da defesa 51
4.2.3. Requisitos da contestação 52
4.2.4. Matérias processuais constantes da contestação 53
4.2.5. Ônus da impugnação específica dos fatos 55
4.3. Reconvenção 56

5. Revelia 60
Dárcio Franco Lima Júnior
5.1. Conceito 60
5.2. Hipóteses de incidência 61
5.3. Efeitos 62

6. Providências preliminares 66
Miguel do Nascimento Costa
6.1. Especificação de provas 68
6.2. Réplica 70

6.3. Julgamento conforme o estado do processo..................................72
6.3.1. Extinção do processo..72
6.3.2. Julgamento imediato do mérito..74

7. Audiência de Saneamento e audiência de instrução e julgamento......77
Fernando Rubin
7.1. Aspectos introdutórios..77
7.2. Audiência de saneamento..78
7.3. Audiência de instrução e julgamento..82
7.4. Considerações finais..91

8. Direito probatório..93
*João Paulo K. Forster, Artur Carpes, Marco Eugênio Gross,
Dárcio Franco Lima Júnior, Juliana Leite Ribeiro do Valle*
8.1. Teoria geral da prova..93
8.1.1. Conceito de prova..96
8.1.2. Função da prova..98
8.1.3. Fases do procedimento probatório......................................101
8.1.3.1. Fase de proposição da prova..102
8.1.3.2. Fase de admissibilidade da prova.....................................103
8.1.3.3. Fase da produção da prova..105
8.1.3.4. Valoração..106
8.1.3.5. Conclusão...108
8.1.4. Modelos de constatação..109
8.1.5. Ônus da prova..113
8.1.6. Poderes instrutórios do Juiz..119
8.1.7. Máximas de experiência..121
8.1.8. Presunções...125
8.2. Provas em espécie...127
8.2.1. Depoimento pessoal da parte..127
8.2.2. Confissão...132
8.2.3. Documentos...133
8.2.3.1. Considerações gerais...134
8.2.3.2. Arguição de falsidade documental...................................139
9.2.3.3. Ata notarial...143
8.2.3.4. Documentos eletrônicos..144
8.2.3.5. Exibição de documentos..145
8.2.4. Testemunhal..148
8.2.4.1. Generalidades...148
8.2.4.2. Conceito e Admissibilidade..149
8.2.4.2.1. Inadmissibilidade da prova testemunhal.......................150
8.2.4.2.2. Admissibilidade da prova testemunhal diante de início de prova por escrito..151
8.2.4.2.3. Admissibilidade da prova exclusivamente testemunhal...152
8.2.4.3. Quem pode depor como testemunha................................154
8.2.4.3.1. Capacidade para testemunhar e informante..................154
8.2.4.3.2. Incapacidade, impedimento e suspeição........................157
8.2.4.4. Fatos sobre os quais a testemunha não está obrigada a depor......160
8.2.4.5. Lugar da oitiva da testemunha...161
8.2.4.6. Produção da prova testemunhal.......................................163

8.2.4.6.1. O rol de testemunhas: prazo, número de testemunhas e informações necessárias..................163
8.2.4.6.2. Substituição das testemunhas já arroladas..................165
8.2.4.6.3. O juiz da causa arrolado como testemunha..................166
8.2.4.6.4. A intimação das testemunhas..................167
8.2.4.6.5. Inquirição das testemunhas..................168
8.2.4.7. Registro do depoimento..................171
8.2.4.8. Testemunhas referidas e acareação..................172
8.2.4.9. Depoimento de testemunha como serviço público..................174
8.2.4.10. Reembolso de despesas da testemunha..................174
8.2.5. Pericial..................175
8.2.5.1. Conceito..................175
8.2.5.2. Espécies de perícia..................176
8.2.5.3. O perito e os assistentes técnicos..................178
8.2.5.4. Procedimento..................180
8.2.5.5. Laudo e valoração..................182
8.2.6. Inspeção judicial..................185

9. Sentença..................188
Luís Alberto Reichelt, Guilherme Puchalski
9.1. Conceito de sentença..................188
9.1.1. A sentença como ato de aplicação de normas jurídicas..................190
9.1.2. A sentença como ato único. A teoria dos capítulos da sentença..................191
9.1.3. A sentença e o tempo do processo. Sentença final. Sentença liminar. Sentença em sede de julgamento antecipado do mérito..................193
9.2. Sentenças terminativas e sentenças definitivas..................195
9.3. Elementos essenciais da sentença..................196
9.3.1. Relatório..................196
9.3.2. Fundamentação..................197
9.3.3. Dispositivo..................199
9.4. Eficácias da sentença. Eficácia principal da sentença. Eficácias reflexas da sentença. Eficácias anexas da sentença..................199
9.5. A sentença e a regra de congruência..................200

10. Tutela provisória..................203
Hilbert Maximiliano Akihito Obara
10.1. Tutela de urgência..................205
10.2. Técnica antecipatória..................208
10.3. Cautelar..................210
10.3.1. Conceito..................210
10.3.2. Procedimento..................210
10.4. Satisfativa..................214
11.4.1. Conceito..................214
10.4.2. Procedimento..................215
10.5. Tutela de evidência..................218

11. Referências..................221

1. Processo e procedimento: procedimento comum

Felipe Camilo Dall'Alba

O processo engloba todo o conjunto de atos que se alonga no tempo, tendo uma existência duradoura, com o objetivo de resolver a lide, por sua vez o procedimento é a sequência de cada um dos vários atos que o integram. Resumindo: pode-se dizer que o processo é uma visão de conjunto, e o procedimento é uma visão parcelada.[1]

O CPC atual, assim como o anterior, adotou solução unitária, no que concerne ao processo, e múltipla, no que se refere às funções, ou seja, mediante um único processo é possível obter tutela jurisdicional de conhecimento, execução e cautelar. Trata-se de um processo sincrético.[2] O procedimento comum, assim, não é destinado somente às ações de conhecimento, mas também às ações que buscam uma sentença executiva.[3]

No CPC, o processo de conhecimento é subdividido em procedimento comum e procedimentos especiais. Como se vê, foi extinto o procedimento sumário.[4] Além disso, o procedimento comum aplica-se

---
[1] LACERDA, Galeno. *Teoria Geral do Processo*. Rio de Janeiro: Forense, 2006. p. 35. Importante consultar, também, FAVALE, José Ovalle. *Teoría General del Proceso*. México: Oxford, 2005.p.181-182.

[2] ALVARO DE OLIVEIRA, Carlos Alberto e MITIDIERO, Daniel. *Curso de Processo Civil*. São Paulo: Atlas, 2010. p.109.

[3] MEDINA, José Miguel Garcia. *Direito Processual Civil Moderno*. São Paulo: Revista dos Tribunais, 2016. p. 540.

[4] Art. 1.046. Ao entrar em vigor este Código, suas disposições se aplicarão desde logo aos processos pendentes, ficando revogada a Lei nº 5.869, de 11 de janeiro de 1973.210. § 1º As disposições da Lei nº 5.869, de 11 de janeiro de 1973, relativas ao procedimento sumário e aos procedimentos especiais que forem revogadas aplicar-se-ão às ações propostas e não sentenciadas até o início da vigência deste Código. § 2º Permanecem em vigor as disposições especiais dos procedimentos regulados em outras leis, aos quais se aplicará supletivamente este Código. § 3º Os processos mencionados no art. 1.218 da Lei nº 5.869, de 11 de janeiro de 1973, cujo procedimento ainda não tenha sido incorporado por lei submetem-se ao procedimento comum previsto neste Código. § 4º As remissões a disposições do Código de Processo Civil revogado, existentes em outras leis, passam a referir-se às que lhes são correspondentes neste Código. § 5º A primeira lista de processos para julgamento em ordem cronológica observará a antiguidade da distribuição entre os já conclusos na data da entrada em vigor deste Código.

subsidiariamente aos demais procedimentos especiais e ao processo de execução (CPC, art. 318). "Assim, o procedimento comum é o padrão, o modelo, o tipo, que será aplicado como regra, exceto quando houver disposição em sentido contrário, seja no próprio código, seja na legislação esparsa".[5]

O itinerário processual distinto, em diversas etapas, correspondentes aos tipos de atividades, a caracterização de cada uma delas antes se liga à predominância que à exclusividade, de maneira que suas fronteiras não são tão nítidas.[6] Pode-se adotar, por questões didáticas, a classificação de Carlos Alberto Alvaro de Oliveira e Daniel Mitidiero, que dividem as fases do procedimento em: a) **postulatória**, destinada a estabelecer os limites da controvérsia judicial, que compreende a petição inicial, citação do réu e resposta; b) **saneamento** que é destina a velar pela regularidade formal do processo, exercida pelo juiz, desde o recebimento da inicial até a sentença; c) **condensação**, que visa a tentar a solução da controvérsia mediante transação; d) **instrução** destinada a recolher o material probatório; d) **decisória**, em que ocorre a prolação da sentença; e) **recursal** é aquela em que as partes interpõem os recursos e, conforme o caso, tem também f) **liquidação**, destinada a apurar o valor devido da sentença condenatória genérica e g) **de cumprimento**, destinada à realização prática do comando sentencial.[7]

Pois bem, a partir de agora, na pena de diversos e qualificados autores, far-se-á o percurso de todas as fases do procedimento comum de primeiro grau, desde a petição inicial até a sentença.

1.1. Petição inicial

Marco Eugênio Gross

De um modo geral, pode-se afirmar que a petição inicial é o instrumento da demanda, em que se formula o pedido por escrito.[8] Por sua vez, a demanda é "o ato pelo qual o autor coloca o juiz na posição

---

[5] TEIXEIRA, Guilherme Freire. *Código de Processo Civil*. Coord. Cunha, J.S. Fagundes, Bochenek, Antonio César e Cambi, Eduardo. São Paulo: Revista dos Tribunais, 2016. p. 567.
[6] BARBOSA MOREIRA, José Carlos. *O Novo Processo Civil Brasileiro*. Rio de Janeiro: Forense, 2004. p. 5.
[7] ALVARO DE OLIVEIRA, Carlos Alberto; MITIDIERO, Daniel. *Curso de Processo Civil*. São Paulo: Atlas, 2010. p. 113/116.
[8] BARBOSA MOREIRA, José Carlos. *O Novo Processo Civil Brasileiro*. 25. ed. Rio de Janeiro: Forense, 2007, p. 11.

de bem conduzir o processo e decidir de acordo com o direito o conflito evidenciado em juízo pelo exercício da ação", sendo a "corporificação do direito de ação".[9]

Vale dizer: a demanda é algo abstrato, a petição inicial algo concreto, e, por conseguinte, ato formal e solene de provocação e limitação da atividade jurisdicional. Ou seja, enquanto a petição inicial é a forma, a demanda, que é ato jurídico, é o seu conteúdo.[10] Por essas razões, é que o art. 312 do Código de Processo Civil estabelece que se considera proposta a ação quando a petição for protocolada.

A partir dessas considerações, percebe-se que a petição inicial traz a formulação da pretensão de uma pessoa, provocando a atividade jurisdicional do Estado para que sua pretensão seja atendida. Não por menos, afirma-se, nessa direção, que a petição inicial é o "projeto da sentença", notadamente porque contém aquilo que o demandante almeja ser o conteúdo da decisão que vier a acolher seu pedido.[11]

De outro lado, é a partir dela que o réu irá contestar a pretensão formulada, razão por que a petição inicial deve ser "intelegível, clara e com conteúdo bem definido".[12]

1.1.1. Requisitos

Os requisitos da petição inicial são de duas espécies: *formais* e *estruturais*.[13]

Os *requisitos formais* são de caráter geral a que a lei submete todos os atos processuais.[14]

Nessa direção, *a petição inicial deve ser escrita*. Não se admite petição inicial oral. O que se admite, excepcionalmente, é a demanda oral, como no juizado especial cível.[15] Com efeito, o art. 14, *caput*, da

---

[9] MARINONI, Luiz Guilherme; ARENHART, Sérgio Cruz; MITIDIERO, Daniel. *Novo Curso de Direito Processual Civil*: tutela dos direitos mediante procedimento comum. Vol. 2. São Paulo: Revista dos Tribunais, 2015, p. 149.
[10] DIDIER JR., Fredie. *Curso de Processo Civil*: introdução ao direito processual civil, parte geral e processo de conhecimento. 18. ed. Salvador: Juspodivm, 2016. p. 556.
[11] THEODORO JÚNIOR, Humberto. *Curso de direito processual civil*: teoria geral do direito processual civil e processo de conhecimento. 54. ed. Rio de Janeiro: Forense, 2013. v. 1. p. 381.
[12] BONDIOLI, Luis Guilherme Aidar. In: WAMBIER, Teresa Arruda Alvim; DIDIER JR., Fredie; TALAMINI, Eduaro; DANTAS, Bruno (Coord.). *Breves Comentários ao novo Código de Processo Civil*, São Paulo: Revista dos Tribunais, 2015. p. 813.
[13] Trata-se de classificação realizada por DINAMARCO, Cândido Rangel. *Instituições de Direito Processual Civil*. 6. ed. São Paulo: Malheiros, 2009, vol. III. p. 365
[14] DINAMARCO, Cândido Rangel. *Instituições de Direito Processual Civil*. Op. cit. p. 365.
[15] DIDIER JR., Fredie. *Curso de Processo Civil*: introdução ao direito processual civil, parte geral e processo de conhecimento. Op. cit. p. 556.

Lei 9.099/95, diz que: "O processo instaurar-se-á com a apresentação do pedido, escrito ou oral, à Secretaria do Juizado", mas, em seu § 3º, determina que o pedido será reduzido a escrito pela Secretaria do Juizado. A mesma regra, aliás, vale para os Juizados Especiais Federais, tendo em vista a possibilidade de aplicação subsidiária dos dispositivos da Lei 9.099/95. Do mesmo modo, a Lei da Ação de Alimentos admite, no art. 3º, § 1º, excepcionalmente, que o pedido seja verbal, mas também determina que posteriormente a solicitação seja reduzida a termo.

Além disso, *a petição inicial deve utilizar a língua portuguesa,*[16] conforme prevê o art. 192 do Código de Processo Civil. Trata-se de concepção que vai ao encontro do direito fundamental ao contraditório, notadamente porque, sendo redigida na língua portuguesa, não há dúvidas de que a parte contrária terá cognoscibilidade dos fundamentos utilizados pelo demandante. No âmbito do Supremo Tribunal Federal, ademais, já foi ressaltado que "a imprescindibilidade do uso do idioma nacional nos atos processuais, além de corresponder a uma exigência que decorre de razoes vinculadas a própria soberania nacional, constitui projeção concretizadora da norma inscrita no art. 13, *caput*, da carta federal, que proclama ser a língua portuguesa 'o idioma oficial da República Federativa do Brasil'".[17]

Outrossim, *a petição inicial necessariamente deve ser assinada por quem possui capacidade postulatória*, ou seja, o advogado inscrito na Ordem dos Advogados do Brasil, o defensor público e o membro do Ministério Público.

Os *requisitos estruturais*, de outro lado, estão elencados no art. 319 do Código de Processo Civil.

De acordo com o art. 319, I, do CPC, a petição inicial indicará "o juízo a que é dirigida", devendo o autor observar, no particular, as regras de competência pertinentes estabelecidas na Constituição Federal e na legislação infraconstitucional.

Ou seja, a petição inicial é dirigida para um juiz estadual ou federal que atua no foro competente para o processamento e julgamento da causa, não podendo ser olvidados os casos de competência originária dos tribunais, caso em que a petição inicial será dirigida necessariamente à corte respectiva.

---

[16] A lembrança é de DINAMARCO, Cândido Rangel. *Instituições de Direito Processual Civil*. Op. cit. p. 365, muito embora o processualista refira a necessidade de uso do vernáculo, que era a expressão utilizada no correspondente art. 156 do CPC de 1973.
[17] HC 72391 QO, Rel. Min. Celso de Mello, Tribunal Pleno, julgado pelo Tribunal Pleno do Supremo Tribunal Federal em 08/03/1995.

O art. 319, II, do CPC estabelece que a petição inicial indicará "os nomes, os prenomes, o estado civil, a existência de união estável, a profissão, o número de inscrição no Cadastro de Pessoas Físicas ou no Cadastro Nacional de Pessoas Jurídicas, o endereço eletrônico, o domicílio e a residência do autor e do réu".

O objetivo do fornecimento dessas informações é evitar a confusão de pessoas (tendo em vista a possibilidade de homonímia), o que fica bem evidenciado a partir da exigência de fornecimento do número do CPF, bem como de facilitar a tarefa, sobretudo para os oficiais de justiça, da correta identificação do citando.[18] Além disso, a identificação das partes também tem o escopo verificar a incidência de algumas normas que têm por suposto fático algum dos qualificativos,[19] como, por exemplo, o litisconsórcio passivo necessário de pessoas casadas (art. 10, § 1º, do CPC), sendo que a profissão pode influenciar nas questões relativas à produção da prova (arts. 388, II, e 404, IV, do CPC), bem como na avaliação da impenhorabilidade de algum bem (art. 833, V, do CPC).[20] Ainda, o domicílio das partes, e especificamente do réu (em virtude do que dispõe o art. 46 do CPC), é importante fator de fixação da competência, sendo ainda relevante, assim como a residência e o endereço eletrônico, para a comunicação dos atos processuais

Importante observar que o autor pode requerer ao juiz, na petição inicial, diligências para a obtenção das informações acima especificadas, caso não as disponha, nos termos estabelecidos pelo art. 319, § 1º, do CPC. Outrossim, é expressamente vedado o indeferimento da inicial pela ausência das referidas informações, desde que possível a citação do demandado (art. 319, § 2º, do CPC), bem como "se a obtenção de tais informações tornar impossível ou excessivamente oneroso o acesso à justiça" (art. 319, § 3º, do CPC).

Por sua vez, o art. 319, III, do CPC determina a indicação, na petição inicial, do fato e dos fundamentos do pedido. O dispositivo legal trata, portanto, da causa de pedir (*causa petendi*).

Conceitualmente, causa de pedir nada mais é do que o detalhamento das questões fáticas, com a sua devida qualificação jurídica. Em outros termos, a causa de pedir é a *razão* que justifica o pedido.

---

[18] CARMONA, Carlos Alberto. Em torno da petição inicial. *Revista de Processo*, vol. 119 (2005), versão eletrônica. p. 02.

[19] DIDIER JR., Fredie. *Curso de Processo Civil*: introdução ao direito processual civil, parte geral e processo de conhecimento. Op. cit. p. 557.

[20] Conforme BONDIOLI, Luis Guilherme Aidar. In: WAMBIER, Teresa Arruda Alvim; DIDIER JR., Fredie; TALAMINI, Eduardo; DANTAS, Bruno (Coord). *Breves Comentários ao novo Código de Processo Civil*. Op. cit., p. 815-816, muito embora o autor ressalte ser prescindível a indicação da profissão.

Diante da sua conceituação, ou seja, de que a causa de pedir envolve basicamente a descrição de uma situação fático e a apresentação de seu nexo com um efeito jurídico, compreende-se mais facilmente a sua classificação em *causa de pedir remota*, que diz respeito especificamente ao fato constitutivo do direito do autor, *e causa de pedir próxima*, que é referente ao fundamento jurídico.[21]

A causa de pedir remota, fundamentalmente, deve dar consta do *fato essencial*, que é aquele que tem o condão de delimitar a pretensão e que constitui objeto de prova,[22] até mesmo porque o nosso Código de Processo Civil adotou, a exemplo do CPC/1973, *a teoria da substanciação da causa de pedir*, para a qual interessa a descrição do contexto fático, ou seja, "a causa de pedir pode ser considerada delineada com a invocação do fato jurídico essencial que dá lugar ao pedido".[23]

A causa de pedir próxima é igualmente relevante, pois é a partir dela que poderá ser verificada a compatibilidade dos fatos alegados com o ordenamento jurídico. Não obstante, não se pode olvidar a possibilidade de o juiz qualificar juridicamente os fatos de forma diversa, diante do brocardo *iura novit curia*.[24] Nesse caso, porém, essa alteração deve ser submetida previamente ao contraditório, nos termos do art. 10 do CPC, impedindo-se que "o poder do órgão judicial e a aplicação da regra *iura novit curia* redundem em instrumento de opressão e autoritarismo, servindo às vezes a um mal explicado tecnicismo, com obstrução à efetiva e correta aplicação do direito e à justiça do caso".[25]

O art. 319, IV, estabelece a necessidade de se indicar na petição inicial "o pedido com suas especificações". Trata-se de requisito elementar e considerado o "núcleo da petição inicial",[26] que consiste em uma técnica processual que permita a tutela do direito reclamado.

---

[21] CRUZ E TUCCI, José Rogério. A *causa petendi* no processo civil. 2. ed. São Paulo: Revista dos Tribunais, 2001. p. 154.

[22] CRUZ E TUCCI, José Rogério. *A causa petendi no processo civil*. Op. cit. p. 153.

[23] MARINONI, Luiz Guilherme; ARENHART, Sérgio Cruz; MITIDIERO, Daniel. *Novo Curso de Direito Processual Civil*: tutela dos direitos mediante procedimento comum. Op. cit. p. 154.

[24] Em razão disso, há quem sustente que a causa de pedir próxima (jurídica) é de "todo irrelevante para a individualização da demanda, não apenas a demanda continua a mesma, caso o juiz entenda por ignorar a causa de pedir jurídica invocada, como também não importa em nenhuma violação jurídica o julgamento que opta por ignorá-la (sempre respeitando o contraditório" (PACHECO MACHADO, Marcelo. Causa de pedir e teoria da relatividade do fato essencial. In: *Revista de Processo*, vol. 237 (2014): 89-113, p. 96.

[25] ALVARO DE OLIVEIRA, Carlos Alberto. A Garantia do Contraditório. In: *Do Formalismo no Processo Civil*. 2. ed. São Paulo: Saraiva, 2003. p. 237.

[26] DIDIER JR., Fredie. *Curso de Processo Civil*: introdução ao direito processual civil, parte geral e processo de conhecimento. Op. cit., p.563 e 574.

Fundamentalmente, o pedido se divide em *pedido imediato* e *pedido mediato*.

O *pedido imediato* é a providência jurisdicional (técnica processual) que se pretende, ou seja, é o pedido declaratório, constitutivo, condenatório, executivo e mandamental. Daí por que coloca a parte em contato direito com o direito processual.[27] Resumidamente, o *pedido declaratório* é aquele por meio do qual o autor pede a declaração da existência ou inexistência de um direito, e excepcionalmente a declaração sobre um fato (ex: declaratória de autenticidade ou falsidade documental). O *pedido constitutivo* é quando se postula a criação, extinção ou modificação de uma situação jurídica (ex: divórcio). O *pedido condenatório* é quando se pede ao juiz a condenação de uma pessoa ao pagamento de determinada quantia (ex: indenização por dano material e moral). O *pedido executivo* permite a realização do direito do autor independentemente da vontade do réu, como, por exemplo, na ação em que tenha por objeto a entrega de coisa (art. 498 do CPC), em que há a possibilidade, caso o réu não cumprir sua obrigação, de o juiz determinar a expedição de mandado de busca e apreensão ou de imissão na posse em favor do credor (art. 538 do CPC). Derradeiramente, o pedido *mandamental* se consubstancia na postulação de ordem ao juiz mediante coerção, e está vinculada, por exemplo, às ações que tenham por objeto prestação de fazer por fazer ou de não fazer (art. 497 do CPC), ocasião em que o juiz poderá determinar, para a efetivação da tutela específica postulada, a imposição de multa, entre outras medidas (art. 536, § 1º, do CPC).[28]

O *pedido mediato*, de outro lado, é o resultado prático (bem da vida) pretendido,[29] ou, em outras palavras, a tutela do direito postulada. Mais especificamente, consiste, por exemplo, na importância em dinheiro a ser recebida a título de título de indenização. Daí por que coloca a parte em contato direto com o direito substancial.[30]

Também deve ser salientado que *o pedido deve ser certo*, ou seja, expresso, e deve haver sua individualização, conforme determina o art. 322 do CPC. Portanto, é vedado ao autor, após expor os fatos e

---

[27] THEODORO JÚNIOR, Humberto. Estabilização da demanda no novo Código de Processo Civil. In: *Revista de Processo*, vol. 244 (2015): 196-205. p. 196.
[28] Conforme a conceituação realizada por MARINONI, Luiz Guilherme; ARENHART, Sérgio Cruz; MITIDIERO, Daniel. *Novo Curso de Direito Processual Civil*: tutela dos direitos mediante procedimento comum. Op. cit. p. 156-157.
[29] DIDIER JR., Fredie. *Curso de Processo Civil*: introdução ao direito processual civil, parte geral e processo de conhecimento. Op. cit. p. 574.
[30] THEODORO JÚNIOR, Humberto. *Estabilização da demanda no novo Código de Processo Civil*. Op. cit. p. 196.

os fundamentos jurídicos na petição, postular ao juiz "o que é de direito". Não obstante, admite-se *pedido implícito* em relação aos juros legais, à correção monetária e às verbas sucumbenciais (art. 322, § 1º, do CPC).

Além disso, o pedido deve ser determinado (art. 324 do CPC), estabelecendo-se, por conseguinte, os limites da pretensão. Desse modo, em ação de indenização por danos materiais, não pode o autor pedir a condenação do réu ao pagamento daquilo "que é devido", pois deve haver a especificação da quantia devida.

Excepcionalmente, é possível realizar *pedido (mediato) genérico* nas seguintes hipóteses:

1) quando, nas ações universais, o autor não puder individuar os bens demandados (art. 324, § 1º, I): trata-se daquelas ações em que o bem da vida postulado é universal. Por exemplo, poderá o autor intentar uma ação de petição de herança (art. 1824 do Código Civil) pedindo simplesmente que o juiz condene o réu a restituir-lhe os bens que compõem o acervo hereditário sem que, na petição inicial, seja necessária descrição de cada um desses bens;[31]

2) quando não for possível determinar, desde logo, as consequências do ato ou do fato (art. 324, § 1º, II): basta pensar em demanda indenizatória em que o autor refere que, em virtude de erro médico, ficou com sequelas físicas que ainda estão em fase de evolução, não sendo possível dimensionar os tratamentos médicos pertinentes que devem ser arcados pelo réu. Neste caso, portanto, admite-se o pedido genérico;

3) quando a determinação do objeto ou do valor da condenação depender de ato que deva ser praticado pelo réu: é o caso da ação de exigir contas (art. 550 do CPC), em que o autor postula a prestação das contas, mas sem determinar seu conteúdo.[32]

Além do pedido genérico, é possível a formulação de *pedido alternativo* "quando, pela natureza da obrigação, o devedor puder cumprir a prestação de mais de um modo" (art. 325 do CPC). Em outros termos, "quando a obrigação puder cumprir-se mediante uma de duas ou mais prestações (obrigações alternativas, obrigações com prestação facultativa ou com faculdade de substituição)".[33] Como é fácil perceber, o pedido alternativo possui relação direta com o direito material

---

[31] O exemplo é referido por BAPTISTA DA SILVA, Ovídio. *Curso de Processo Civil*: processo de conhecimento. 6. ed. São Paulo: Revista dos Tribunais, 2003. p. 225.
[32] O exemplo também é devido a BAPTISTA DA SILVA, Ovídio. *Curso de Processo Civil*: processo de conhecimento. Op. cit. p. 226.
[33] BARBOSA MOREIRA, José Carlos. *O Novo Processo Civil Brasileiro*. Op. cit. p. 13.

(obrigações alternativas, art. 252 do Código Civil), ou seja, diz respeito aos casos em que é possível a satisfação da obrigação por meio alternativo, em decorrência da lei ou de contrato.

Outro ponto que deve ser analisado diz respeito à *cumulação de pedidos*. Há três espécies:

a) A *cumulação subsidiária de pedidos ou cumulação alternativa*, que não se confunde com o pedido alternativo, está prevista no *caput* do art. 326, que assim dispõe: "É lícito formular mais de um pedido em ordem subsidiária, a fim de que o juiz conheça do posterior, quando não acolher o anterior". O dispositivo é claro: o juiz somente analisará o segundo pedido, caso não acolher o primeiro que foi formulado. Ou seja, há uma ordem de preferência nos pedidos formulados pelo demandante.

De outro lado, contudo, o parágrafo único do art. 326 estabelece ser "lícito formular mais de um pedido, alternativamente, para que o juiz acolha um deles", caso em que não há ordem de preferência nas postulações. Este, sim, é considerado "uma espécie de atipicização da regra do pedido alternativo (art. 325)".[34]

b) A *cumulação simples*, prevista no art. 327, envolve a cumulação de vários pedidos em um único processo contra o mesmo réu.[35] Neste caso, os pedidos devem ser compatíveis entre si, o mesmo juízo deve ser competente para conhecer deles e o procedimento deve ser adequado para todos os pedidos (art. 327, § 1º, e respectivos incisos).

---

[34] MARINONI, Luiz Guilherme; ARENHART, Sérgio Cruz; MITIDIERO, Daniel. Novo *Curso de Direito Processual Civil*: tutela dos direitos mediante procedimento comum. Op. cit. p. 156-157.

[35] Sob a vigência do CPC de 1973, cujo correspondente artigo 292 possuía redação similar, havia corrente jurisprudencial que admitia a cumulação simples de pedidos contra réus diversos: PROCESSUAL CIVIL. OFENSA AO ART. 535 DO CPC NÃO CONFIGURADA. CUMULAÇÃO DE PEDIDOS. ART. 292 DO CPC. CABIMENTO. REQUISITOS. DIVERSIDADE DE RÉUS 1. A solução integral da controvérsia, com fundamento suficiente, não caracteriza ofensa ao art. 535 do CPC. 2. É assente nesta Corte a possibilidade de cumulação de pedidos, nos termos do art. 292 do Código de Processo Civil, quando houver na demanda ponto comum de ordem jurídica ou fática, ainda que contra réus diversos. 3. A expressão "contra o mesmo réu" referida no art. 292 do CPC deve ser interpretada cum grano salis, de modo a se preservar o fundamento técnico-político da norma de cumulação simples de pedidos, que é a eficiência do processo e da prestação jurisdicional. 4. Respeitados os requisitos do art. 292, § 1º, do CPC (= compatibilidade de pedidos, competência do juízo e adequação do tipo de procedimento), aos quais se deve acrescentar a exigência de que não cause tumulto processual (pressuposto pragmático), nem comprometa a defesa dos demandados (pressuposto político), é admissível, inclusive em ação civil pública, a cumulação de pedidos contra réus distintos e atinentes a fatos igualmente distintos, desde que estes guardem alguma relação entre si. 5. Seria um equívoco exigir a propositura de ações civis públicas individuais para cada uma das várias licitações impugnadas as quais, embora formalmente diversas entre si, integram uma sequência temporal de atos de uma única administração municipal e ocorreram no âmbito do mesmo órgão e programa social. 6. Agravo Regimental não provido. (Agravo Regimental no Recurso Especial nº 953.731/SP, Rel. Ministro Herman Benjamin, julgado pela Segunda Turma do Superior Tribunal de Justiça em 02/10/2008).

O que deve ficar claro é que havendo, por exemplo, dois pedidos, eles se somam, na medida em que a pretensão do autor é obter duplo resultado, não havendo, evidentemente, qualquer preordenação lógica entre eles.[36]

Logo, nada impede que o demandante postule indenização por danos materiais e morais em razão do mesmo ato ilícito cometido pelo demandado, sendo que a apreciação de um pedido é independentemente do outro.

c) A *cumulação sucessiva eventual* exige o acolhimento do pedido anterior para que se torne possível o conhecimento do pedido posterior. Diante disso, o Superior Tribunal de Justiça já decidiu que há cumulação sucessiva quando o demandante "requer o direito à compensação e posteriormente, caso esse pedido seja acolhido e, ainda assim, haja valores a receber, que estes sejam restituídos ou transferidos a terceiros".[37]

Finalmente, não se pode perder de vista que a inalterabilidade da causa de pedir e do pedido é importante elemento do formalismo processual, em que sobressai "o interesse público numa solução mais rápida do litígio judicial, e também o próprio caráter ordenador do processo, a correr o risco de se transformar num novelo inextricável, se deixado ao alvedrio das partes a mudança do pedido ou da causa de pedir a qualquer hora".[38]

Não por menos, a possibilidade de *modificação da causa de pedir e do pedido*, mediante adição ou alteração, pelo autor, somente é possível "até a citação (...), independentemente de consentimento do réu" (art. 329, I, do CPC), ou "até o saneamento do processo", caso em que deve ocorrer o "consentimento do réu, assegurado mediante o contraditório a possibilidade de manifestação deste no prazo mínimo de 15 (quinze) dias, facultado o requerimento de prova suplementar" (art. 329, II, do CPC).

Note-se, portanto, que não mais se exige que a alteração do pedido e da causa de pedir preserve as partes que constavam originalmente na petição inicial, como, porém, determinava o artigo 264 do CPC de 1973. Significa dizer que, tendo em vista a ausência de referência a respeito no art. 329 do CPC de 2015, nada impede que haja também a modificação das partes constantes na petição inicial, nas hipóteses previstas no referido artigo.

---

[36] BAPTISTA DA SILVA, Ovídio. *Curso de Processo Civil:* processo de conhecimento. Op. cit. p. 227-228.
[37] Recurso Especial nº 1371124/SC, Rel. Ministro Humberto Martins, julgado pela Segunda Turma do Superior Tribunal de Justiça em 25/06/2013.
[38] ALVARO DE OLIVEIRA, Carlos Alberto. *Do Formalismo no Processo Civil:* proposta de um formalismo-valorativo. 3 ed. São Paulo: Saraiva, 2009. p. 172.

Também ainda sob a vigência do CPC de 1973, não se admitia, "em nenhuma hipótese", a alteração do pedido ou da causa de pedir após o saneamento do processo (art. 264, parágrafo único). Taxativa proibição não consta na redação do art. 329 do vigente CPC; logo, diante da cláusula geral de negociação sobre o processo, prevista no art. 190 do CPC, nada impede a modificação acordada do pedido e da causa de pedir desde que as partes sejam capazes e o processo verse sobre direitos disponíveis.[39]

O art. 319, V, estabelece a necessidade de a petição inicial indicar o "valor causa". Com efeito, a toda a causa deve-se atribuir um valor, ainda que não tenha conteúdo econômico imediatamente aferível, conforme está disposto no art. 291 do CPC.

O valor da causa influencia sobretudo na fixação da competência, como no caso no Juizado Especial Federal Cível e do Juizado Especial da Fazenda Pública (art. 3º da Lei nº 10.259/2001 e art. 2º da Lei nº 12.153/2009)

Para efeitos processuais, a fixação do valor da causa pode ser legal ou voluntária.[40] No primeiro caso, a lei estabelece os critérios que devem ser seguidos para a fixação do valor da causa (art. 292) e, no segundo, é feita uma estimativa pelo autor. Em relação a este último caso, e sob a vigência do CPC de 1973, já foi referido no âmbito do Superior Tribunal de Justiça que: "Nos casos em que não é possível a imediata determinação do *quantum* da pretendida indenização, é lícito formular pedido genérico (art. 286, do CPC), hipótese em que, ante a exigência positivada no art. 258, do CPC, admite-se que o valor da causa seja estimado pelo autor, em quantia simbólica e provisória, passível de posterior adequação ao valor apurado pela sentença ou no procedimento de liquidação".[41] Cumpre observar, porém, que, de acordo com o vigente CPC, mesmo se tratando de ação de indenização por danos morais, deverá o autor indicar como valor da causa o valor pretendido a título de reparação (art. 292, V).

Além disso, o juiz poderá corrigir de ofício e por arbitramento o valor da causa, quando verificar que "não corresponde ao conteúdo patrimonial em discussão ou ao proveito econômico perseguido pelo autor" (art. 292, § 3º), previsão essa inexistente na sistemática processual anterior.

---

[39] A lembrança é de MARINONI, Luiz Guilherme; ARENHART, Sérgio Cruz; MITIDIERO, Daniel. *Novo Curso de Direito Processual Civil*: tutela dos direitos mediante procedimento comum. Op. cit. p. 164.

[40] BARBOSA MOREIRA, José Carlos. *O Novo Processo Civil Brasileiro*. Op. cit. p. 20.

[41] Recurso Especial nº 363.445/RJ, Rel. Ministra Nancy Andrighi, julgado pela Terceira Turma do Superior Tribunal de Justiça em 21/02/2002.

Também é necessário que o autor indique, na petição inicial, as provas com que "pretende demonstrar a verdade dos fatos alegados" (art. 319, VI). No particular, admite-se a formulação de pedido genérico, na medida em que somente após a resposta do demandado é que se saberá, de fato, os pontos controvertidos e, por conseguinte, os fatos que dependem de prova.

Conforme o art. 319, VII, a petição inicial deverá indicar "a opção do autor pela realização ou não de conciliação ou de mediação". Trata-se de concepção que vai ao encontro das normas fundamentais do CPC, especialmente aquela que visa à solução consensual do litígio (art. 3º, § 2º). O momento adequado para tanto é a audiência de conciliação ou de mediação, e que está regulamentada no art. 334.

Ao lado de todos esses requisitos, o Código de Processo Civil, em seu art. 320, refere que: "A petição inicial será instruída com os documentos indispensáveis à propositura da ação". De uma forma ampla, e conforme a definição de Francesco Carnelutti, o documento é uma *coisa* representativa de um fato.[42] Contudo, esse documento deve ser *indispensável à propositura da ação*, ou seja, sem o qual "o pedido não pode ser apreciado pelo mérito".[43]

Embora a análise a respeito da indispensabilidade dependa do caso concreto, há algumas situações em que é possível verificar, desde logo, a necessidade de juntada dos documentos com a petição. Por exemplo: se na petição consta que o autor da ação é incapaz em razão da idade ou que os demandantes são casados entre si, deverá haver a comprovação imediata por meio do documento pertinente (certidão de nascimento ou documento de identidade, no primeiro caso, e certidão de casamento, no segundo caso); em se tratando de ação de despejo, é indispensável que a petição inicial seja instruída com o contrato de locação; no inventário judicial, certidão óbito. Além disso, é indispensável que a petição inicial seja instruída com a procuração outorgada ao advogado (art. 104 do CPC).

1.2. Emenda da inicial

De acordo com o art. 321 do CPC, "O juiz, ao verificar que a petição inicial não preenche os requisitos dos arts. 319 e 320 ou que apresenta defeitos e irregularidades capazes de dificultar o julgamento de mérito, determinará que o autor, no prazo de 15 (quinze) dias, a

---

[42] CARNELUTTI, Francesco. *La Prova Civile*. 2. ed. Roma: Dell'ateneo, 1947. p. 140 e 183.

[43] NERY JR. Nelson; Rosa Maria de Andrade. *Comentários ao Código de Processo Civil*. São Paulo: Revista dos Tribunais, 2015, versão *e-book*. p. 1214.

emende ou a complete, indicando com precisão o que deve ser corrigido ou completado".

A partir desse dispositivo legal, percebe-se que o autor tem o direito subjetivo à emenda da inicial,[44] sendo que cabe ao julgador especificar exatamente as irregularidades que devem ser sanadas, o que vai ao encontro da norma fundamental da colaboração processual (art. 6º). Significa dizer: tendo o juiz verificado a existência de vícios sanáveis, deve, diante dos deveres de prevenção e esclarecimento (que integram a colaboração processual), cientificar a parte acerca precisamente acerca daquilo que deve ser corrigido.[45]

O prazo estabelecido no artigo referido não é peremptório, mas dilatório,[46] passível, portanto, de flexibilização. Como corolário, pode o juiz aceitar a emenda da petição inicial realizada fora do prazo legal,[47] o que inclusive pode ocorrer em fase mais avançada do processo, tendo em vista o que dispõe o art. 317 CPC.[48] Entretanto, somente se admite a emenda à petição inicial após a citação ou contestação se isso não importar alteração da causa de pedir ou do pedido sem o consentimento do réu.[49]

Não sendo satisfatória a emenda da petição inicial, nada impede que o juiz determine nova emenda; contudo, se o autor não cumprir a diligência, o juiz indeferirá a petição inicial (art. 321, parágrafo único).

1.3. Indeferimento

Há a possibilidade de a petição inicial ser indeferida, o que impede o prosseguimento da causa. Evidente, assim, que se *a petição inicial*

---

[44] Apelação Cível nº 70046345153, Rel. Des. Altair de Lemos Júnior, julgado pela Vigésima Quarta Câmara Cível do Tribunal de Justiça do Rio Grande do Sul em 30/05/2012.
[45] Nessa direção, MARINONI, Luiz Guilherme; ARENHART, Sérgio Cruz; MITIDIERO, Daniel. Novo *Curso de Direito Processual Civil*: tutela dos direitos mediante procedimento comum. Op. cit., p. 166; DIDIER JR., Fredie. *Curso de Processo Civil*: introdução ao direito processual civil, parte geral e processo de conhecimento. Op. cit. p. 567.
[46] Recurso Especial nº 1133689/PE, Rel. Ministro Massami Uyeda, julgado pela Segunda Seção do Superior Tribunal de Justiça em 28/03/2012.
[47] Recurso Especial nº 826.613/SP, Rel. Ministro Teori Albino Zavascki, julgado pela Primeira Turma do Superior Tribunal de Justiça em julgado em 18/05/2010.
[48] A lembrança é devida a BONDIOLI, Luis Guilherme Aidar. In: WAMBIER, Teresa Arruda Alvim; DIDIER JR., Fredie; TALAMINI, Eduardo; DANTAS, Bruno (Coord). *Breves Comentários ao novo Código de Processo Civil*. Op. cit. p. 821.
[49] Agravo Regimental no Recurso Especial nº 1263614/PR, Rel. Ministro Marco Aurélio Bellizze, julgado pela 3ª T. do Superior Tribunal de Justiça em 23/02/2016; Recurso Especial nº 1477851/PR, Rel. Ministro Ricardo Villas Bôas Cueva, julgado pela 3ª T. do Superior Tribunal de Justiça em 23/06/2015. Em sede doutrinária, ver, nesse sentido, DIDIER JR., Fredie. *Curso de Processo Civil*: introdução ao direito processual civil, parte geral e processo de conhecimento. Op. cit., p. 566.

é indeferida, isso ocorre em momento anterior à citação. Ou seja, não se admite o indeferimento da inicial após a contestação. Logo, tendo sido apresentada contestação e verificando que o autor carece de interesse processual, não pode o juiz indeferir a petição inicial com base no art. 330, III, do CPC, mas deverá julgar extinto o processo sem resolução do mérito, de acordo com o art. 485, VI, do CPC.[50]

A primeira hipótese de indeferimento da inicial é quando a peça processual "for inepta" (art. 330, I).

Mais especificamente, é inepta a petição inicial que não possuir pedido ou causa de pedir (art. 330, § 1º, I). Com efeito, a falta de pedido é defeito gravíssimo, porquanto evidentemente deixa o processo sem objeto.[51] Nada impede, porém, que se determine a emenda da petição inicial se inexiste pedido[52] Do mesmo modo, considera-se que a formulação obscura (ininteligível) da causa de pedir ou do pedido também implica inépcia.[53]

Igualmente, se o pedido for indeterminado, ressalvadas as hipóteses legais em que se admite pedido genérico, a petição inicial é inepta (art. 330, § 1º, II). Logo, salvo naquelas hipóteses previstas no referido § 1º do art. 324, o pedido indeterminado obsta o prosseguimento da ação.

O art. 330, § 1º, III, ressalta que a petição inicial também será inepta se "da narração dos fatos não decorrer logicamente a conclusão". Ora, a petição inicial deve ser coerente, devendo haver uma *relação lógica* entre aquilo que é narrado e a conclusão. Exemplo: o autor refere que sua honra foi atingida por ofensas verbais realizadas pelo réu e pede indenização por danos materiais. Neste caso, como é evidente, não há relação lógica entre os fatos e a conclusão.

A quarta hipótese de inépcia da inicial ocorre quando os pedidos forem incompatíveis entre si (art. 330, § 1º, II, do CPC). Conforme já foi referido, a compatibilidade de pedidos é um dos requisitos para a

---

[50] Esse também é o posicionamento adotado por NERY JR. Nelson; Rosa Maria de Andrade. *Comentários ao Código de Processo Civil*. Op. cit., p. 1.232. Em sentido contrário: "Inepcia da inicial – possibilidade de reconhecimento a qualquer tempo, não havendo preclusão em virtude de não ter sido alegada na contestação. Hipótese em que, entretanto, o acordão, malgrado afirmando preclusa a matéria, terminou por examina-la e, acertadamente, rejeitar a arguição. Dano moral – possibilidade de cumulação com o material. (Recurso Especial nº 39.927/ES, Rel. Ministro Eduardo Ribeiro, julgado pela Terceira Turma do Superior Tribunal de Justiça em 26/09/1994)".

[51] DINAMARCO, Cândido Rangel. *Instituições de Direito Processual Civil*. Op. cit. 405.

[52] Agravo Regimental no Recurso Especial nº 752.335/MG, Rel. Ministro João Otávio de Noronha, julgado pela Quarta Turma do Superior Tribunal de Justiça em 02/03/2010.

[53] DIDIER JR., Fredie. *Curso de Processo Civil*: introdução ao direito processual civil, parte geral e processo de conhecimento. Op. cit. p. 571.

sua cumulação. Por exemplo, considera-se carente de compatibilidade o pedido de demarcação e de extinção de condomínio.[54]

Deste modo, havendo pedidos incompatíveis, o que, segundo Fredie Didier Jr., caracterizaria petição "suicida, pois um pedido aniquila o outro", deve o juiz oportunizar a emenda da petição inicial, a fim de que o autor desista de um dos pedidos, ou que troque um dos pedidos por outro compatível.[55]

O segundo e terceiro casos de indeferimento da inicial ocorrem quando "a parte for manifestamente ilegítima" ou quando "o autor carecer de interesse processual" (art. 330, II e III, do CPC). Ou seja, se, conforme as assertivas do autor (*in status assertionis*), o juiz verificar que a parte é manifestamente ilegítima ou não tem interesse processual, a petição inicial deverá ser indeferida.

Por fim, a petição inicial será indeferida quando não atendidas as prescrições dos arts. 106 e 321 (art. 330, IV).

Em síntese, o art. 106, I, estabelece a necessidade de o advogado indicar o seu endereço, seu número de inscrição na Ordem dos Advogados do Brasil e o nome da sociedade de advogados da qual participa, para o recebimento de intimações. Se não o fizer, o juiz determinará que se supra a omissão e, caso a ordem não for cumprida em até cinco dias, a petição inicial será indeferida (art. 106, § 1º).

O art. 321, por sua vez, é a regra que estabelece a necessidade de o magistrado intimar a parte autora para emendar ou complementar a petição inicial no prazo de quinze dias, caso houver alguma irregularidade.

Indeferida a petição inicial, cabe a interposição de apelação, sendo que o juiz poderá se retratar no prazo de cinco dias (art. 331, *caput*). Não havendo retratação, a parte contrária será *citada* (e não intimada) para responder o recurso (art. 331, § 1º). Se a sentença for reformada, o prazo para a contestação começará a correr da intimação do retorno dos autos (art. 331, § 2º).

---

[54] Apelação Cível nº 70066390949, Rel. Desa. Liege Puricelli Pires julgado pela Décima Sétima Câmara Cível do Tribunal de Justiça do Estado do Rio Grande do Sul em 26/11/2015
[55] DIDIER JR., Fredie. *Curso de Processo Civil*: introdução ao direito processual civil, parte geral e processo de conhecimento. Op. cit. p. 572.

2. Comunicação dos atos processuais

Marília Zanella Prates

Segundo tradicional concepção, o processo jurisdicional é relação jurídica que se estabelece entre as partes e o juiz e que se exterioriza mediante uma sucessão de fatos e, especialmente, de atos jurídicos: os atos processuais.

Essa sucessão de atos que concretiza a relação processual deve ocorrer de forma legítima, isto é, respeitando as normas fundamentais do processo civil, previstas na Constituição Federal e densificadas no "novo" Código de Processo Civil (Lei 13.105/2015 – o CPC).

Nesse contexto, exercem crucial importância as regras previstas para a "comunicação dos atos processuais", inseridas no Título II, Livro IV, da Parte Geral do CPC, porque viabilizam o exercício dos direitos fundamentais à ampla defesa e ao contraditório.

2.1. Citação

O art. 238 do CPC define citação como o ato processual de comunicação pelo qual são convocados o réu, o executado ou o interessado para integrar a relação processual. Cumpre as funções de convocar o sujeito a juízo e de dar-lhe ciência do conteúdo da demanda formulada.

Pode-se afirmar que se trata do mais importante dentre todos os atos de comunicação, pois a citação é indispensável para a validade do processo, nos termos do art. 239 do CPC. A falta ou a invalidade do ato de citação é nulidade processual que pode ser decretada a qualquer tempo: mesmo depois do trânsito em julgado e, inclusive, mesmo depois de encerrado o prazo para a propositura de ação rescisória (art. 525, § 1º, I, e art. 535, I, CPC).

Dispensa-se a citação, contudo, nas hipóteses de indeferimento da petição inicial e de improcedência liminar do pedido (art. 239 do CPC).

Ademais, o comparecimento espontâneo do réu supre a falta ou a nulidade da citação (art. 239, § 1º, do CPC). Nesse caso, o réu ou o executado pode comparecer espontaneamente ao processo e alegar somente a inexistência ou a invalidade da citação, hipótese em que o prazo para a apresentação de contestação ou de embargos à execução fluirá apenas a partir da data do comparecimento espontâneo (art. 239, § 1º, segunda parte, do CPC).

O art. 246 do CPC estabelece as modalidades de citação, ou seja, as formas pelas quais a citação pode ser realizada. São cinco: I – pelo correio; II – por oficial de justiça; III – pelo escrivão ou chefe de secretaria, se o citando comparecer em cartório; IV – por edital; V – por meio eletrônico.

A modalidade padrão é a citação por correio.

Nessa modalidade, incumbe à secretaria elaborar "carta de citação", que, segundo o art. 248, § 3º, do CPC, deverá conter, em regra, os requisitos listados no art. 250 do CPC, quais sejam: I – os nomes do autor e do citando e seus respectivos domicílios ou residências; II – a finalidade da citação, com todas as especificações constantes da petição inicial, bem como a menção do prazo para contestar, sob pena de revelia, ou para embargar a execução; III – a aplicação de sanção para o caso de descumprimento da ordem, se houver; IV – se for o caso, a intimação do citando para comparecer, acompanhado de advogado ou de defensor público, à audiência de conciliação ou de mediação, com a menção do dia, da hora e do lugar do comparecimento; V – a cópia da petição inicial, do despacho ou da decisão que deferir tutela provisória; VI – a assinatura do escrivão ou do chefe de secretaria e a declaração de que o subscreve por ordem do juiz.

Referida carta deverá ser registrada (art. 248, § 1º, do CPC) e poderá ser enviada pelo correio para qualquer local do país que seja atendido pelo serviço de entrega domiciliar de correspondência (art. 247, IV, do CPC).

A carta de citação deve ser recebida pelo próprio citando, exigindo-lhe o carteiro, ao fazer a entrega, que assine o recibo (art. 248, § 1º, do CPC). Trata-se de desdobramento da regra geral segundo a qual a citação deve ser pessoal, conforme estabelece o art. 242, *caput*, do CPC. Há, contudo, temperamentos à regra da pessoalidade da citação. Vejamos, a seguir, as principais exceções previstas na lei e pertinentes à modalidade de citação pelo correio.

Em primeiro lugar, a citação poderá ser feita na pessoa do procurador do réu (art. 242 do CPC), desde que aquele tenha procuração com poder especial para receber citação (art. 105 do CPC).

Além disso, tratando-se de réu pessoa jurídica, a carta de citação poderá ser entregue a pessoa com poderes de gerência geral ou de administração ou, ainda, a funcionário responsável pelo recebimento de correspondências, nos termos do § 2º do art. 248 do CPC.

Por outro lado, o novo CPC consagrou a possibilidade de a carta de citação ser entregue a funcionário da portaria, responsável pelo recebimento de correspondência, quando o réu residir em condomínio edilício ou em loteamento com controle de acesso (art. 248, § 4º, do CPC).

Ainda quanto à forma de entrega e de recebimento da carta de citação, importante mencionar que o art. 243 do CPC permite que a citação seja feita em qualquer lugar em que se encontre o réu. Não há qualquer impedimento, portanto, de o réu ser citado em seu local de trabalho. Deverão ser respeitadas, contudo, as ressalvas previstas no art. 244 do CPC.

Por fim, o ato de citação pelo correio se aperfeiçoa com a juntada aos autos do aviso de recebimento (art. 231, I, CPC).

A modalidade padrão de citação não poderá ser utilizada nas hipóteses previstas no art. 247 do CPC, quais sejam: a) nas ações de estado (exemplos: divórcio, anulação de casamento, investigação de paternidade, etc.); b) quando o citando for incapaz (arts. 3º e 4º do Código Civil); c) quando o citando for pessoa de direito público (União, Estados, Municípios, Distrito Federal, suas autarquias e fundações públicas); d) quando o citando residir em local não atendido pela entrega domiciliar de correspondência (como já mencionado anteriormente); e) quando o autor, justificadamente, requerer outra modalidade de citação.

Nessas hipóteses, ou quando frustrada a citação pelo correio, a citação será feita por oficial de justiça (art. 249 do CPC).

Para viabilizar essa segunda modalidade de citação, será expedido mandado que deverá conter os requisitos previstos no art. 250 do CPC. Para cumprir o mandado terá o oficial de justiça de procurar o citando e, onde o encontrar, citá-lo mediante a leitura do mandado e a entrega da contrafé. Posteriormente, o oficial tem de certificar se o demandado recebeu ou recusou a contrafé. Se o citando não se opuser à citação, o oficial deverá obter, por escrito, a sua assinatura, a fim de comprovar sua ciência. Havendo recusa do citando, o oficial deverá certificá-la, também por escrito. Tudo nos termos do art. 251 do CPC.

Quanto ao local de realização do ato, a modalidade de citação por oficial de justiça também poderá ser feita em qualquer lugar em que se encontre o réu (art. 243 do CPC), igualmente ressalvadas as circunstâncias do art. 244 do CPC. Além disso, o novo CPC inovou ao permitir que o oficial de justiça efetue citações, intimações, notificações, penhoras e quaisquer outros atos executivos, nas comarcas contíguas e nas que se situem na mesma região metropolitana da comarca na qual o oficial esteja lotado (art. 255).

À semelhança da citação pelo correio, a citação por oficial de justiça também se aperfeiçoa com a juntada aos autos do mandado cumprido (art. 231, II, do CPC).

A modalidade de citação por oficial de justiça comporta, ainda, uma modalidade especial: a citação por hora certa, regulada nos arts. 252, 253 e 254 do CPC. A citação por hora certa poderá ocorrer quando o oficial de justiça houver procurado o citando por duas vezes, sem o encontrar, e desde que haja suspeita de tentativa de ocultação do réu. Configurados esses pressupostos, o oficial de justiça poderá intimar qualquer pessoa da família ou, em sua falta, qualquer vizinho, ou ainda, funcionário da portaria, de que, no dia útil imediato, voltará ao local para efetuar a citação, na hora que designar. No dia e na hora designados, o oficial de justiça, independentemente de novo despacho, comparecerá ao domicílio ou à residência do citando a fim de realizar o ato. Se o citando não estiver presente, o oficial de justiça procurará informar-se das razões da ausência, mas dará por feita a citação. Feita a citação por hora certa, será enviada ao réu, no prazo de dez dias, contado da data da juntada do mandado aos autos, carta, telegrama ou correspondência eletrônica, dando-lhe ciência de tudo.

A terceira modalidade de citação prevista no art. 246, do CPC, é a citação feita pelo escrivão ou chefe de secretaria. A citação poderá ser feita dessa forma se o citando comparecer pessoalmente ao cartório e, voluntariamente, apuser sua assinatura em certidão elaborada pelo escrivão.

A quarta modalidade é a citação por edital.

A citação por edital poderá ser feita, em primeiro lugar, quando o réu for desconhecido ou incerto (art. 256, I, do CPC), ou seja, quando não se puder determinar com certeza quem é o réu.

Em segundo lugar (art. 256, II, do CPC), poderá ser por edital a citação quando o citando estiver em lugar ignorado, incerto ou inacessível. Nesse caso, sabe-se quem é o réu, mas não se sabe onde encontrá-lo.

Na prática, nessas duas hipóteses, a citação por edital somente é autorizada pelo juiz se ele estiver seguro de que a citação pessoal é inviável. Seja como for, o novo CPC trouxe importante avanço ao estabelecer que "o réu será considerado em local ignorado ou incerto se infrutíferas as tentativas de sua localização, inclusive mediante requisição pelo juízo de informações sobre seu endereço nos cadastros de órgãos públicos ou de concessionárias de serviços públicos" (art. 256, § 3º, CPC), esclarecendo que o órgão judicial, que tem acesso aos cadastros eletrônicos de alguns órgãos públicos, deverá colaborar nas diligências para encontrar o réu.

Ao propósito, oportuno mencionar que a parte que afirmar de forma dolosa a ocorrência das circunstâncias autorizadoras da citação por edital, incorrerá em multa de cinco vezes o salário-mínimo, cujo valor será revertido para o citando (art. 258 do CPC).

Por fim, a citação por edital ocorrerá "nos casos expressos em lei" (art. 256, III, do CPC). São as hipóteses em que a lei determina a citação por edital. Por exemplo, o art. 259 do próprio CPC exige a publicação de edital de citação na ação de usucapião de imóvel, na ação de recuperação ou substituição de título ao portador e em qualquer ação em que seja necessária a provocação de interessados incertos ou desconhecidos para participação no processo.

Ao deferir a citação por edital, o juiz fixará um prazo entre 20 (vinte) e 60 (sessenta) dias (art. 257, III, CPC). Trata-se do prazo de espera, no qual se presume que o réu tomará contato com o edital. Tal prazo fluirá da data da publicação única do edital ou, havendo mais de uma, da primeira. O prazo de espera não se confunde com o prazo para o citando apresentar sua resposta: este começará a fluir no dia útil seguinte ao fim do prazo de espera do edital (art. 231, IV, do CPC).

Deferida a citação por edital, este deverá ser publicado no site do respectivo tribunal e na plataforma de editais do Conselho Nacional de Justiça, nos termos do art. 257, II, do CPC. Além disso, o juiz *"poderá"* determinar que a publicação do edital seja feita também em jornal local de ampla circulação ou por outros meios, considerando as peculiaridades da comarca (art. 257, parágrafo único, CPC). Ou seja, agora a preferência é pela publicação na rede mundial de computadores (internet), diferentemente da regra do CPC/73, segundo a qual a publicação em jornal local era obrigatória (art. 232, III, do CPC/73).

A quinta modalidade de citação é aquela feita por "meio eletrônico, conforme regulado em lei", nos termos do art. 246, V, do CPC.

Essa modalidade de citação ocorrerá quando o processo se materializar em autos eletrônicos. Nesse caso, deverão ser obedecidas as regras da Lei nº 11.419/2006, cujo art. 9º estabelece que "no processo eletrônico, todas as citações, intimações e notificações, inclusive da Fazenda Pública, serão feitas por meio eletrônico, na forma desta Lei", desde que o citando esteja cadastrado no sistema, nos termos do *caput* do art. 5º e do art. 6º daquela mesma Lei.

Além disso, a modalidade de citação por meio eletrônico também poderá ocorrer nos processos materializados em autos impressos. O art. 246, §§ 1º e 2º, do novo CPC, estabelece essa forma de citação como o meio preferencial de citação das pessoas jurídicas de direito privado e de direito público (excetuadas as micro e pequenas empresas), as quais deverão manter cadastro atualizado junto aos sistemas de processo em autos eletrônicos para viabilizar a citação por meio eletrônico. Também deverão ser preferencialmente citados por meio eletrônico o Ministério Público, a Defensoria Pública e a Advocacia Pública (arts. 270, parágrafo único, e 246, § 1º, do CPC).

Os arts. 4º, 5º, 6º e 7º da Lei 11.419/2006 estabelecem as diretrizes gerais para a comunicação eletrônica dos atos processuais. Em suma, considerar-se-á realizada a citação no dia em que o citando efetivar a consulta eletrônica ao teor do ato de comunicação, certificando-se nos autos a sua realização. Nos casos em que a consulta se dê em dia não útil, a citação será considerada como realizada no primeiro dia útil seguinte. Além disso, referida consulta deverá ser feita em até dez dias corridos, contados da data do envio do ato de comunicação, sob pena de considerar-se a citação automaticamente realizada na data do término desse prazo.

Examinadas todas as modalidades de citação e suas principais peculiaridades, importante analisar, ainda, alguns efeitos do ato de citação.

Nos termos do art. 240 do CPC, a citação válida produz três efeitos principais: a) induz litispendência, obstando a coexistência de ação idêntica, ou seja, com as mesmas partes, a mesma causa de pedir e o mesmo pedido (art. 337, §§ 2º e 3º, CPC); b) torna litigiosa a coisa, o que é importante para fins de alienação da coisa litigiosa (art. 109 do CPC); c) constitui em mora o devedor, o que acarretará os efeitos daí decorrentes (responsabilidade pelos prejuízos, juros e correção monetária, conforme art. 395 do Código Civil), ressalvadas as hipóteses previstas nos arts. 397 e 398 do Código Civil, os quais estabelecem outros termos iniciais para a mora.

Com relação ao CPC/73, o novo CPC alterou os efeitos da citação no tocante à prevenção do juízo e à interrupção da prescrição. Agora, é o registro ou a distribuição da petição inicial que torna prevento o juízo (art. 59 do CPC). Quanto à interrupção da prescrição, não é mais a citação que acarreta esse efeito, mas sim o *despacho que ordena a citação*, nos termos do art. 240, § 1º, do CPC, segundo o qual "a interrupção da prescrição, operada pelo despacho que ordena a citação, ainda que proferido por juízo incompetente, retroagirá à data de propositura da ação".

2.2. Intimação

Intimação, diz o art. 269 do CPC, é o ato pelo qual se dá ciência a alguém dos atos e dos termos do processo. Difere da citação, porque esta dá ciência ao réu, executado ou interessado acerca da propositura da ação, convocando-os para integrar a relação processual; já a intimação tem por objetivo a comunicação, a todos os sujeitos que participem do processo, acerca de todos os demais atos e termos do processo.

A intimação também é ato que se reveste de muita importância, pois viabiliza o exercício dos direitos fundamentais à ampla defesa e ao contraditório, e, ademais, faz com que o procedimento se movimente rumo à prestação da tutela jurisdicional, permitindo, assim, que o processo atinja o seu objetivo final.

Via de regra, a intimação é realizada por meio do Poder Judiciário. Nesse caso, poderá ocorrer por meio eletrônico (art. 270 do CPC), por publicação no órgão oficial (art. 272 do CPC), pelo correio (art. 273, II, do CPC), por termo nos autos (art. 274 do CPC), por oficial de justiça (art. 275) ou por edital (art. 275, § 2º, do CPC).

No novo CPC, a forma preferencial de intimação é por meio eletrônico, nos termos do art. 270, que prescreve: "*As intimações realizam--se, sempre que possível, por meio eletrônico, na forma da lei*". Aplicam-se aqui, também, os arts. 4º, 5º, 6º e 7º da Lei 11.419/2006, que estabelecem as diretrizes gerais para a comunicação eletrônica dos atos processuais, analisados no item anterior.

Quando não realizadas por meio eletrônico, as intimações serão feitas pela publicação dos atos no órgão oficial, nos termos do art. 272 do CPC. Nesse caso, um resumo do ato ou do termo processual será publicado no órgão oficial. Dessa publicação devem constar, sob pena de nulidade, os nomes das partes e de seus advogados, com o respectivo número de inscrição na Ordem dos Advogados do Brasil (art. 272, § 2º, do CPC). O novo CPC possibilita que essa publicação seja feita em nome da sociedade de advogados, desde que devidamente registrada na Ordem dos Advogados do Brasil (art. 272, § 1º). Consagrou, também, no § 5º do art. 272, outro antigo pleito dos advogados: "Constando dos autos pedido expresso para que as comunicações dos atos processuais sejam feitas em nome dos advogados indicados, o seu desatendimento implicará nulidade".

Se inviável a intimação por meio eletrônico e não houver na localidade publicação em órgão oficial, a intimação dos advogados das partes será feita pelo escrivão ou chefe de secretaria. Essa intimação poderá ser pessoal, se tiverem domicílio na sede do juízo; ou por carta registrada, quando forem domiciliados fora do juízo. Tudo nos termos do art. 273 do CPC.

Ademais, "não dispondo a lei de outro modo", as intimações poderão ser feitas às partes, aos seus representantes legais, aos advogados e aos demais sujeitos do processo, pelo correio (art. 274 do CPC).

Quando frustrada a intimação por meio eletrônico ou pelo correio, a intimação será feita por oficial de justiça, nos termos do art. 275 do CPC. Nesse caso, se necessário, a intimação poderá ser feita com hora certa (art. 275, § 2°, CPC), utilizando-se os parâmetros legais previstos para a citação por hora certa (arts. 252, 253 e 254 do CPC).

Outra forma de intimação feita pelo Poder Judiciário é a intimação por edital (art. 275, § 2°), hipótese na qual também deverão ser utilizados os parâmetros previstos para a citação por edital analisados no item anterior (arts. 256, 257 e 258 do CPC).

Além das formas de intimação feitas pelo Poder Judiciário, o novo CPC introduziu a possibilidade de a intimação ser feita diretamente pelos advogados das partes uns aos outros.

Diz o art. 269, § 1°: "É facultado aos advogados promover a intimação do advogado da outra parte por meio do correio, juntando aos autos, a seguir, cópia do ofício de intimação e do aviso de recebimento". Nesse caso, o ofício de intimação deverá ser instruído com cópia do despacho, da decisão ou da sentença (art. 269, § 2°, do CPC).

Analisadas as modalidades de intimação, há que se ressaltar, ainda, a possibilidade de intimação presumida, anteriormente admitida na jurisprudência e agora consagrada no § 6° do art. 272 do CPC. Segundo esse dispositivo legal, a retirada dos autos em carga pelo advogado, por pessoa credenciada a pedido do advogado ou da sociedade de advogados, pela Advocacia Pública, pela Defensoria Pública ou pelo Ministério Público, implicará a intimação de qualquer decisão contida nos autos, ainda que pendente de publicação.

2.3. Cartas

As regras de competência tornam necessária a cooperação entre órgãos jurisdicionais diferentes, porque, muitas vezes, haverão de ser praticados atos processuais fora dos limites de competência do órgão jurisdicional perante o qual o processo está tramitando.

Para possibilitar essa cooperação e intercâmbio, existem as "cartas", como estabelece o art. 236 do CPC: "será expedida carta para a prática de atos fora dos limites territoriais do tribunal, da comarca, da seção ou da subseção judiciárias, ressalvadas as hipóteses previstas em lei".

As cartas podem ser de quatro tipos: de ordem, rogatória, precatória e arbitral.

A carta de ordem é aquela expedida por tribunal, para órgão jurisdicional a ele vinculado, se o ato houver de se realizar fora dos limites territoriais do local de sua sede (arts. 237, I, e 236, § 2º, do CPC).

Carta rogatória é aquela expedida para que órgão jurisdicional estrangeiro pratique ato de cooperação jurídica internacional, relativo a processo em curso perante órgão jurisdicional brasileiro (art. 237, II, do CPC).

Carta precatória é aquela expedida para que órgão jurisdicional brasileiro pratique ou determine o cumprimento, na área de sua competência territorial, de ato relativo a pedido de cooperação judiciária formulado por órgão jurisdicional de competência territorial diversa (art. 237, III, do CPC).

Carta arbitral é novidade do novo CPC com relação ao CPC/73. É a carta expedida para que órgão do Poder Judiciário pratique ou determine o cumprimento, na área de sua competência territorial, de ato objeto de pedido de cooperação judiciária formulado por juízo arbitral (art. 237, IV, do CPC).

As cartas de ordem, precatória e rogatória deverão ter prazo para cumprimento (art. 261, *caput*, CPC) e conterão os requisitos essenciais previstos no art. 260 do CPC, quais sejam: a) a indicação dos juízes de origem e de cumprimento do ato; b) o inteiro teor da petição, do despacho judicial e do instrumento do mandato conferido ao advogado; c) a menção do ato processual que lhe constitui o objeto; d) o encerramento com a assinatura do juiz. Além desses requisitos, acompanharão a carta cópias de quaisquer outras peças, mapa, desenho ou gráfico, sempre que esses documentos devam ser examinados, na diligência, pelas partes, pelos peritos ou pelas testemunhas.

A carta arbitral também conterá os requisitos acima descritos e, ainda, será instruída com a convenção de arbitragem e com as provas da nomeação do árbitro e de sua aceitação da função (art. 260, § 3º, do CPC).

As cartas serão preferencialmente expedidas por meio eletrônico (art. 263 do CPC). A carta de ordem e a carta precatória poderão, ainda, ser expedidas por telefone ou por telegrama (art. 264 do CPC).

Expedida a carta, as partes deverão ser intimadas do ato de expedição, a fim de acompanharem o cumprimento da diligência perante o juízo destinatário e, também, a fim de que a parte interessada possa cooperar com o órgão jurisdicional para que a carta seja cumprida no prazo determinado (art. 261, §§ 1º, 2º e 3º, do CPC).

Cumprida a carta, será devolvida ao juízo de origem (art. 269 do CPC).

3. Audiência de mediação e conciliação

Gisele Mazzoni Welsch

3.1. Noções gerais e previsão legal

A audiência de conciliação ou de mediação tem previsão no artigo 334 do CPC/15 (Lei nº 13.105/15) e representa instituto a instrumentalizar a disposição da norma fundamental prevista no art. 3º, §§ 2º e 3º, do novo diploma processual,[56] que determina o comprometimento do Estado em promover, sempre que possível, a solução consensual dos conflitos.

Um dos princípios norteadores da aplicação do novo processo civil corresponde justamente ao dever de incentivo para as práticas de conciliação e mediação por juízes, advogados, defensores públicos e membros do Ministério Público, inclusive no curso do processo judicial. Isso significa que todos os sujeitos do processo devem estar atentos e empenhados em buscar meios e viabilizar condições para a solução consensual de conflitos, visando à pacificação do conflito, bem como ao descongestionamento do Poder Judiciário de demandas judiciais, justamente visando à efetividade e à celeridade do processo.

O Novo Código de Processo Civil (Lei nº 13.105/2015) consagra o movimento da constitucionalização do processo, pois em seus dispositivos inaugurais (arts. 1º ao 12) estão dispostas as normas fundamentais, nas quais se percebe claramente a preocupação com a sintonia do processo com as regras e princípios constitucionais.[57]

---

[56] Art. 3º Não se excluirá da apreciação jurisdicional ameaça ou lesão a direito. § 1º É permitida a arbitragem, na forma da lei. § 2º O Estado promoverá, sempre que possível, a solução consensual dos conflitos. § 3º A conciliação, a mediação e outros métodos de solução consensual de conflitos deverão ser estimulados por juízes, advogados, defensores públicos e membros do Ministério Público, inclusive no curso do processo judicial.

[57] WELSCH, Gisele Mazzoni. *Legitimação Democrática do Poder Judiciário no Novo CPC* (Coleção Liebman). São Paulo: Revista dos Tribunais, 2016. p. 95.

Tal norma fundamental está intrinsecamente ligada à ideia de cooperação no processo, que configura outra importante diretriz normativa da nova lei processual civil, estampada no art. 6º.[58]

Com relação ao princípio da colaboração no processo civil, observam Daniel Mitidiero, Luiz Guilherme Marinoni e Sérgio Cruz Arenhart "a adequada construção do modelo cooperativo de processo e do princípio da colaboração, que é a ele inerente, serve como linha central para a organização de um processo civil que reflita de forma efetiva os pressupostos culturais do Estado Constitucional. A colocação da colaboração nesses dois patamares visa a destacar, portanto, a necessidade de entendê-la como eixo sistemático a partir do qual se pode estruturar um processo justo do ponto de vista da divisão do trabalho entre o juiz e as partes no processo civil".[59]

Portanto, o mecanismo da audiência de conciliação ou de mediação consiste em previsão que visa a estimular a solução consensual dos litígios, concedendo à autonomia privada um espaço de maior destaque no procedimento, além de representar uma tendência mundial de abrir o procedimento comum para os meios alternativos de solução de disputas, tornando a solução judicial hipótese secundária de composição de litígios.[60]

3.2. Forma e procedimento

Quanto ao procedimento, determina a legislação processual civil em seu artigo 334 que se a petição inicial atender a todos os requisitos essenciais e não for o caso de improcedência liminar do pedido (art. 332), o juiz designará audiência de conciliação ou de mediação (conforme matéria envolvida na lide apresentada), com antecedência mínima de trinta dias, devendo ser citado o réu com pelo menos vinte dias de antecedência. A intimação do autor para a audiência será feita na pessoa de seu advogado.

Tal previsão, embora estipule um prazo mínimo para a designação da data, não prevê prazo máximo, o que poderá acarretar a demora na realização da audiência e o prolongamento do prazo para a apresentação da contestação, o que pode ferir a norma fundamental

---

[58] Art. 6º Todos os sujeitos do processo devem cooperar entre si para que se obtenha, em tempo razoável, decisão de mérito justa e efetiva.

[59] MARINONI, Luiz Guilherme. *O novo processo civil*/Luiz Guilherme Marinoni, Sérgio Cruz Arenhart, Daniel Mitidiero. São Paulo: Revista dos Tribunais, 2015. p. 174.

[60] Idem. p. 216.

estatuída no art. 7º[61] quanto à paridade no tratamento das partes no processo.[62]

Assim, percebe-se que a realização da audiência de conciliação ou de mediação é a regra, também de acordo com o art. 27 da Lei 13.140/2015. [63]

O conciliador ou mediador (arts. 165 e seguintes)[64] atuará necessariamente onde houver, observado o disposto no art. 165, §§ 2º e 3º, e as disposições da lei de organização judiciária.

Os princípios informadores são o da independência, imparcialidade, autonomia da vontade, confidencialidade, oralidade, informalidade, decisão informada. A confidencialidade abrange todas as informações produzidas no curso do procedimento, cujo teor não poderá ser utilizado para fim diverso daquele previsto expressamente pelas partes. Tal fato origina-se do dever de sigilo do conciliador e mediador, que se estende aos membros de suas equipes.

São admitidas a aplicação de técnicas de negociação, com o escopo de proporcionar ambiente favorável à autocomposição. Porém, é a livre autonomia dos interessados que deve reger o ato, inclusive quanto à definição das regras procedimentais (art. 166, § 4º).[65]

---

[61] Art. 7º É assegurada às partes paridade de tratamento em relação ao exercício de direitos e faculdades processuais, aos meios de defesa, aos ônus, aos deveres e à aplicação de sanções processuais, competindo ao juiz zelar pelo efetivo contraditório.

[62] WAMBIER, Teresa Arruda Alvim (coordenação). *Primeiros Comentários ao Novo Código de Processo Civil. Artigo por artigo*. Revista dos Tribunais: São Paulo, 2015. p. 569.

[63] MEDINA, José Miguel Garcia. *Guia prático do novo processo civil brasileiro/* José Miguel Garcia Medina e Janaina Marchi Medina. São Paulo: Revista dos Tribunais, 2016. p. 89.

[64] Dos Conciliadores e Mediadores Judiciais. Art. 165. Os tribunais criarão centros judiciários de solução consensual de conflitos, responsáveis pela realização de sessões e audiências de conciliação e mediação e pelo desenvolvimento de programas destinados a auxiliar, orientar e estimular a autocomposição. § 1º A composição e a organização dos centros serão definidas pelo respectivo tribunal, observadas as normas do Conselho Nacional de Justiça. § 2º O conciliador, que atuará preferencialmente nos casos em que não houver vínculo anterior entre as partes, poderá sugerir soluções para o litígio, sendo vedada a utilização de qualquer tipo de constrangimento ou intimidação para que as partes conciliem. § 3º O mediador, que atuará preferencialmente nos casos em que houver vínculo anterior entre as partes, auxiliará aos interessados a compreender as questões e os interesses em conflito, de modo que eles possam, pelo restabelecimento da comunicação, identificar, por si próprios, soluções consensuais que gerem benefícios mútuos.

[65] Art. 166. A conciliação e a mediação são informadas pelos princípios da independência, da imparcialidade, da autonomia da vontade, da confidencialidade, da oralidade, da informalidade e da decisão informada. § 1º A confidencialidade estende-se a todas as informações produzidas no curso do procedimento, cujo teor não poderá ser utilizado para fim diverso daquele previsto por expressa deliberação das partes. § 2º Em razão do dever de sigilo, inerente às suas funções, o conciliador e o mediador, assim como os membros de suas equipes, não poderão divulgar ou depor acerca de fatos ou elementos oriundos da conciliação ou da mediação. § 3º Admite-se a aplicação de técnicas negociais, com o objetivo de proporcionar ambiente favorável à autocomposição. § 4o A mediação e a conciliação serão regidas conforme a livre autonomia dos interessados, inclusive no que diz respeito à definição das regras procedimentais.

Considerando que a realização da audiência está no âmbito da disposição conjunta das partes, elas podem celebrar negócio jurídico, no curso do processo ou antes dele, excluindo de antemão a realização de tal ato (art. 190).[66]

A não ocorrência da audiência deve ser exceção, nas hipóteses do § 4º do artigo 334,[67] o qual deve ser interpretado em conjunto com o art. 166, *caput*, do CPC/2015, no que diz respeito, sobretudo, à autonomia da vontade das partes.[68]

Dessa forma, está configurado o dever do autor indicar, na petição inicial (art. 319, VII),[69] seu desinteresse na autocomposição, e o réu, por petição, apresentada com dez dias de antecedência, contados da data da audiência.[70] Havendo litisconsórcio, o desinteresse na realização do ato deve ser manifestado por todos os litisconsortes.

O legislador deixa clara a opção favorável à autocomposição, uma vez que refere que ambas as partes devem expressamente manifestar o desinteresse na composição consensual. Assim, apenas uma parte manifestando-se contra a realização da audiência, o legislador prefere apostar na possibilidade de a conciliação ou de a mediação vencer a resistência ao acordo em audiência, ainda que tal fato gere uma delonga maior no processo (caso a conciliação ou mediação não restem exitosas) e acabe ofertando à parte ré possibilidade de tempo alargado para preparação de sua defesa, uma vez que o prazo inicial para a contestação apenas começa a correr da data da audiência (ou da última sessão) quando não for possível a autocomposição (hipótese do art. 335, I).[71]

---

[66] WAMBIER, Luiz Rodrigues e TALAMINI, Eduardo. *Curso Avançado de Processo Civil*. 16ª edição. São Paulo: Revista dos Tribunais, 2016. p. 129.

[67] § 4º A audiência não será realizada: I – se ambas as partes manifestarem, expressamente, desinteresse na composição consensual; II – quando não se admitir a autocomposição.

[68] MEDINA, José Miguel Garcia. *Guia prático do novo processo civil brasileiro*/ José Miguel Garcia Medina e Janaina Marchi Medina. São Paulo: Revista dos Tribunais, 2016. p. 89.

[69] Art. 319. A petição inicial indicará:(...) VII – a opção do autor pela realização ou não de audiência de conciliação ou de mediação.

[70] Refere-se julgado do TJRS nesse sentido: Ementa: MANDADO DE SEGURANÇA. DESPACHO DE MERO EXPEDIENTE. INDEFERIMENTO DA PETIÇÃO INICIAL. Trata-se de despacho de mero expediente, a determinação de *intimação da parte adversa, para que se manifeste sobre o interesse na realização de audiência de conciliação ou mediação (art. 334 do NCPC), sendo que, inclusive, havendo a manifestação expressa sobre o desinteresse em conciliar, a audiência sequer se realizará*. Descabe mandado de segurança contra despacho de mero expediente. PRECEDENTES DO TJRS E DO STJ. Petição inicial indeferida, com base no arts. 1º e 10, da Lei nº 12.016/2009. MANDADO DE SEGURANÇA JULGADO EXTINTO. (Mandado de Segurança nº 70069140218, Décima Sexta Câmara Cível, Tribunal de Justiça do RS, Relator: Catarina Rita Krieger Martins, Julgado em 19/04/2016)

[71] Art. 335. O réu poderá oferecer contestação, por petição, no prazo de 15 (quinze) dias, cujo termo inicial será a data: I – da audiência de conciliação ou de mediação, ou da última sessão de

No caso de litisconsórcio, apenas não haverá a realização da audiência se todos, no polo ativo ou passivo, se opuserem à sua realização (art. 334, § 6º),[72] e o prazo de defesa tem termo inicial autônomo para cada um deles (art. 335, § 1º).

A solenidade pode realizar-se por meios eletrônicos, nos termos da lei, e seguindo a lógica do novo diploma processual civil de priorizar atos eletrônicos quando possível, em razão da celeridade. (art. 334, § 7º).

Se não houver comparecimento nem justificativa plausível do autor e do réu na audiência, é configurado ato atentatório à dignidade da justiça e haverá sanção com multa de até dois por cento da vantagem econômica pretendida ou do valor da causa, revertida em favor da União ou do Estado, considerando que a natureza dessa multa é punitiva, apesar de ter caráter pedagógico preventivo, no sentido de evitar o descomprometimento das partes com a tentativa de solução consensual do conflito.

Não há que se falar em revelia, caso o réu não compareça à audiência. A revelia decorre da não apresentação de contestação (art. 344 do CPC/15).

As partes devem estar acompanhadas por seus advogados ou defensores públicos, segundo § 9º do art. 334, porém a interpretação do referido dispositivo deve ser no sentido de que a ausência do advogado impede o ato? Há doutrina no sentido contrário.[73]

Segundo autorizada doutrina, não há incompatibilidade alguma entre a causa exigir a participação do Ministério Público e ainda assim comportar audiência de conciliação ou mediação.[74]

---

conciliação, quando qualquer parte não comparecer ou, comparecendo, não houver autocomposição; II – do protocolo do pedido de cancelamento da audiência de conciliação ou de mediação apresentado pelo réu, quando ocorrer a hipótese do art. 334, § 4º, inciso I; III – prevista no art. 231, de acordo com o modo como foi feita a citação, nos demais casos. § 1º No caso de litisconsórcio passivo, ocorrendo a hipótese do art. 334, § 6o, o termo inicial previsto no inciso II será, para cada um dos réus, a data de apresentação de seu respectivo pedido de cancelamento da audiência. § 2º Quando ocorrer a hipótese do art. 334, § 4o, inciso II, havendo litisconsórcio passivo e o autor desistir da ação em relação a réu ainda não citado, o prazo para resposta correrá da data de intimação da decisão que homologar a desistência.

[72] Art. 334. Se a petição inicial preencher os requisitos essenciais e não for o caso de improcedência liminar do pedido, o juiz designará audiência de conciliação ou de mediação com antecedência mínima de 30 (trinta) dias, devendo ser citado o réu com pelo menos 20 (vinte) dias de antecedência. (...) § 6º Havendo litisconsórcio, o desinteresse na realização da audiência deve ser manifestado por todos os litisconsortes.

[73] Nesse sentido: CARNEIRO, Athos Gusmão. *Audiência de instrução e julgamento e audiências preliminares*. 15ª ed. Brasília: Gazeta Jurídica, 2014. p. 70.

[74] WAMBIER, Luiz Rodrigues; TALAMINI, Eduardo. *Curso Avançado de Processo Civil*. 16ª ed. São Paulo: Revista dos Tribunais, 2016. p. 129.

Poderá haver constituição de representante, por meio de procuração específica, com poderes para negociar e transigir (art. 334, § 10º). É importante referir que não se admite a utilização da procuração genérica com poderes para negociar: o documento deverá fazer referência expressa ao processo em que poderá ser realizada a negociação.[75] Havendo autocomposição, será reduzida a termo e homologada por sentença (art. 334, § 11º), constituindo título executivo judicial (art. 515, II) e podendo ser sobrada em procedimento executivo (cumprimento de sentença).

A pauta das audiências de conciliação ou de mediação deverá ser organizada de modo a respeitar o intervalo mínimo de vinte minutos entre o início de uma e o início da seguinte (art. 334, § 12º). Trata-se de previsão que tem por escopo a reserva de tempo mínimo para tentativa de conciliação ou de mediação no procedimento, devendo haver remarcação de uma segunda sessão, somente se o conciliador ou mediador julgar necessário, evitando procrastinações e custos infrutíferos.

3.3. Cabimento e matérias passíveis de autocomposição

Antes de se adentrar na questão específica e relativa às matérias e direitos passíveis de autocomposição e que podem se submeter à transação, é importante destacar a diferença entre a prática da conciliação e da mediação, conforme dispõe o art. 165, §§ 2º e 3º, já referidos.

O conciliador poderá sugerir soluções ao conflito, desde que não gere qualquer tipo de constrangimento ou intimidação. Atuará, preferencialmente, nos casos em que haja prévio vínculo entre as partes (§ 2º do art. 165).

Já o mediador tem a função de instruir as partes, de modo que possam chegar à solução consensual, por si próprias (§ 3º do art. 165), atuando em hipóteses em que há histórico de conflito entre as partes e em que existe entre elas um liame que deve subsistir ao conflito, como por exemplo, no Direito de Família.[76]

Destarte, visualiza-se que na mediação de conflitos, um terceiro, um mediador, atua como facilitador da resolução do problema, contribuindo para o restabelecimento ou manutenção da comunicação entre as partes para que se possam chegar à solução da controvérsia

---

[75] WAMBIER, Teresa Arruda Alvim (coord.). *Primeiros Comentários ao Novo Código de Processo Civil. Artigo por artigo*. Revista dos Tribunais: São Paulo, 2015. p. 572.
[76] Idem. p. 569.

que gerou o conflito. Por sua vez, na conciliação existe um terceiro, conciliador, que conduz e orienta as partes na elaboração do acordo, opinando e propondo soluções". Ainda na mediação o assistido conta com uma equipe de profissionais multidisciplinar para também ajudar na resolução do conflito relacional com a outra parte, como por exemplo, nas ações de família, conforme preceitua o procedimento especial previsto no art. 694, parágrafo único do CPC/15.[77]

Quanto à hipótese de cumulação de pedidos, quando alguns deles expressarem pretensões que comportam autocomposição, e outros, não, será cabível a audiência relativamente àquela parcela do objeto do processo que admite autocomposição.[78]

Nas ações em que uma das partes for pessoa jurídica de direito público, tradicionalmente, não se admitiria transação. No entanto, o novo CPC traz previsão no art. 174[79] da Câmara de Conciliação e Arbitragem da Administração.

Ainda é preciso referir que no âmbito administrativo, por exemplo, têm-se vários casos de transações autorizadas por lei. Têm-se os acordos em contratos administrativos (artigos 65 e 79 da Lei 8.666/1993), os acordos nos procedimentos sancionatórios do Cade (artigo 86 da Lei 12.529/2011), dentre outros. Outras hipóteses de direitos indisponíveis também admitem transação, a exemplo do acordo quanto ao valor e à forma de pagamento em ação de alimentos e o cabimento do compromisso de ajustamento de conduta em processos coletivos, hipótese em que o direito é indisponível (artigo 5º, § 6º, da Lei 7.347/1985).[80]

Segundo Ravi Peixoto, em artigo pontual sobre o tema, o que parece ser o grande desafio não é a verificação da aptidão ou não dos entes públicos de fazer acordos, mas sim quais seriam as suas con-

---

[77] Art. 694. Nas ações de família, todos os esforços serão empreendidos para a solução consensual da controvérsia, devendo o juiz dispor do auxílio de profissionais de outras áreas de conhecimento para a mediação e conciliação. **Parágrafo único.** A requerimento das partes, o juiz pode determinar a suspensão do processo enquanto os litigantes se submetem a mediação extrajudicial ou a atendimento multidisciplinar.

[78] WAMBIER, Luiz Rodrigues e TALAMINI, Eduardo. *Curso Avançado de Processo Civil.* 16ª edição. São Paulo: Revista dos Tribunais, 2016. p. 130.

[79] Art. 174. A União, os Estados, o Distrito Federal e os Municípios criarão câmaras de mediação e conciliação, com atribuições relacionadas à solução consensual de conflitos no âmbito administrativo, tais como: I – dirimir conflitos envolvendo órgãos e entidades da administração pública; II – avaliar a admissibilidade dos pedidos de resolução de conflitos, por meio de conciliação, no âmbito da administração pública; III – promover, quando couber, a celebração de termo de ajustamento de conduta.

[80] PEIXOTO, Ravi. *A Fazenda Pública e a audiência de conciliação no novo CPC.* Disponível em: <http://www.conjur.com.br/2016-abr-07/ravi-peixoto-fazenda-audiencia-conciliacao-cpc.> Acesso em 07.09.16.

dições. Entende-se que a margem de liberdade para a realização de acordos pelo poder público é menor do que a existente para o setor privado. Acontece que, quando a situação envolve o poder público, tem-se a prévia exigência de autorização normativa para que membro da advocacia pública possa transigir em juízo. Algumas leis possuem autorizações genéricas, tais como o parágrafo único do artigo 10 da Lei 10.259/2001 e o artigo 8º da Lei 12.153/2009.

Portanto, inexistindo autorização no referido ente para a autocomposição, a audiência de conciliação ou de mediação não seja marcada. Não pelo desinteresse das partes, mas pela inadmissão da autocomposição (artigo 334, § 4º, II, CPC/2015), do contrário, seriam marcadas um sem número de audiência que não teriam qualquer utilidade, eis que o procurador não teria autorização para fazer qualquer proposta de acordo.

Eis que surge o problema: como identificar os casos em que há ou não essa autorização, que pode ter sido feita por meio de ato não facilmente disponível ao público, em especial, ao Poder Judiciário?

Ravi Peixoto apresenta a seguinte solução, no espírito de seguir a lógica e proposta do novo CPC de viabilizar a ocorrência da audiência de conciliação "a melhor solução, no entanto, é a realização, entre os entes públicos e o Poder Judiciário, de protocolos institucionais. Por meio deles, de forma prévia a instauração dos conflitos, o próprio ente público já poderia informar ao Poder Judiciário em quais casos é ou não possível a autocomposição. Dessa forma, já na instauração do processo, não haveria necessidade de qualquer discussão sobre o cabimento ou não da audiência, ao menos do ponto de vista do artigo 334, § 4º, II, pois já se teria conhecimento dos casos em que o direito do ente público poderia ser alvo de autocomposição. Mesmo que não haja nenhum protocolo institucional, parece possível utilizar-se do conceito de fato notório judicial, que seria o fato que, embora desconhecido na vida social, é conhecido pelos magistrados, em geral, em razão do seu ofício, a exemplo de processos anteriores para que o juiz, mesmo quando o ente público seja réu, já faça o despacho da petição inicial com a indicação da citação para contestar e não para comparecer à audiência".[81]

Tal proposta parece bem consentânea com as diretrizes e normas fundamentais do CPC/15 de incentivo às práticas de conciliação, bem como de cooperação das partes no processo.

---

[81] PEIXOTO, Ravi. *A Fazenda Pública e a audiência de conciliação no novo CPC*. Disponível em: <http://www.conjur.com.br/2016-abr-07/ravi-peixoto-fazenda-audiencia-conciliacao-cpc.> Acesso em 07.09.16.

4. Contestação e reconvenção

Felipe Camilo Dall'Alba
Guilherme Nassif Azem

4.1. Considerações iniciais

Constitui-se o processo em uma relação jurídica, autônoma[82] e de direito público, que, inicialmente, se forma entre o autor e o Estado, de forma linear.[83] Uma vez instaurado, mediante provocação do demandante, a tendência natural do processo é a de se angularizar, o que se perfectibiliza pela citação do réu. O CPC indica a opção pela teoria do processo como relação jurídica, pois o art. 238 dispõe que a citação é o ato pelo qual são convocados o réu, o executado ou o interessado para *integrar a relação processual*.

Na lição de Pontes de Miranda, "uma vez admitida a prestação da tutela jurídica que o Estado prometeu, constituída a relação jurídica processual, não se compreenderia, salvo em espécies excepcionais, que pessoa ou pessoas que a prestação prometida pelo Estado atingiria não fossem chamadas à relação jurídica processual que, no começo, era entre autor e Estado e passou a ser entre autor e Estado, bem como entre Estado e réu".[84] A relação jurídica processual é composta, assim, por autor, réu e juiz.

---

[82] Dá-se a autonomia em relação à relação jurídica material.

[83] "Por la presentación de la demanda se origina entre las partes y el Tribunal una relación jurídica, o conjunto de vínculos jurídico-procesales establecidos por medio del proceso entre el Tribunal y las partes, y entre éstas entre sí". (SCHÖNKE, Adolfo. *Derecho procesal civil*. Barcelona: Bosch, 1950, p. 16). Para Ovídio A. Baptista da Silva, "A relação processual civil, que constitui propriamente o processo, é uma relação jurídica de direito público que se forma entre o pretenso titular do direito que o mesmo alega carecer de proteção estatal e o Estado, representado pelo juiz. Com qualquer outra relação jurídica, também ela se forma entre dois sujeitos, de forma *linear*, ligando o autor – aquele que age, exigindo o auxílio estatal – e o Estado". (SILVA, Ovídio A. Baptista da. *Curso de processo civil*. Rio de Janeiro: Forense, 2005. V. 1, p. 2).

[84] MIRANDA, Pontes de. *Comentários ao Código de Processo Civil*. Rio de Janeiro: Forense, 2001. T. IV, p. 114.

No entanto, como bem observa Araken de Assis, "inexiste angularidade necessária para que se constitua um verdadeiro processo".[85] De fato, não se olvide que há, entre nós, casos em que existe processo sem que haja a efetiva presença do réu. Citem-se, como exemplos, o indeferimento da petição inicial (CPC, art. 330) e as hipóteses de improcedência liminar do pedido (CPC, art. 332). São situações, contudo, em que o patrimônio jurídico do demandado não se sujeita à agressão, dispensando-se, por isso, sua participação.

Já dizia Liebman que: "Um cidadão não pode ser posto em face de uma sentença que o condena, quando não teve oportunidade de se defender".[86] Com efeito – como regra quase que absoluta –, diante do fato de que o processo visa à produção de efeitos na esfera jurídica de outrem – o demandado –,[87] imprescindível lhe permitir a efetiva possibilidade de declinar os seus argumentos, influenciando, assim, na formação do convencimento do magistrado.[88] Salienta Cândido Rangel Dinamarco que: "A idéia da *legitimação pelo procedimento* é vitoriosa hoje, *mesmo fora do campo jurisdicional*, pelo que ela tem de expressivo do ponto-de-vista da inserção do sistema processual na ordem constitucional e da sua aceitabilidade social. Seria arbitrário o poder exercido sem a participação dos próprios interessados diretos no resultado do processo".[89]

Na escorreita lição de Luiz Guilherme Marinoni, Sérgio Cruz Arenhart e Daniel Mitidiero: "Simetricamente ao direito fundamental de ação (art. 5º, XXXV, da CF), encontra-se o direito fundamental de defesa (art. 5º, LV, da CF)".[90] Joel Dias Figueira Júnior observa que: "É constitucionalmente indispensável que os sistemas instrumentais ofereçam e garantam a todos, indistintamente, a oportunidade de *acesso*

---

[85] ASSIS, Araken de. *Cumulação de ações*. São Paulo: Revista dos Tribunais, 2002. p. 42. Lembra o autor a redação do art. 263, primeira parte, do CPC, pela qual "considera-se proposta a ação, tanto que a petição inicial seja despachada pelo juiz, ou simplesmente distribuída, onde houver mais de uma vara".

[86] LIEBMAN, Enrico Tullio. Nulidade da sentença proferida sem citação do réu. In: *Estudos sobre o processo civil brasileiro*. São Paulo: Bushatsky, 1976. p. 179

[87] "O acolhimento do pedido do autor importa reconhecimento da juridicidade de sua pretensão e leva, assim, a interferir na esfera jurídica do réu, cuja liberdade sofre uma limitação ou uma vinculação de direito. A demanda inicial apresenta-se, pois, como o pedido que uma pessoa faz ao órgão jurisdicional de um provimento destinado a operar na esfera jurídica de outra pessoa". (CINTRA, Antonio Carlos de Araújo; GRINOVER, Ada Pellegrini; DINAMARCO, Cândido Rangel. *Teoria Geral do Processo*. 21. ed., rev. e atual. São Paulo: Malheiros, 2005. p. 278).

[88] Veja-se, aí, em linhas gerais, o processo como relação jurídica em contraditório.

[89] DINAMARCO, Cândido Rangel. *A instrumentalidade do processo*. São Paulo: Malheiros, 2005. p. 159.

[90] MARINONI, Luiz Guilherme; ARENHART, Sérgio Cruz; MITIDIERO, Daniel. *Novo curso de processo civil*. São Paulo: Revista dos Tribunais, v.2. p. 177.

inverso à justiça a fim de que o sujeito integrante do polo passivo da lide possa exercer a sua *ampla defesa*".[91]

É certo, pois, que o direito de defesa decorre da garantia constitucional do devido processo legal e de seus corolários.[92] Igualmente, é correto afirmar que nenhuma lei ordinária de rito pode excluí-lo sem incidir em flagrante inconstitucionalidade.[93]

Não obstante, é inegável que cabe à legislação infraconstitucional, respeitadas as balizas impostas pelo modelo constitucional de processo, conformar o procedimento, ou seja, regulamentar a forma pela qual se exercem tais garantias.[94] Têm as partes interessadas, outrossim, direito ao *conhecimento prévio* das regras do processo, evitando-se, assim, indesejáveis surpresas – e consequente insegurança jurídica. Há sempre que se ter presente que a mesma Constituição que garante o acesso efetivo à Justiça consagra a segurança jurídica como um de seus valores cardeais, além de assegurar, também como cláusulas pétreas, o contraditório e a ampla defesa.[95]

---

[91] FIGUEIRA JÚNIOR, Joel Dias. *Comentários ao código de processo civil*. São Paulo: Revista dos Tribunais, 2001. V. 4, T. II. p. 194.

[92] O direito de defesa decorre do devido processo legal e a oportunidade de resposta concretiza esse direito.

[93] Nesse sentido, FUX, Luiz. *Curso de direito processual civil*. Rio de Janeiro: Forense, 2004. p. 627. Vale lembrar que a já referida previsão de improcedência liminar do pedido (CPC, art. 332) não incorre em inconstitucionalidade, vez que favorável ao réu – que, de qualquer forma, depois é intimado da sentença ou citado para oferecer contrarrazões.

[94] Como já afirmou o Supremo Tribunal Federal, "Os princípios constitucionais que garantem o livre acesso ao Poder Judiciário, o contraditório e a ampla defesa, não são absolutos e hão de ser exercidos, pelos jurisdicionados, por meio das normas processuais que regem a matéria, não se constituindo negativa de prestação jurisdicional e cerceamento de defesa a inadmissão de recursos quando não observados os procedimentos estatuídos nas normas instrumentais." (Segunda Turma, AI 152.676-AgR, Rel. Min. Maurício Corrêa, DJ 03.11.95). Evidentemente, não se quer reduzir, de modo indevido, o alcance do devido processo legal à observância do procedimento estabelecido em lei, do mesmo modo que jamais se intenta afirmar que não se deva verificar a compatibilidade das normas processuais com as garantias constitucionais. Como bem se sabe, na esteira da lição de Clóvis Juarez Kemmerich, "Tal qual nos E.U.A., no Brasil o devido processo não se limita a assegurar a observância das regras existentes. Ele serve de critério para a invalidação de leis, decisões judiciais e atos administrativos que contrariem essa idéia genérica de proibição do arbítrio, oportunidade justa de defesa e procedimento justo, tendo o contraditório como elemento essencial, esteja ela consubstanciada em normas constitucionais expressas (contraditório, ampla defesa, igualdade) ou não". (KEMMERICH, Clóvis Juarez. *Estudos de direito processual*. Porto Alegre: Edição do Autor, 2007. p. 21). De outra sorte, Carlos Alberto Alvaro de Oliveira ressalta, com precisão, que, "No fundo, a garantia do devido processo legal constitui a expressão constitucional do formalismo processual; o informalismo excessivo (em que as partes perigam sossobrar ao arbítrio e ao poder do Estado) e o excesso de formalismo (em que o conteúdo – o direito material e a justiça – correm o risco de periclitar por razões de forma) estabelecem os seus limites externos" (OLIVEIRA, Carlos Alberto Alvaro de. *Do formalismo no processo civil*. 2. ed. São Paulo: Saraiva, 2003. p. 86).

[95] Acerca dos direitos fundamentais ao contraditório e à ampla defesa, v. FORSTER, João Paulo Kulczynski. In: REICHELT, Luis Alberto; DALL´ALBA, Felipe Camilo (Coord.). *Primeiras linhas de direito processual civil*. Volume 1: teoria geral do processo civil. Porto Alegre: Livraria do Advogado, 2016. p. 190-198.

De tal modo, revela-se fundamental analisar o regramento conferido pelo Código de Processo Civil à defesa do réu.

4.1.1. A resposta do réu

Tomando ciência do efetivo exercício do direito de ação (processual) pelo autor, abre-se oportunidade para a resposta. Tal providência é o que se revela fundamental, não se exigindo do demandando que efetivamente responda ao pedido do autor.[96] Trata-se, em verdade, de ônus[97] que lhe incumbe.

A resposta do réu, assevera Fredie Didier Jr., é "designação genérica e não se confunde com a defesa do réu, que é apenas uma forma de o réu responder à demanda".[98] Desse modo, uma vez citado (e sendo inexitosa ou incabível a audiência preliminar de conciliação ou mediação), poderá o réu assumir diferentes atitudes: quedar-se inerte, submetendo-se ao disposto no art. 344; reconhecer o pedido, ensejando, assim, a extinção do processo com resolução do mérito (art. 487, III, "a"); requerer o desmembramento do litisconsórcio multitudinário ativo (art. 113, § 2º); arguir o impedimento ou a suspeição do juiz, membro do Ministério Público ou auxiliar da justiça; contestar; e reconvir.[99]

4.1.2. Defesa direta, indireta e reconvenção

Nas palavras de Cassio Scarpinella Bueno, a defesa "é o direito subjetivo público de o réu resistir à pretensão do autor tendente à obtenção, em seu favor, de tutela jurisdicional consistente na rejeição do pedido autoral".[100]

---

[96] "Modernamente, entendeu-se estar assegurado o princípio da bilateralidade com a mera ciência do réu de que contra ele se ajuizou uma ação, cumprindo-lhe comparecer ou não, segundo seu interesse, vale dizer, aceitou-se pudesse correr o processo à revelia do demandado, entendida a defesa não como um dever, mas como um ônus" (PASSOS, José Joaquim Calmon de. *Comentários ao Código de Processo Civil*. Rio de Janeiro: Forense, 2001, V. III. p. 242).

[97] "Ao réu não assiste, portanto, um dever de discutir, mas um ónus de discutir". (JAUERNIG, Othmar. *Direito processual civil*. 25. ed., totalmente refundida, da obra criada por Friedrich Lent. Trad. F. Silveira Ramos. Coimbra: Almedina, p. 237). Sobre a noção de ônus processuais, v. COUTURE, Eduardo J. *Fundamentos do direito processual civil*. Trad. Rubens Gomes de Souza. São Paulo: Saraiva, 1946. p. 120-123.

[98] DIDIER JR., Fredie. *Curso de direito processual civil*. 17. ed. Salvador: Jus Podivm, 2015. p. 637.

[99] Nesse sentido, apontando tais situações como possibilidades de resposta do réu, DIDIER JR., Fredie. Ob. cit. p. 637.

[100] BUENO, Cassio Scarpinella. *Manual de direito processual civil*. 2. ed., rev., atual. e ampl. São Paulo: Saraiva, 2016. p. 307.

Ressalta João Paulo Kulczynski Forster que: "A observância do direito de defesa implica alcançar, ao réu, a apresentação de todas as defesas legalmente deduzíveis, sejam processuais, sejam de mérito".[101] Com efeito, a defesa do réu pode-se voltar à relação processual e/ou à relação de direito material. Classifica-se, assim, em: *defesa processual; defesa direta de mérito;* e *defesa indireta de mérito.* Vejamos, sinteticamente, as características de cada uma delas.

Denomina-se *processual* (ou de *rito*) a defesa quando o réu suscita a existência de algum vício na relação jurídica processual. Dirige-se sua manifestação, nesse caso, contra a validade ou a existência da relação material, ou, ainda, contra defeitos formais que inviabilizam a continuação do processo.[102] Joaquim José Calmon de Passos a chama de *defesa indireta processual*, assim afirmando: "A defesa dirigida contra o processo, defesa de conteúdo meramente processual, é chamada *defesa indireta.* Indireta porque ela visa a obstar a outorga da tutela jurídica pretendida pelo autor mediante a inutilização do processo, ou seja, do meio, do instrumento de que ele se valeu, sem que se ofereça oportunidade para composição da lide, isto é, apreciação do mérito pelo juiz".[103] São exemplos de defesa processual a alegação da ausência de um pressuposto processual ou da falta de uma das condições da ação.[104]

A defesa é *direta de mérito* quando se dirige contra o fato alegado pelo autor, em sua existência ou configuração, ou ainda contra as consequências jurídicas pretendidas com apoio nesse fato. Objetiva-se – e por isso a defesa é direta – destruir os fundamentos, de fato ou de direito, da própria pretensão do autor.[105] Limitando-se a defesa do réu à impugnação direta, não haverá necessidade de réplica (manifestação do autor sobre a contestação – arts. 350 e 351 do CPC).[106]

Finalmente, tem-se a defesa *indireta de mérito* quando o réu, embora reconheça a existência e eficácia do fato jurídico arrolado pelo autor, opõe fato novo, que seja impeditivo, modificativo ou extintivo

---

[101] In: REICHELT, Luis Alberto; DALL´ALBA, Felipe Camilo (Coord.). *Primeiras linhas de direito processual civil.* Volume 1: teoria geral do processo civil. Porto Alegre: Livraria do Advogado, 2016. p. 198.

[102] FUX, Luiz. *Curso de direito processual civil.* Rio de Janeiro: Forense. 2004. p. 627.

[103] PASSOS, José Joaquim Calmon de. Ob. cit. p. 244.

[104] Não ingressaremos, aqui, na divergência acerca da manutenção – ou não – do instituto das condições da ação no Código de Processo Civil vigente.

[105] PASSOS, José Joaquim Calmon de. Ob. cit. p. 245.

[106] DIDIER JR., Fredie. Ob. cit. p. 636.

do direito invocado.[107] Trata-se de defesa indireta, porque não se volta aos fatos e fundamentos jurídicos colacionados pelo autor, mas se apoia em outros fatos com eficácia extintiva ou impeditiva da sua pretensão; e de mérito, pois se dirige não contra a relação processual, mas sim contra a relação de direito material constitutiva do pedido autor (contra o objeto do processo).[108] Assim ocorre, por exemplo, quando o réu alega prescrição, pagamento ou compensação.[109]

Não se olvide, ainda, tal como já adiantado, de que o réu poderá elidir a pretensão do autor formulando contra ele uma pretensão de direito material de que seja titular,[110] conexa com a ação principal ou com o fundamento da defesa.[111] Trata-se da reconvenção, cujos aspectos serão analisados oportunamente.

Em suma, portanto, em face da ação que lhe move o autor, poderá o réu oferecer: defesa indireta processual; defesa direta de mérito; defesa indireta de mérito; e reconvenção.[112] Todas elas são veiculadas na contestação.

4.2. Contestação

Contestação é a contrapetição do réu, por meio da qual ele se defende.[113] Corresponde ao campo mais amplo para a defesa do demandado.[114]

No CPC, como já visto, as defesas, como regra, devem constar da contestação, que, seguindo o modelo dos juizados especiais, tornou-se a *mais ampla* defesa. Houve, com isso, uma simplificação formal, pois matérias que eram antes alegadas em peças apartadas (como, por exemplo, impugnação ao valor da causa e incompetência relativa) são, no atual diploma processual, alegadas no corpo da contestação. Operou-se, de tal modo, a concentração da defesa na peça contestatória.

---

[107] THEODORO JÚNIOR, Humberto. *Curso de direito processual civil*. 50. ed. Rio de Janeiro: Forense, 2009, v. 1. p. 372.
[108] PASSOS, José Joaquim Calmon de. Ob. cit. p. 246.
[109] Observe-se, no ponto, o art. 350 do CPC: "Se o réu alegar fato impeditivo, modificativo ou extintivo do direito do autor, este será ouvido no prazo de 15 (quinze) dias, permitindo-lhe o juiz a produção de prova".
[110] PASSOS, José Joaquim Calmon de. Ob. cit. p. 246.
[111] "Art. 343. Na contestação, é lícito ao réu propor reconvenção para manifestar pretensão própria, conexa com a ação principal ou com o fundamento da defesa".
[112] PASSOS, José Joaquim Calmon de. Ob. cit. p. 247.
[113] MIRANDA, Pontes de. *Comentários ao Código de Processo Civil*. Rio de Janeiro: Forense, 1974, T. 4. p. 103.
[114] MARINONI, Luiz Guilherme; ARENHART, Sérgio Cruz; MITIDIERO, Daniel. *Novo curso de processo civil*. São Paulo: Editora Revista dos Tribunais, v. 2. p. 178.

Não se olvide, entretanto, que a parte alegará o impedimento ou a suspeição, em petição específica dirigida ao juiz do processo, na qual indicará o fundamento da recusa, podendo instruí-la com documentos em que se fundar a alegação e com rol de testemunhas, no prazo de 15 (quinze) dias, a contar do conhecimento do fato (CPC, art. 146). O impedimento e a suspeição, portanto, não são alegados obrigatoriamente na contestação.

A contestação, tal como apontam Marinoni, Arenhart e Mitidiero – e como será visto amiúde mais adiante –, tem três características básicas: é uma defesa total (art. 336); formal (art. 337) e especificada (art. 341).[115]

4.2.1. Prazo para oferecer a contestação

O prazo para oferecimento da contestação é de 15 dias úteis,[116] cujo seu início flui de três formas distintas: a) da audiência de conciliação ou de mediação, ou da última sessão de conciliação, quando qualquer parte não comparecer ou, comparecendo, não houver autocomposição; b) se ocorrer a hipótese do art. 334, § 4º, inciso I (ambas as partes manifestam expressamente, desinteresse na composição consensual), o prazo flui do protocolo do pedido de cancelamento da audiência de conciliação ou de mediação apresentado pelo réu; c) outrossim, não sendo caso de audiência de conciliação, o prazo flui na forma prevista no art. 231, de acordo com o modo como foi feita a citação.

Além disso, especial atenção merece a hipótese de litisconsórcio passivo, pois se nenhum dos litisconsortes pretende comparecer à audiência de conciliação (CPC, art. 334, § 6º), o termo inicial do prazo, para cada um dos réus, será a data de apresentação de seu respectivo pedido de cancelamento da audiência, ou seja, não é do último pedido de cancelamento. E, quando tratar-se de caso que não admitir autocomposição (CPC, art. 334, § 4º, inciso II), havendo litisconsórcio passivo e o autor desistir da ação em relação a réu ainda não citado, o prazo para resposta correrá da data de intimação da decisão que homologar a desistência.

---

[115] MARINONI, Luiz Guilherme; ARENHART, Sérgio Cruz; MITIDIERO, Daniel. *Novo curso de processo civil*. São Paulo: Editora Revista dos Tribunais, p. 179, v. 2. Para Cassio Scarpinella Bueno, a contestação é regida "pelos princípios da 'concentração da defesa', da 'eventualidade' e da 'impugnação especificada', no que são claros os arts. 336, 337 e 341". (BUENO, Cassio Scarpinella. *Manual de direito processual civil*. 2. ed., rev., atual. e ampl. São Paulo: Saraiva, 2016. p. 308).

[116] A Advocacia Pública, a Defensoria Pública, o Ministério Público e os litisconsortes com advogados distintos têm o prazo em dobro.

4.2.2. Princípio da eventualidade ou da concentração da defesa

Na contestação, o réu deve apresentar toda a defesa, seja de mérito, seja processual. Desse modo, pelo *princípio da eventualidade* ou da *concentração da defesa*, incumbe ao réu alegar, na contestação, toda a matéria de defesa (CPC, art. 336).

De tal modo, compete ao demandado alegar todas as matérias cabíveis, para, na eventualidade de não ser acolhida uma, restarem as demais, a fim de serem analisadas. Conforme ilustrativa decisão do Superior Tribunal de Justiça: "O princípio da eventualidade impõe ao réu que, na contestação, apresente todas as suas teses passíveis de serem arguidas naquele momento processual, para que, em caso de rejeição da primeira, possa o juiz examinar as subsequentes".[117]

Assim, como regra, não alegada a matéria na contestação, opera-se a chamada preclusão consumativa.[118] Contudo, o art. 342 admite que o réu possa formular determinadas alegações defensivas após a contestação, o que se dá em três hipóteses.[119]

---

[117] STJ, REsp 1224195/SP, Rel. Ministro LUIS FELIPE SALOMÃO, Quarta Turma, julgado em 13/09/2011, DJe 01/02/2012.

[118] Nesse sentido, *v.g.*, já assentou o STJ: "Compete ao réu alegar, na contestação, toda a matéria de defesa, expondo as razões de fato e de direito, com que impugna o pedido do autor, sob pena de preclusão consumativa" (REsp 1055755/RS, Rel. Ministro ARNALDO ESTEVES LIMA, Quinta Turma, julgado em 19/11/2009, DJe 14/12/2009). Ainda, *e.g.*: "APELAÇÃO CÍVEL. ALIENAÇÃO FIDUCIÁRIA. AÇÃO DE BUSCA E APREENSÃO. Segundo o princípio da eventualidade, 'compete ao réu alegar, na contestação, toda a matéria de defesa, expondo as razões de fato e de direito, com que impugna o pedido do autor e especificando as provas que pretende produzir' (CPC, art. 300). Hipótese em que o demandado, em sua contestação, apenas pugnou pela purga da mora, nada referindo, naquela oportunidade, acerca da eventual abusividade dos encargos pactuados, operando-se quanto à matéria, portanto, a preclusão (CPC, art. 473). APELAÇÃO NÃO CONHECIDA". (Apelação Cível nº 70067307462, Décima Quarta Câmara Cível, Tribunal de Justiça do RS, Relator: Mário Crespo Brum, Julgado em 17/12/2015).

[119] Posto que sob a égide do Código revogado, colaciona-se ilustrativa decisão: "Processual. Contestação. Concentração da defesa. A teor do art. 300 do Código de processo civil, que consagra o princípio da eventualidade ou concentração da defesa, deve, o réu, arguir, na contestação, toda a matéria de defesa que tiver contra o direito, ou pretensão de direito material do autor. Vedado lhe será alterar o rumo da defesa, no decorrer do processo, a não ser venha a ocorrer uma das hipóteses previstas no art. 303 do mesmo diploma legal. Ou seja, novas alegações só poderá fazer, surgindo direito superveniente; ou ao juiz seja permitido conhecê-las de ofício; ou haja expressa autorização legal no sentido possam ser formuladas em qualquer tempo e juízo. Tal inocorrendo, não se conhece das alegações extemporaneamente apresentadas. Consórcio de veículos. Defesa inicial da ré afirmando estar essa a dever ao consórcio. Alteração posterior no sentido nada deve, a autora, atinente as parcelas que obstariam sua liberação dos encargos do plano consorcial. Terceira versão, segundo a qual indevidas são as parcelas explicitadas na inicial, mas devidas são outras não integralmente quitadas. Direito e fato não supervenientes à propositura da ação. Impertinência de sua arguição posterior à contestação. Arts. 300 e 303 do Código de Processo Civil. Ação julgada improcedente em primeiro grau. Provimento do apelo da autora". (Apelação Cível nº 190049940, Primeira Câmara Cível, Tribunal de Alçada do RS, Relator: Osvaldo Stefanello, Julgado em 20/11/1990).

A primeira delas se refere a direito ou a fato superveniente. Como tal, deve-se entender aquele que se constituiu ou se integrou no curso da demanda, em momento posterior ao da apresentação da contestação. Com exemplos, têm-se os frutos, foros, aluguéis, cuja exigibilidade se efetiva depois da contestação. Assim, na medida em que a matéria exsurge, pode o réu formular a defesa; ou o fato que agrava os danos decorrentes de um ato ilícito, como, por exemplo, o réu ter que se submeter a nova intervenção cirúrgica, ou vir a sofrer incapacidade mais grave.[120]

O réu pode formular defesa após a contestação igualmente nas hipóteses em que competir ao juiz conhecer delas de ofício.[121] Por fim, cabe também alegação após a contestação quando, por expressa autorização legal, puderem ser formuladas em qualquer tempo e grau de jurisdição, como se dá, por exemplo, com a alegação de prescrição.[122]

4.2.3. Requisitos da contestação

O CPC não estabelece, explicitamente, os requisitos formais da contestação. No entanto, Calmon de Passos, auxiliando-se dos requisitos da petição inicial, sintetiza quais seriam esses requisitos mínimos: 1) é indispensável constar na contestação o juízo; 2) o nome e o prenome são necessários, desnecessário se afigura o estado civil e endereço, pois já constam na exordial; 3) o réu deve expor as razões de fato e de direito com que impugna o pedido do autor; 4) não cabe ao réu fazer pedido, mas tão somente pedir a improcedência da ação ou a extinção do processo, pois ele não age, reage; 5) quanto ao requerimento de provas, vale o mesmo para a inicial; 6) desnecessário que conste o valor da causa; 7) quanto aos documentos, os princípios são os mesmos da petição inicial.[123]

---

[120] PASSOS, José Joaquim Calmon de. Ob. cit. p. 289.
[121] Colhe-se exemplo: "Processual Civil. Contestação. Matéria de defesa. Preclusão. Condições da ação. Matéria apreciável de ofício. – Segundo o cânon inscrito no artigo 300, do CPC, que consagra o princípio da eventualidade, cabe ao réu arguir, na contestação, toda a matéria de defesa, sob pena de ver precluso o direito de agitá-la perante a instância recursal ordinária. – As matérias apreciáveis de ofícios pelo Juiz em qualquer tempo e grau de jurisdição não são atingidas pelo instituto da preclusão, ainda que não tenham sido alegadas pela parte no momento oportuno. – Em se tratando das condições da ação, mesmo que o réu não tenha agitado esta questão na contestação, podem elas ser trazidas à discussão com as razões finais. – Recurso especial não conhecido". (STJ, REsp 82.334/SP, Rel. Ministro VICENTE LEAL, Sexta Turma, julgado em 17/02/2000, DJ 08/03/2000, p. 165).
[122] De acordo com o art. 193 do Código Civil, "A prescrição pode ser alegada em qualquer grau de jurisdição, pela parte a quem aproveita".
[123] PASSOS, José Joaquim Calmon de. Ob. cit. p. 251-253.

4.2.4. Matérias processuais constantes da contestação

No que toca à defesa processual, o art. 337 arrola as matérias que o réu deve alegar em preliminar da contestação, antes de discutir o mérito. O atual CPC não seguiu o figurino do Código de 1973, pois não deu um destaque especial e apartado à impugnação do valor da causa nem à incompetência relativa, já que ambos devem ser alegados no corpo da própria contestação.[124]

Assim, incumbe ao réu, antes de discutir o mérito, alegar: inexistência ou nulidade da citação; incompetência absoluta e relativa; incorreção do valor da causa; inépcia da petição inicial; perempção; litispendência; coisa julgada; conexão; incapacidade da parte, defeito de representação ou falta de autorização; convenção de arbitragem; ausência de legitimidade ou de interesse processual; falta de caução ou de outra prestação que a lei exige como preliminar; indevida concessão do benefício de gratuidade de justiça.

Verifica-se a litispendência ou a coisa julgada quando se reproduz ação anteriormente ajuizada (art. 337, § 1º). Uma ação é idêntica à outra quando possui as mesmas partes, a mesma causa de pedir e o mesmo pedido (337, § 2º) – os chamados elementos da ação. De tal modo, o reconhecimento da litispendência ou da coisa julgada pressupõe tríplice identidade entre as ações.[125]

Há litispendência quando se repete ação que está em curso (art. 337, § 3º). Já a coisa julgada resta configurada quando se repete ação que já foi decidida por decisão transitada em julgado (art. 337, § 4º).[126]

Importante deixar explícito que, excetuadas a convenção de arbitragem e a incompetência relativa, o juiz conhecerá de ofício das matérias enumeradas no art. 337 (art. 337, § 5º). Portanto, as demais

---

[124] "Novidade do CPC de 2015, quando comparado com o CPC de 1973, está no rol destas 'preliminares'. O rol do art. 337 é mais extenso que seu similar no CPC de 1973, o art. 300, e isto se deve fundamentalmente porque o novo Código inovou ao desformalizar várias manifestações que, até então, por razões históricas, quiçá consuetudinárias ou, pura e simplesmente, por inércia, exigiam manifestação apartada e/ou diferenciada, inconfundível com a contestação. Eram as 'exceções' e outros incidentes de diversa ordem que nada traziam de substancial para o eficiente desenvolvimento do processo. O CPC de 2015 aboliu a *forma*, friso, e manteve o conteúdo, realocando-os como 'preliminares' de contestação". (BUENO, Cassio Scarpinella. *Manual de direito processual civil*. 2. ed., rev., atual. e ampl. São Paulo: Saraiva, 2016. p. 310).

[125] Nesse sentido, Apelação e Reexame Necessário nº 70069244119, Vigésima Quinta Câmara Cível, Tribunal de Justiça do RS, Relator: Eduardo Kraemer, Julgado em 21/06/2016.

[126] Ilustrativamente: "[...]. Verifica-se a litispendência quando se reproduz ação anteriormente ajuizada e que está em curso, havendo partes idênticas, mesma causa de pedir e mesmo pedido. Verifica-se coisa julgada quando se repete ação que já foi decidida por sentença, de que não caiba recurso. Impossibilidade no caso dos autos. AGRAVO DE INSTRUMENTO DESPROVIDO" (Agravo de Instrumento nº 70064504319, Vigésima Quarta Câmara Cível, Tribunal de Justiça do RS, Relator: Altair de Lemos Junior, Julgado em 24/06/2015).

matérias, ainda que o réu não as tenha alegado em contestação, poderão ser suscitadas posteriormente, uma vez que o juiz pode conhecê-las até de ofício. A ausência de alegação da existência de convenção de arbitragem implica aceitação da jurisdição estatal e renúncia ao juízo arbitral (art. 337, § 6º).

Sobre a alegação de ilegitimidade de parte, o art. 338 permitiu a substituição do réu, em norma que se aproxima da antiga nomeação à autoria, prevista no código anterior. Alegando o réu, na contestação, ser parte ilegítima ou não ser o responsável pelo prejuízo invocado, o juiz facultará ao autor, em 15 (quinze) dias, a alteração da petição inicial para substituição do réu. Realizada a substituição, o autor reembolsará as despesas e pagará os honorários ao procurador do réu excluído, que serão fixados entre três e cinco por cento do valor da causa ou, sendo este irrisório, nos termos do art. 85, § 8º. Além disso, consoante o art. 339, o réu tem o dever de indicar o verdadeiro legitimado passivo, incumbe ao réu indicar o sujeito passivo da relação jurídica discutida sempre que tiver conhecimento, sob pena de arcar com as despesas processuais e de indenizar o autor pelos prejuízos decorrentes da falta de indicação.[127] O autor, ao aceitar a indicação, procederá, no prazo de 15 (quinze) dias, à alteração da petição inicial para a substituição do réu, observando-se, ainda, o parágrafo único do art. 338. No prazo de 15 (quinze) dias, o autor pode optar por alterar a petição inicial para incluir, como litisconsorte passivo, o sujeito indicado pelo réu.

Na medida em que, no atual CPC, a incompetência absoluta e relativa devem ser alegadas no corpo da contestação, o legislador teve de resolver a situação em que a demanda é proposta em um local, mas o réu é domiciliado em outro. Nesse caso, o art. 340, para evitar que o réu tenha que se deslocar até outra comarca para ofertar a defesa com a alegação de incompetência, permitiu que a contestação possa ser protocolada no seu foro de domicílio, fato que será imediatamente comunicado ao juiz da causa, preferencialmente por meio eletrônico. A contestação será submetida à livre distribuição ou, se o réu houver sido citado por meio de carta precatória, juntada aos autos dessa carta, seguindo-se a sua imediata remessa para o juízo da causa. Reconhecida a competência do foro indicado pelo réu, o juízo para o qual for distribuída a contestação ou a carta precatória será

---

[127] Trata-se de norma altamente polêmica. Foi o autor, no caso, que moveu a demanda em face de réu ilegítimo. Ainda assim, caberá a este o dever de indicar o sujeito passivo da relação jurídica discutida sempre que tiver conhecimento, sob pena de arcar com as despesas processuais e de indenizar o autor (que, repita-se, foi quem requereu a citação do réu ilegítimo) pelos prejuízos decorrentes da falta de indicação.

considerado prevento. Alegada a incompetência nos termos do *caput* do art. 340, será suspensa a realização da audiência de conciliação ou de mediação, se tiver sido designada. Definida a competência, o juízo competente designará nova data para a audiência de conciliação ou de mediação. Mas tem-se que deixar claro que o réu, se não quiser que os fatos sejam considerados como verdadeiros, deve oferecer não só a preliminar de incompetência, mas toda a defesa de mérito.

4.2.5. Ônus da impugnação específica dos fatos

O réu tem também o ônus da impugnação específica dos fatos. Assim, o art. 341 prevê que incumbe ao réu manifestar-se precisamente sobre as alegações de fato constantes da petição inicial, presumindo-se verdadeiras as não impugnadas.

A primeira consequência a se retirar do dispositivo é a da impossibilidade, como regra, da contestação por negativa geral. Não só a tradicional contestação por negação geral, mas também a contestação que se limite a dizer não serem verdadeiros os fatos aduzidos pelo autor.[128] Entretanto, os fatos não impugnados não serão considerados verdadeiros se não for admissível, a seu respeito, a confissão. A confissão, por sua vez, não é admissível quando o direito for indisponível, que é aquele não renunciável ou a respeito do qual a vontade do titular só se pode manifestar eficazmente se forem satisfeitos determinados controles. Não pode confessar, por exemplo, o cônjuge, em ação de nulidade de casamento, por lhe ser vedado o poder de, por ato de sua vontade, desfazer o vínculo.[129] Também não serão tomados por verdadeiros os fatos alegados se a petição inicial não estiver acompanhada de instrumento que a lei considerar da substância do ato. Igualmente, os fatos não impugnados também não serão considerados verdadeiros se estiverem em contradição com a defesa, considerada em seu conjunto.

De qualquer sorte, a presunção de veracidade gerada pela inobservância do ônus da impugnação específica dos fatos é relativa. Pode ser ilidida, assim, pelo conjunto probatório,[130] de modo que não gera a automática procedência do pedido formulado pelo autor.[131]

---

[128] PASSOS, José Joaquim Calmon de. Ob. cit. p. 280.
[129] Idem. p. 283.
[130] Nesse sentido, NERY JUNIOR, Nelson; NERY, Rosa Maria Andrade. *Comentários ao código de processo civil*. São Paulo: Editora Revista dos Tribunais, 2015. p. 942.
[131] Confira-se pronunciamento do TJRS, segundo o qual "A ausência de impugnação, mesmo superficial e genérica, dos fatos afirmados na inicial, acarreta a presunção relativa de sua veracidade. Ainda que isso não garanta automaticamente a procedência da ação, necessariamente deve o

Registre-se que o ônus da impugnação especificada dos fatos não se aplica ao defensor público, ao advogado dativo e ao curador especial (CPC, art. 341, parágrafo único). [132]

4.3. Reconvenção

Além da defesa de mérito e processual, a contestação será o veículo para a reconvenção. A reconvenção é uma demanda do réu contra o autor no mesmo processo em que está sendo demandado.[133] É o contra-ataque que enseja o processamento simultâneo da ação principal e da ação reconvencional.

O réu pode oferecer reconvenção para manifestar pretensão própria, conexa com a ação principal ou com o fundamento da defesa. Portanto, para ser possível a reconvenção tem de existir conexão com a ação ou com os fundamentos da defesa. O réu não pode, portanto,

---

julgador aceitar a presunção de veracidade da matéria fática, salvo se se tratar de alegações inverossímeis ou se houver outros elementos nos autos que contradigam a versão autora" (Apelação Cível nº 70058902818, Nona Câmara Cível, Tribunal de Justiça do RS, Relator: Eugênio Facchini Neto, Julgado em 09/04/2014).

[132] Em relação à Fazenda Pública, colhe-se precedente do STJ: "ADMINISTRATIVO E PROCESSUAL CIVIL. INDENIZAÇÃO POR DANOS PATRIMONIAIS. RESPONSABILIDADE CIVIL DO ESTADO. ÔNUS DA IMPUGNAÇÃO ESPECÍFICA. PRESUNÇÃO DE VERACIDADE DOS FATOS. INAPLICABILIDADE À FAZENDA PÚBLICA. DIREITO INDISPONÍVEL. VIOLAÇÃO DO DIREITO DE DEFESA E DO CONTRADITÓRIO. MATÉRIA DE ORDEM PÚBLICA. ANULAÇÃO DA PROVA PERICIAL DE OFÍCIO PELO TRIBUNAL NO JULGAMENTO DA REMESSA NECESSÁRIA. POSSIBILIDADE. [...]. 2. Cabe ao réu, nos termos do art. 302 do CPC, manifestar-se precisamente sobre os fatos narrados na petição inicial, sob pena de recair sobre eles a presunção de veracidade. Tal presunção, todavia, não se opera se não for admissível, a respeito dos fatos não impugnados, a confissão (art. 302, I do CPC). 3. O direito tutelado pela Fazenda Pública é indisponível e, como tal, não é admissível, quanto aos fatos que lhe dizem respeito, a confissão. Por esta razão, a condição peculiar que ocupa a Fazenda Pública impede que a não impugnação específica dos fatos gere a incontrovérsia destes. 4. A remessa necessária devolve ao Tribunal não apenas as matérias que foram suscitadas pelas partes e decididas na sentença, mas também, em razão do efeito translativo, as questões de ordem pública, ainda que estas não tenham sido objeto de impugnação. 5. No caso dos autos, segundo o Tribunal de origem, a prova pericial foi elaborada sem a análise de documentos imprescindíveis à quantificação do alegado prejuízo, e que, por ausentes, comprometeram o direito de defesa da ré. Para a Corte a quo, a não exibição dos contratos de cessão de crédito violou o princípio do contraditório e impediu que a União conhecesse da documentação que gerou a condenação "em mais de centena de milhões de reais". 6. O malferimento do direito de defesa gera a nulidade absoluta, pois não lesiona apenas o interesse individual das partes. Ao contrário, o dano ocasionado tem idoneidade para implodir toda a estrutura do sistema processual idealizado pela Carta da República. 7. Não é por outra razão que a nulidade por lesão ao direito de defesa e ao contraditório constitui matéria de ordem pública, passível de ser decretada de ofício pelo Tribunal quando do julgamento da remessa necessária, ainda que a Fazenda Pública não tenha suscitado tal medida. Agravo regimental improvido". (AgRg no REsp 1187684/SP, Rel. Ministro HUMBERTO MARTINS, Segunda Turma, julgado em 22/05/2012, DJe 29/05/2012). No sentido da submissão da Fazenda Pública ao ônus da impugnação especificada, STJ, REsp 635.996/SP, Rel. Ministro CASTRO MEIRA, Segunda Turma, julgado em 06/12/2007, DJ 17/12/2007, p. 159.

[133] DIDIER JR., Fredie. *Curso de direito processual civil*. 17. ed. Salvador: Jus Podivm, 2015. p. 657.

sem nenhum critério, simplesmente oferecer reconvenção (CPC, art. 343). Por exemplo, o construtor demanda o dono da obra exigindo o pagamento do preço da empreitada; o réu reconvém pedindo indenização devida por defeito existente na construção; o devedor de alimentos propõe ação para que o juiz o exonere do encargo; o réu, credor dos alimentos, reconvém para pedir sua majoração.[134] Arguindo a exceção de compensação, o réu, se é credor de maior importância, pode reconvir para cobrar o saldo.[135]

Além do requisito da conexão, devem existir também, como requisitos específicos para oferecimento da reconvenção, competência absoluta do juiz da causa para o julgamento da reconvenção, compatibilidade procedimental entre a ação principal e a reconvenção, bem como a existência de um processo pendente no momento de seu oferecimento.[136] Lembre-se de que deve constar valor da causa na reconvenção (CPC, art. 292).

Proposta a reconvenção, o autor será intimado, na pessoa de seu advogado, para apresentar resposta no prazo de 15 (quinze) dias. Observe-se que o autor da demanda principal não é citado, mas sim o advogado intimado para apresentar resposta.

A reconvenção é autônoma em relação ao processo principal. Por isso, a desistência da ação ou a ocorrência de causa extintiva que impeça o exame de seu mérito não obsta ao prosseguimento do processo quanto à reconvenção (CPC, art. 343, § 2º). Da coexistência da ação com a reconvenção resultam, como em todo processo simultâneo, unidade de relação processual e autonomia das ações. A autonomia das ações determina, como consequência que os vícios acaso existentes quanto aos pressupostos processuais, ou condições da ação de qualquer delas não de comuniquem à outra. Se o juiz, no julgamento conforme o estado do processo, ou em outro qualquer momento, vier a decretar a extinção da ação principal, nem por isso extingue o processo, porque perdura a relação processual com o conteúdo da ação do réu contra o autor. E com razões mais fortes acontece o mesmo quanto à ação principal, se julgada extinta a reconvenção.[137]

---

[134] SILVA, Ovídio Baptista da. *Curso de processo civil*. Rio de Janeiro: Forense, 2008, p. 252, v. 1, t. 1.
[135] PASSOS, José Joaquim Calmon de. Ob. cit. p. 311.
[136] FERREIRA FILHO, Manoel Caetano. *Código de processo civil comentado*. Coordenação CUNHA, José Sebastião Fagundes e BOCHENEK, Antonio Cesar, CAMBI, Eduardo. São Paulo: Revista dos Tribunais, 2016. p. 610.
[137] PASSOS, José Joaquim Calmon de. Ob. cit., p. 328.

A reconvenção pode ser proposta contra o autor e terceiro (CPC, art. 343, § 3º). Permite-se, também, seja proposta pelo réu em litisconsórcio com terceiro (CPC, art. 343, § 4º).[138]

Outrossim, se o autor for substituto processual, o reconvinte deverá afirmar ser titular de direito em face do substituído, e a reconvenção deverá ser proposta em face do autor, também na qualidade de substituto processual (CPC, art. 343, § 5º). Com efeito, as partes, na reconvenção, têm de figurar na mesma qualidade jurídica em que figuram na ação originária. Havendo substituição processual ativa, o réu só pode reconvir para postular direito que julgue ter contra o substituído, desde que para tal ação, é claro, subsista a legitimação extraordinária do substituto (autor reconvindo).[139]

O réu pode propor reconvenção independentemente de oferecer contestação (CPC, art. 343, § 6º). Inclusive, o réu pode confessar os fatos que fundamentam a ação ou reconhecer o pedido contra si formulado na demanda principal e mesmo assim reconvir ao autor.[140]

No CPC/73, havia regra expressa no sentido de que a ação principal e a reconvenção deveriam ser julgadas na mesma sentença.[141] Contudo, no CPC/2015 tal previsão foi extirpada. Logo, revela-se possível que sejam julgadas em momentos diferentes. Tal ocorrerá, por exemplo, quando uma delas tiver que ser extinta sem resolução de mérito, devendo o processo prosseguir em relação à outra. O juiz poderá, por exemplo, indeferir a reconvenção, liminarmente ou no julgamento conforme o estado do processo. Serão julgadas separadamente, também, quando uma delas estiver em condições de ter o mérito resolvido antecipadamente e a outra não. A decisão terá natureza de interlocutória e será impugnável pelo agravo de instrumento.[142]

Admite-se, ainda, a *reconvenção da reconvenção*. Por exemplo: "A" ajuíza ação de cobrança em face de "B". "B" contesta alegando compensação entre aquela dívida e uma outra decorrente de um contrato celebrado entre eles e reconvém cobrando a diferença em seu favor,

---

[138] No CPC/73, existia controvérsia sobre a possibilidade de se inserir terceira pessoa quando do oferecimento da reconvenção. O CPC/2015 acabou com tal controvérsia, pois foi prevista expressamente a possibilidade de o réu oferecer reconvenção em face do autor e terceiro, bem como de o réu se litisconsorciar para oferecer a reconvenção.

[139] MOREIRA, José Carlos Barbosa. *Novo processo civil brasileiro*. Rio de Janeiro: Forense, 2004. p. 4.

[140] SILVA, Ovídio Baptista da. *Curso de processo civil*. Rio de Janeiro: Forense, 2008. p. 252, v. 1, t. 1

[141] "Julgar-se-ão na mesma sentença a ação e a reconvenção" (CPC/73, art. 318).

[142] FERREIRA FILHO, Manoel Caetano. *Código de processo civil comentado*. Coordenação CUNHA, José Sebastião Fagundes; BOCHENEK, Antonio Cesar; CAMBI, Eduardo. São Paulo: Revista dos tribunais, 2016. p. 612.

advinda da compensação. Nada impede que o autor, intimado da reconvenção, ofereça uma segunda, postulando, por exemplo, a anulação daquele contrato, gerador do débito em que se funda o pedido da primeira reconvenção.

5. Revelia

Dárcio Franco Lima Júnior

Como já observado, o réu, ao ser convocado para o processo, pode assumir diversas posturas relativamente ao pedido do autor. Uma destas posturas corresponde à revelia, que constitui o objeto dos tópicos a seguir.

5.1. Conceito

O comportamento ou a atitude de inércia, de qualquer das partes, pode, em muitos casos, ensejar consequências processuais desfavoráveis, sendo notório que o processo é instrumento público, responsável por uma das mais relevantes atribuições estatais, a pacificação com Justiça, contexto em que o desenvolvimento da marcha processual não pode depender, exclusivamente, do interesse ou da boa vontade dos envolvidos.

Denomina-se de contumácia o comportamento inerte de qualquer das partes, do qual decorrem, certamente, consequências desfavoráveis, nos termos da legislação processual (ex: o autor que, de forma injustificada, deixa de pagar as custas do processo, embora devidamente intimado para tal finalidade, suporta o cancelamento da distribuição do feito, nos termos do art. 290 do CPC).

No caso do réu, especificamente, uma das formas de contumácia é a revelia (arts. 344-346 do CPC), correspondente à situação em que o réu, citado validamente para o processo, assume atitude de inércia, relativamente ao exercício do direito de defesa.

Ou seja, "a revelia consiste especificamente na inação do demandado em contestar o pedido de tutela do direito formulado pelo demandante".[143]

---

[143] MARINONI, Luiz Guilherme, ARENHART, Sérgio Cruz; MITIDIERO, Daniel. *Novo código de processo civil comentado*, 2ª ed. em *ebook*, São Paulo: Revista dos Tribunais, 2016, comentário ao art. 344.

Embora não tenha o réu, propriamente, o dever de contestar o pedido[144] (pode, inclusive, manifestar-se no sentido de reconhecer a procedência do pedido, nos termos do art. 487, inc. III, "a", do CPC), a sua inércia, como bem refere Humberto Theodoro Júnior, cria um particular estado processual, em que passa ele a ser tratado como um verdadeiro ausente do processo.[145]

Cumpre, portanto, examinar em que contexto se opera a revelia e as consequências dela decorrentes.

5.2. Hipóteses de incidência

A hipótese de inércia do réu, caracterizadora da revelia, abrange uma série de comportamentos possíveis, não se restringindo, como poderia parecer em uma primeira apreciação, apenas à situação em que o réu simplesmente permanece indiferente ao processo.

Maria Lúcia Lins Conceição[146] indica os comportamentos do réu (devidamente citado) que, de regra, caracterizam revelia: a) o réu que não comparece em juízo; b) o réu que comparece ao feito, por meio de advogado, no prazo legal, mas adota outra atitude que não a de oferecer contestação (por exemplo, apresenta apenas reconvenção); c) o réu que comparece, por meio de advogado, mas apresenta contestação depois de superado o prazo legal; d) o réu que comparece pessoalmente ao feito, mas sem assistência de advogado (excetuadas as situações em que a lei dispensa a representação por advogado, a exemplo do regramento dos Juizados Especiais Cíveis – Lei n. 9.099/1995; e) o réu que comparece ao processo, por meio de advogado, e no prazo legal, mas apresenta contestação genérica.

Sem dúvida alguma, a hipótese mais grave é a da completa inércia ou indiferença do réu, mas também nos demais casos referidos haverá, de regra, ao menos parcialmente, a produção dos efeitos decorrentes da revelia, como se verá.

---

[144] Observa Araken de Assis: "Nenhum texto legal obriga o réu a responder. O réu tem o ônus, jamais o dever de comparecer em juízo, e independentemente do caráter involuntário da abstenção, subsistirão invariáveis e constantes as consequências atribuídas à omissão. O revel adota atitude contrária ao próprio interesse, mas não é rebelde ou insubmisso à autoridade judiciária. Venceu-se o antigo preconceito, haurido do processo romano pós-clássico, em que a recusa em submeter-se à autoridade judiciária era autêntico ilícito imputável ao réu ..." (*Processo civil brasileiro*, vol. III, em *ebook*, São Paulo: Revista dos Tribunais, 2015, item 1.759).
[145] *Curso de direito processual civil*, vol. I, 47ª ed. Rio de Janeiro: Forense, 2007, p. 451.
[146] *Breves comentários ao novo código de processo civil*, 2ª ed. em *ebook*, coord. Teresa Arruda Alvim Wambier, Fredie Didier Jr., Eduardo Talamini e Bruno Dantas, São Paulo: Revista dos Tribunais, 2016, comentários ao art. 344.

5.3. Efeitos

De regra, a caracterização da revelia acarreta dois efeitos principais para o réu: a) a presunção de veracidade das alegações, de fato, do autor, sanção também denominada de pena de confissão, porquanto o réu é considerado confesso em relação aos fatos alegados pelo autor (efeito material da revelia); b) a dispensa da intimação do réu relativamente aos atos processuais, de modo que o processo terá curso independentemente de intimação do réu (efeito processual da revelia).[147]

Cumpre examinar tais efeitos.

A constatação da revelia importa em presunção de veracidade das alegações, em matéria de fato, deduzidas pelo autor na petição inicial, nos termos do art. 344 do CPC; ou seja, se o réu não contestar a pretensão do autor, determina a lei processual que se presuma verdadeira a versão do autor relativamente aos fatos da causa (de outra maneira, diante da revelia do réu, o juiz, em princípio, deve considerar como verdadeiros os fatos alegados pelo autor na petição inicial).

Não se trata, como se vê, de determinação de automático julgamento de procedência do pedido; cuida-se, tão somente, de presumirem-se verdadeiros os fatos alegados pelo autor, sem qualquer repercussão na matéria de direito, que deverá ser objeto de análise pelo juiz, independentemente da revelia. Ou seja: ainda que presumidos verdadeiros os fatos alegados pelo autor, cumpre ao juiz avaliar se tais fatos, à luz da ordem jurídica vigente, amparam a postulação do autor.

A inércia do réu em contestar o pedido, portanto, não tem o condão de modificar a ordem jurídica vigente, acarretando apenas a chamada pena de confissão, considerando-se o réu confesso tão somente quanto aos fatos alegados pela parte autora.

Tal presunção certamente facilita a posição do autor no processo, tornando eventualmente desnecessária a apresentação de provas – se os fatos alegados na petição inicial (e que deveriam ser objeto de pro-

---

[147] Relevante a lição de Araken de Assis: "O chamado efeito material consiste na presunção de veracidade dos fatos afirmados pelo autor, excluindo-os do tema da prova (art. 374, IV). Assim, verossímeis que sejam as alegações de fato da petição inicial, a presunção habilita o juiz a precipitar julgamento de mérito favorável ao autor (art. 355, II). Diz-se "material" o efeito, porque influencia a formação do juízo de fato e, conseguintemente, o julgamento do mérito, mas tudo se passa e esgota no plano processual. Por sua vez, chamam-se de processuais os efeitos que reverberam no procedimento, sem autonomia para caracterizar procedimento contumacial. Não é separação muito clara ou rígida" (*Processo civil brasileiro*, vol. III, em ebook, São Paulo: Revista dos Tribunais, 2015, item 1.760).

va pelo autor) são presumidos verdadeiros em razão da revelia, não haverá, em princípio, necessidade de produção de prova a respeito.

Tanto é assim que a própria lei processual, na hipótese de revelia, admite o julgamento antecipado do mérito, justamente em razão de restar desnecessária a produção de provas (art. 355, inc. II, do CPC).

Contudo, tal presunção de veracidade dos fatos não é absoluta.

Consoante o art. 345 do Código de Processo Civil de 2015, não se opera a presunção de veracidade dos fatos: a) no caso de direitos indisponíveis; b) se, havendo mais de um réu, um deles contestar a ação; c) se o autor deixar de apresentar, com a petição inicial, documento essencial à prova do ato jurídico alegado; d) se as alegações do autor se demonstrarem inverossímeis ou incompatíveis com a prova existente nos autos.

Nas aludidas situações resulta mitigada, ou mesmo afastada, a presunção de veracidade dos fatos alegados pelo autor, merecendo realce, especialmente, o citado inc. IV do art. 345 do CPC.

O processo é instrumento público, a serviço da pacificação com justiça, de modo que não pode o Estado, mesmo diante da revelia do réu, chancelar ou acolher uma versão dos fatos que se demonstre inverossímil ou improvável; em tais casos, cumpre exigir do autor a suficiente demonstração dos fatos alegados na petição inicial, restando mitigados os efeitos da revelia no particular.

De outra parte, a pena de confissão não se verifica, ainda, no caso de réu citado de forma ficta (por edital ou por hora certa, portanto), porque determina a lei, em tais casos, a nomeação de curador especial para o réu, o qual poderá contestar o feito por negativa geral (o curador especial poderá impugnar, de forma genérica, os fatos alegados pelo autor na inicial, nos termos do art. 341, parágrafo único, do CPC).

Compreende-se, assim, que, nas hipóteses dos arts. 345 do CPC, caberá ao juízo permitir ou determinar a produção de provas, apesar da revelia, não estando o autor dispensado, propriamente, da demonstração da verdade dos fatos alegados na petição inicial, não se operando, em tais casos, a presunção de veracidade das alegações de fato deduzidas na petição inicial.

Considerados os vetores do novo Código de Processo Civil, em especial o reforço ao direito fundamental ao contraditório e ao princípio da cooperação, e consoante dispõe o art. 348 do CPC, diante da constatação da revelia cumpre ao juízo pronunciar-se a respeito, esclarecendo se o autor ficará, ou não, dispensado da produção de provas dos fatos alegados, evitando-se inadmissível surpresa por ocasião do julgamento.[148]

Se a lei determina, como regra, a presunção de veracidade dos fatos alegados pelo autor, cumpre ao juízo possibilitar a produção de provas pelo autor no caso de, excepcionalmente, entender de mitigar tal presunção. O magistrado, portanto, não pode julgar antecipadamente o feito e, em sentença, sustentar que o autor não fez prova das suas alegações (prova que não tenha sido oportunamente viabilizada).

Ainda quanto à questão das provas, o art. 349 do CPC, reforçando o caráter relativo da presunção de veracidade das alegações de fato do autor, salienta que o réu, apesar da revelia, poderá, inclusive, produzir provas (arrolar testemunhas, formular quesitos ao perito, etc.), ou participar da sua produção, se comparecer, em tempo, ao processo, ou seja, apresentando-se no feito ainda em condições de praticar, oportunamente, tais atos.[149]

A questão da prova documental pode suscitar dificuldades ao réu, porque, em princípio, deveria ter acompanhado a contestação (art. 434 do CPC), de modo que, deixando o réu de exercer sua defesa, salvo melhor juízo, deixou também precluir a possibilidade de apresentar a prova documental no feito.[150]

De outra parte, a revelia importa, também, na dispensa de intimação do réu relativamente aos demais atos do processo, fluindo os prazos processuais, inclusive para o réu revel, a partir da publicação dos atos no órgão oficial (por exemplo, no Diário da Justiça Eletrônico).

A lei processual, contudo, estabelece exceções relativamente a alguns atos processuais, os quais, pela sua relevância, deverão ser objeto de intimação pessoal ao réu, ainda que revel (exemplificativamente: art. 841, § 2º, do CPC).

---

[148] No mesmo sentido Nelson Nery Jr. e Rosa Maria de Andrade Nery (*Código de processo civil comentado*, em *ebook*, 2ª ed., baseada na 16ª ed. impressa, São Paulo: Revista dos Tribunais, 2016, nota n. "02" ao art. 348 do CPC): "Quando tiver ocorrido a revelia (ausência de contestação), mas não os efeitos da revelia (CPC 344), o juiz não poderá julgar antecipadamente a lide (CPC 355 II). Deve intimar as partes para que especifiquem provas que pretendem produzir em audiência".

[149] Relevante, no ponto, a lição de Nelson Nery Jr. e Rosa Maria de Andrade Nery (*Código de processo civil comentado*, em *ebook*, 2ª ed., baseada na 16ª ed. impressa, São Paulo: Revista dos Tribunais, 2016, nota. n. "02" ao art. 349 do CPC), assim: "O revel deve se fazer representar nos autos antes de se encerrar a fase instrutória – isto é, deve constituir advogado e intervir no feito até esse limite temporal. Mas vale lembrar que, ainda que possa participar da produção da prova, contrapondo sua prova à do autor, não poderá contrapor argumentos ao que foi exposto na inicial".

[150] O art. 435 do CPC admite a juntada, em qualquer tempo, de "...documentos novos, quando destinados a fazer prova de fatos ocorridos depois dos articulados ou para contrapô-los aos que foram produzidos nos autos". Para o réu, obviamente, a contraposição aos documentos juntados com a petição inicial deveria ocorrer em contestação.

Trata-se, contudo, de exceção, sendo a regra adotada no sistema processual civil brasileiro a dispensa da necessidade de intimação pessoal.

No caso de réu citado de forma ficta (por edital ou por hora certa, como já referido), tal efeito também é mitigado, porque determina a lei, em tais casos, a nomeação de curador especial para o réu, o qual, em tal condição, será intimado de todos os atos do processo.

De resto, poderá o réu, em qualquer momento do processo, constituir procurador no feito, recebendo o processo no estado em que se encontrar, mas passando, então, a ser regularmente intimado de todos os atos processuais.

Em verdade, pode o réu não ter contestado o feito, mas constituído, desde o início, advogado, hipótese em que poderá se operar apenas a pena de confissão, sem qualquer prejuízo, todavia, ao direito do réu de ser intimado dos atos processuais, na pessoa do seu procurador.

Por isso mesmo, é preciso avaliar, em cada caso, as circunstâncias decorrentes da inércia do réu, havendo situações nas quais, conforme destacado, "o réu pode ser revel, sem que venha a sofrer os efeitos da revelia".[151] De outra maneira, pode haver situação de revelia, mas sem os efeitos da revelia.

Finalmente, convém salientar que a revelia não autoriza a modificação do objeto da demanda pelo autor, sendo indispensável, após a citação, a anuência do réu, nos termos do art. 329 do CPC.

---

[151] MARINONI, Luiz Guilherme & ARENAHRT, Sérgio Cruz. Curso de processo civil, vol. 2: processo de conhecimento, 6ª ed., São Paulo: Revista dos Tribunais, 2007. p. 123.

6. Providências preliminares

Miguel do Nascimento Costa

As providências preliminares,[152] previstas a partir do art. 347 do CPC 2015, estabelecem as premissas processuais *contingentes*[153] (ou seja, que serão utilizadas caso seja efetivamente necessário) para fins de uma melhor organização do processo, possibilitando – conforme o caso – o julgamento do processo ou sua preparação para a instrução processual.

Com efeito, os artigos 347 a 353 do CPC 2015 permitem ao magistrado, conforme as características de cada caso concreto,[154] identificar as providências processuais que podem ser adotadas após o decurso do prazo para manifestação do réu.[155]

Assim, encerrada a fase postulatória (logo após a petição inicial e prazo para resposta), o juiz pode adotar uma das providências preliminares previstas no Capítulo IX (que trata *"Das Providências Preliminares e Do Saneamento"*), que, segundo Nelson Nery Júnior, poderiam

---

[152] Decorrido o prazo para resposta do réu, inicia-se a fase de saneamento, tendo ele apresentado ou não resposta. As providências preliminares ocorrem entre a fase postulatória e a fase instrutória do processo. São elas que têm por objetivo acabar de formatar, de organizar o processo antes do início da fase instrutória.

[153] MARINONI, Luiz Guilherme. *Novo código de processo civil comentado.* Luiz Guilherme Marinoni, Sérgio Cruz Arenhart, Daniel Mitidiero – São Paulo: Editora Revista dos Tribunais, 2015. p. 374

[154] Aqui, tratando especificamente da necessidade de análise do caso concreto para adoção da decisão judicial mais adequada e equilibrada, importante salientar a lição de Dworkin, cuja teoria pode ser compreendida como uma tentativa de se garantir decisões judiciais (respostas) adequadas – dentre outros mecanismos – através da proposta superação da discricionariedade judicial, defendendo-se, para tanto, a racionalidade da decisão do juiz, ou seja, a possibilidade de se chegar a uma única decisão judicial correta para cada caso. Com efeito, Dworkin afirma que, mesmo em casos difíceis, é razoável dizer que o processo tem por finalidade descobrir e não inventar os direitos das partes interessadas, e que a justificação política do processo depende da validade dessa caracterização, sempre, a partir da análise do caso concreto. (DWORKIN, Ronald. *Levando os direitos a sério*. Tradução de Nelson Boeira. São Paulo: Editora WMF Martins Fontes, 2010. p. 430).

[155] BUENO, Cássio Scarpinella. *Manual de direito processual civil:* inteiramente estruturado à luz do novo CPC. 2. ed. rev. atual. e ampl. São Paulo: Saraiva, 2016. p. 324.

se resumir em: "a) especificação das provas (CPC, art. 348); b) réplica (CPC, arts. 350 e 351); c) audiência preliminar (CPC, art. 357 § 3º)".[156]

Outrossim, tratando do mesmo tema, Paulo Osternack Amaral assevera que, após o fim da fase postulatória, o juiz determinará providências preliminares, que podem consistir na especificação das provas, no oferecimento de réplica ou na correção de vícios sanáveis.[157] Também sobre o mesmo tema, Luiz Guilherme Marinoni, Sergio Cruz Arenhart e Daniel Mitidiero sustentam que existem três grandes grupos de providências preliminares: (i) promoção do equilíbrio entre as partes (arts. 348 a 351 do CPC 2015); (ii) saneamento de eventuais vícios e defeitos capazes de impedir a decisão de mérito (arts. 352 e 357 do CPC 2015); e (iii) concernente à instrução da causa (arts. 352 e 357 do CPC 2015).[158]

Com efeito, resta importante salientar também que nessa fase do processo o juiz deve "realizar o exame dos pressupostos processuais, das condições da ação e da validade dos atos do processo na fase postulatória".[159] Somente após este exame é que o magistrado poderá saber quais medidas ainda devem ou precisam ser adotadas para o justo e regular deslinde do feito e quais medidas são eventualmente desnecessárias.

Assim, apresentada ou não a resposta pelo réu,[160] inicia-se uma fase do procedimento comum que se denomina *fase de saneamento*[161] ou *fase de ordenamento* do *processo*.[162] Esse momento de saneamento do processo, todavia, não esgota nessa fase, sendo essencial anotar que o magistrado tem o poder-dever de sanear o processo ao longo de todo

---

[156] NERY JUNIOR, Nelson. *Comentários ao Código de Processo Civil*. Nelson Nery Junior, Rosa Maria de Andrade Nery. São Paulo: Revista dos Tribunais, 2015. p. 961.

[157] AMARAL, Paulo Osternack, in *Código de processo civil comentado*. Coordenação José Sebastião Fagundes, Antônio César Bochenek e Eduardo Cambi. São Paulo: Revista dos Tribunais, 2016. p. 617.

[158] MARINONI, Luiz Guilherme. *Novo código de processo civil comentado*. Luiz Guilherme Marinoni, Sérgio Cruz Arenhart, Daniel Mitidiero. Op. cit. p. 375.

[159] PASSOS, José Joaquim Calmon de. *Comentários ao Código de Processo Civil*. V. III, Rio de Janeiro: Forense, 2004. p. 431.

[160] Esse é a mesma dicção trazida por Alexandre Freitas Câmara, ao indicar que: "decorrido o prazo da resposta do réu, tenha ela sido oferecida ou não, deverá o julgador verificar se há a necessidade de se tomar alguma das medidas que o CPC denominou providências preliminares". (CÂMARA, Alexandre Freitas. Lições de processo civil: volume 1 – 23. ed. São Paulo: Atlas, 2012. p. 383).

[161] Acerca do saneamento do processo, ver, LACERDA, Galeno. *Despacho saneador*. Porto Alegre: Sergio Fabris, 1985.

[162] DIDIER JR. Fredie. *Curso de direito processual civil*: introdução ao direito processual civil, parte geral e processo de conhecimento. 17 ed. Salvador: Jus Podivm, 2015. p. 685.

o procedimento,[163] vide a possibilidade de o juiz, por exemplo, determinar a emenda da petição inicial (art. 321 do CPC 2015) ou realizar o controle de questões relacionadas à admissibilidade do procedimento (art. 485, § 3º, CPC 2015). Para melhor situar a compreensão do tema, é relevante informar que as chamadas providências preliminares se encontram, metodologicamente, insertas na fase de saneamento do processo.[164]

Em suma, as providências preliminares têm como escopo organizar o processo, a fim de obter equilíbrio entre as partes, possibilitando o saneamento e a instrução da causa,[165] assim como destina-se a corrigir eventuais vícios processuais, de modo a preparar o processo para a fase de julgamento conforme o estado do processo[166] ou, se for o caso, delimitar e preparar o processo para a fase probatória.

6.1. Especificação de provas

Integram o espectro de providências preliminares as medidas relacionadas à revelia e à produção do seu efeito material,[167] conforme se pode verificar na redação dos artigos 348 e 349 do CPC 2015.

No pertinente à especificação de provas, como uma das providências preliminares que devem ser determinadas pelo magistrado, o art. 348 do CPC 2015 apresenta a seguinte redação: "Art. 348. Se o réu não contestar a ação, o juiz, verificando a inocorrência do efeito da revelia previsto no art. 344, ordenará que o autor especifique as provas que pretenda produzir, se ainda não as tiver indicado".

Dessa feita, se o demandado – regularmente citado – não contestar o pedido, verificando que não se trata de ocorrência material do efeito da revelia, conforme previsão legal dos artigos 344 e 345[168] do

---

[163] DIDIER JR., Fredie. *Curso de direito processual civil*. Op. cit. p. 686.

[164] "Designa o Código por providências preliminares certas medidas que ao órgão judicial cabe tomar imediatamente após a resposta do réu, ou o escoamento inaproveitado do respectivo prazo. Tais providências, em seu conjunto, constituem a primeira etapa da fase de saneamento". (MOREIRA, José Carlos Barbosa. *O novo processo civil brasileiro*: exposição sistemática do procedimento. Rio de Janeiro: Forense, 2010. p. 49.)

[165] MARINONI, Luiz Guilherme. *Novo código de processo civil comentado*. Luiz Guilherme Marinoni, Sérgio Cruz Arenhart, Daniel Mitidiero. Op. cit. p. 374.

[166] AMARAL, Paulo Osternack, in *Código de processo civil comentado*. Op. cit. p. 617.

[167] MARINONI, Luiz Guilherme. *Novo código de processo civil comentado*. Luiz Guilherme Marinoni, Sérgio Cruz Arenhart, Daniel Mitidiero. Op. cit. p. 375.

[168] Art. 344. Se o réu não contestar a ação, será considerado revel e presumir-se-ão verdadeiras as alegações de fato formuladas pelo autor. Art. 345. A revelia não produz o efeito mencionado no art. 344 se: I – havendo pluralidade de réus, algum deles contestar a ação; II – o litígio versar sobre direitos indisponíveis; III – a petição inicial não estiver acompanhada de instrumento que a

CPC 2015, o juiz deve determinar que o autor especifique as provas que ainda pretenda produzir, caso ainda não tenha formalizado pedido na inicial.[169]

No mesmo sentido, Nelson Nery Júnior leciona que, quando tiver ocorrido a revelia (ausência de contestação), mas não os seus efeitos (art. 344 CPC 2015), o juiz não deve julgar antecipadamente a lide, devendo intimar o autor para que especifique as provas que pretende produzir.[170]

Diversamente, sendo revel a parte demandada e verificando o juiz que ocorreu o efeito material da revelia, *se estiver convencido*,[171] poderá julgar o feito conforme seu estado, nos estritos termos do art. 355, inc. II, do CPC 2015.[172] Não estando convencido do deslinde do pedido, pode o magistrado determinar provas de ofício (art. 370 do CPC 2015), podendo, inclusive, designar audiência de instrução e julgamento.

De outra parte, mas ainda na perspectiva de especificação das provas no âmbito das providências preliminares, é essencial chamar-se a atenção para o conteúdo do art. 349 do CPC 2015, segundo o qual "ao réu revel será lícita a produção de provas, contrapostas às alegações do autor, desde que se faça representar nos autos a tempo de praticar os atos processuais indispensáveis a essa produção".

Este dispositivo, a toda evidência, trata-se de uma decorrência lógica do disposto no parágrafo único do art. 346 do CPC 2015, que estabelece que o revel poderá intervir no processo em qualquer fase, recebendo-o no estado em que se encontrar. Assim, desde que representado por advogado e de maneira tempestiva (ou seja, antes do final da fase instrutória), o réu pode contrapor sua prova à prova produzida pelo autor.[173]

Acerca da temática, relevante salientar a existência de limites materiais e temporais para que o réu revel possa especificar provas.[174] Do ponto de vista material, considerando o efeito da revelia (não apre-

---

lei considere indispensável à prova do ato; IV – as alegações de fato formuladas pelo autor forem inverossímeis ou estiverem em contradição com prova constante dos autos.

[169] "Não ocorrendo presunção de veracidade decorrente da revelia, apenas o autor será intimado para especificar provas" (AMARAL, Paulo Osternack, in *Código de processo civil comentado*. Op. cit. p. 618.)

[170] NERY JUNIOR, Nelson. *Comentários ao Código de Processo Civil*. Op. cit. p. 961.

[171] MARINONI, Luiz Guilherme. *Novo código de processo civil comentado*. Luiz Guilherme Marinoni, Sérgio Cruz Arenhart, Daniel Mitidiero. Op. cit. p. 375.

[172] Art. 355. O juiz julgará antecipadamente o pedido, proferindo sentença com resolução de mérito, quando: I – não houver necessidade de produção de outras provas; II – o réu for revel, ocorrer o efeito previsto no art. 344 e não houver requerimento de prova, na forma do art. 349.

[173] NERY JUNIOR, Nelson. *Comentários ao Código de Processo Civil*. Op. cit. p. 962.

[174] AMARAL, Paulo Osternack, in *Código de processo civil comentado*. Op. cit. p. 619.

sentação de contestação) e a não apresentação de alegações fáticas, o revel está limitado a apenas contrapor as alegações do autor e nada mais. Tal regra poderia ser abrandada caso fossem alegadas matérias de ordem pública, "como ausência de condições da ação ou de pressupostos processuais".[175] Do ponto de vista temporal, conforme já salientado, eventual produção de provas pelo revel deve ocorrer ainda dentro do período reservado à produção de provas, sob pena de preclusão.

6.2. Réplica

O CPC 2015 prevê expressamente a apresentação de manifestação do autor acerca da contestação tempestivamente protocolizada pelo réu.[176] Essa previsão encontra-se nos artigos 350 e 351 e, embora não deva ser apresentada em qualquer circunstância,[177] a *réplica*[178] representa o momento processual adequado para garantir-se ao autor o direito fundamental à igualdade, ao contraditório e à prova (art. 5º, incisos I, LV e LVI, da CRFB e art. 7º do CPC 2015).[179]

Se o réu alegar fato impeditivo, modificativo ou extintivo do direito do autor, este será ouvido (em sede de *réplica*) no prazo de 15 (quinze) dias, facultando-lhe a produção de provas. Essa redação do art. 350 do CPC 2015 trata especificamente da chamada defesa indireta de mérito.[180]

A réplica nesse caso possibilita que o autor possa exercer contraditório em relação a fatos novos alegados pelo réu na sua defesa.[181] É que essas defesas indiretas de mérito trazem consigo a possibilidade de o réu alegar acontecimentos ou circunstâncias que não integram a causa de pedir inicial.

---

[175] AMARAL, Paulo Osternack, in *Código de processo civil comentado*. Op. cit. p. 619.

[176] "A réplica é a defesa do autor em relação aos novos argumentos trazidos pelo réu em sede de contestação, sendo uma clara aplicação dos princípios do contraditório e da ampla defesa" (PINHO, Humberto Dalla Bernardina de. *Direito processual civil contemporâneo*: introdução ao processo civil. Volume II – São Paulo: Saraiva, 2012. p. 174).

[177] SÁ, Renato Montans de. *Manual de direito processual civil*. 2. ed. São Paulo: Saraiva, 2016. p. 400.

[178] "É preciso afirmar desde logo que o CPC não emprega o termo 'réplica' para designar o ato processual que será examinado neste passo. É certo, também, que nenhuma denominação foi empregada pelo Código, que simplesmente não deu nome a esse ato processual, razão pela qual permanece o emprego desse nome que pertence à tradição do Direito luso-brasileiro". (CÂMARA, Alexandre Freitas. *Lições de processo civil*. Op. cit. p 383)

[179] MARINONI, Luiz Guilherme. *Novo código de processo civil comentado*. Luiz Guilherme Marinoni, Sérgio Cruz Arenhart, Daniel Mitidiero. Op. cit. p. 375.

[180] Idem. p. 375.

[181] AMARAL, Paulo Osternack, in *Código de processo civil comentado*. Op. cit. p. 620.

Classificam-se esses fatos como *impeditivos*[182] (circunstância que impeça um determinado fato de produzir os efeitos esperados. Exemplo: exceção de retenção de benfeitorias),[183] *modificativos*[184] (circunstância que altera as condições iniciais de surgimento do fato, alterando os seus efeitos. Exemplo: novação) e *extintivos*[185] (fatos que fazem cessar um efeito jurídico. Exemplo: adimplemento).

Havendo alegação na contestação desses fatos, ao autor socorre o direito de apresentar réplica no prazo de 15 (quinze) dias, facultada, ainda, a produção de provas.

Outrossim, o art. 351 do CPC 2015 estabelece que se o réu alegar qualquer das matérias enumeradas no art. 337 (as chamadas *"preliminares de mérito"*), o juiz determinará a oitiva do autor no prazo de 15 (quinze) dias, permitindo-lhe a produção de prova.

Aqui há uma importante observação: a réplica é manifestação processual do autor em relação à contestação apresentada pelo réu. A matéria objeto da réplica (sem prejuízo do disposto no art. 437 do CPC 2015) deve restringir-se às alegações do réu relacionadas à defesa indireta de mérito (art. 350) e às preliminares de mérito (art. 337). Caso o réu tenha contestado apenas o mérito (defesa de mérito direta), não há réplica, devendo prosseguir o processo sem manifestação do autor sobre a defesa.[186]

Por fim, convém salientar que:

i) ainda que não prevista esta modalidade no Capítulo das Providências Preliminares, o art. 437 do CPC 2015 prevê a apresentação de réplica pelo autor para fins de manifestação sobre documentos anexados à contestação;[187]

ii) se o demandado alega na contestação questões de preliminares processuais (art. 337) e, ao mesmo tempo, apresenta defesa indireta de mérito (art. 350), o prazo para o autor apresentar sua réplica é o

---

[182] "São aqueles que obstam a procedência do pedido do autor. Acolhidos, fazem com que o juiz deva julgar improcedente o pedido do autor, total ou parcialmente, dependendo do caso" (NERY JUNIOR, Nelson. *Comentários ao Código de Processo Civil*. Op. cit. p. 963.)

[183] MARINONI, Luiz Guilherme. *Novo código de processo civil comentado*. Luiz Guilherme Marinoni, Sérgio Cruz Arenhart, Daniel Mitidiero. Op. cit. p. 376.

[184] "São aqueles que impedem que o pedido do autor seja acolhido de forma integral, como pleiteado na inicial, em virtude de modificações ocorridas entre os negócios havidos entre autor e réu". (NERY JUNIOR, Nelson. *Comentários ao Código de Processo Civil*. Op. cit. p. 963.)

[185] "São os que tornam improcedente o pedido do autor, por que extintivos do direito posto em causa". (Idem. p. 963.)

[186] Idem. p. 964.

[187] Art. 437. O réu manifestar-se-á na contestação sobre os documentos anexados à inicial, e o autor manifestar-se-á na réplica sobre os documentos anexados à contestação.

mesmo de 15 (quinze) dias, ou seja, não há previsão de cumulação de prazos ou prazo em dobro.[188]

6.3. Julgamento conforme o estado do processo

O Código de Processo Civil de 2015, no seu artigo 353, preserva o regramento contido no CPC 1973 (art. 328), dedicando um capítulo para o *"julgamento conforme o estado do processo"*, no qual se estabelecem os atos processuais que devem ser praticados após a realização das providências preliminares.[189]

Sendo assim, cumpridas as providências preliminares ou não havendo necessidade delas, o juiz proferirá julgamento conforme o estado do processo, podendo o juiz adotar alguma das seguintes medidas: (i) extinção do processo, total ou parcial (art. 354); (ii) julgamento antecipado do mérito (art. 355); (iii) julgamento antecipado parcial de mérito (art. 356); (iv) decisão que, a um só tempo, declara saneado o processo e o prepara para o início da fase instrutória (art. 357).[190]

Em suma, quando as providências preliminares tiverem sido adotadas ou não forem necessárias, o magistrado deve proferir o julgamento conforme o estado do processo (arts. 354 a 356 do CPC 2015) ou, se for o caso, providenciará o saneamento do processo e organizará a etapa instrutória do processo (art. 357 do CPC 2015).

6.3.1. *Extinção do processo*

Consta expressamente previsto no art. 354 do CPC 2015 que, ocorrendo qualquer das hipóteses previstas nos artigos 485 e 487, incisos II e III,[191] o juiz proferirá sentença. Assim, numa primeira análise, é essencial observar que a extinção do processo de que trata o dispositivo legal deve ser compreendida de duas formas, consoante a hipótese seja de extinção sem resolução do mérito (art. 485), ensejando

---

[188] MARINONI, Luiz Guilherme. *Novo código de processo civil comentado*. Luiz Guilherme Marinoni, Sérgio Cruz Arenhart, Daniel Mitidiero. Op. cit. p. 377.

[189] BUENO, Cássio Scarpinella. *Manual de direito processual civil*: inteiramente estruturado à luz do novo CPC. Op. cit. p. 326.

[190] Idem. p. 326.

[191] "A extinção do processo com resolução do mérito somente pode dar-se com base no CPC 354, se versar sobre as matérias do CPC 487 II e III, já que nessas hipóteses não há a necessidade de produção de provas em audiência. No caso do CPC 487 I (acolher ou rejeitar o pedido do autor), a extinção do processo somente pode ocorrer no caso do CPC 355 (julgamento antecipado da lide)". (NERY JUNIOR, Nelson. *Comentários ao Código de Processo Civil*. Op. cit. p. 965).

sentenças *terminativas*; ou com resolução de mérito (art. 487, incisos II e III), que geram sentenças *definitivas*.

Em outras palavras: estando os autos em termos para receber julgamento, o juiz poderá extinguir o processo, proferindo sentença processual (que não resolve o mérito) ou de mérito (que resolve o mérito). De outra parte, havendo a necessidade de produção de provas, o magistrado não poderá extinguir o processo, sob pena de cerceamento de defesa.[192]

Assim, após o cumprimento das providências preliminares ou não havendo necessidade destas, o juiz adotará uma das seguintes condutas: (i) extinção do processo sem resolução do mérito; (ii) extinção do processo com resolução do mérito nos casos de acolhimento das alegações de prescrição e decadência ou de decisão homologatória; (iii) julgamento antecipado do mérito (iv) julgamento antecipado parcial do mérito.[193]

Para a exata compreensão desse dispositivo legal e de seus efeitos no processo civil contemporâneo, imprescindível compreender-se que essas hipóteses de extinção do processo, todavia, não obstam verdadeiramente o andamento do feito. Nesse sentido, relevante e essencial o alerta feito por Cássio Scarpinella Bueno, para quem cabe chamar a atenção para o fato de que a *extinção* do processo apontada no dispositivo legal é mais aparente do que real,[194] haja visto que se houver recurso da sentença a ser proferida por força daquele dispositivo, o processo prossegue e não se extingue; assim como não haverá verdadeira extinção no caso de cumprimento de sentença da sentença homologatória de acordo entre as partes (art. 487, inc. III), por exemplo.

Prolatada a sentença de extinção do processo conforme estabelece o art. 354 do CPC 2015, caberá à parte prejudicada o recurso de apelação, na forma do art. 1.009 do CPC 2015. Por outro lado, se a decisão disser respeito à apenas parcela do processo, a mesma será imediatamente recorrível por meio de agravo de instrumento, conforme previsão do art. 354, parágrafo único, do CPC 2015.[195]

Para resumir, a primeira hipótese de julgamento conforme o estado é a de extinção do processo, conforme redação do art. 354 do CPC

---

[192] NERY JUNIOR, Nelson. *Comentários ao Código de Processo Civil*. Op. cit. p. 964.

[193] AMARAL, Paulo Osternack, in *Código de processo civil comentado*. Op. cit. p. 620.

[194] BUENO, Cássio Scarpinella. *Manual de direito processual civil*: inteiramente estruturado à luz do novo CPC. Op. cit. p. 327.

[195] MARINONI, Luiz Guilherme. *Novo código de processo civil comentado*. Luiz Guilherme Marinoni, Sérgio Cruz Arenhart, Daniel Mitidiero. Op. cit. p. 378.

2015. Em sendo caso de extinção do processo sem resolução do mérito (art. 485) ou de atender à autocomposição das partes (art. 487, III) ou de julgar pela existência de prescrição ou decadência (art. 487, II), o juiz pode extinguir o processo por sentença, a qualquer tempo.[196] Por fim: a extinção do processo pode ocorrer em relação ao litígio visto na sua totalidade ou em parte. Se a extinção for total, o recurso cabível é o de apelação. Se a extinção for parcial, o recurso cabível é o de agravo de instrumento.

6.3.2. Julgamento imediato do mérito

Não sendo o caso de aplicação da regra do art. 354 do CPC 2015, ou seja, de extinção do processo, cabe indagar se é possível o julgamento imediato da procedência ou da improcedência do pedido.[197] O art. 355 do CPC 2015, nesse sentido, prevê as hipóteses em que o magistrado proferirá "julgamento antecipado do mérito", expressão que substitui a previsão do CPC 1973 quanto ao "julgamento antecipado da lide".[198]

A respeito da terminologia, relevante salientar que não se trata propriamente de um julgamento antecipado (com a supressão ou subtração de fases ou etapas), visto que o pedido é julgado no momento em que tem que ocorrer, na medida em que o processo com duração razoável é o processo sem dilações indevidas,[199] razão pela qual revela-se mais adequado tratar-se de julgamento imediato do mérito.[200]

Com efeito, esse julgamento imediato pode ocorrer de maneira integral (art. 355 do CPC 2015) ou parcial (art. 356 do CPC 2015).

Na forma do art. 355 (julgamento imediato integral), o juiz julgará antecipadamente o pedido, proferindo sentença com resolução de mérito, quando: (i) não houver necessidade de produção de outras

---

[196] MARINONI, Luiz Guilherme. *Novo curso de processo civil:* tutela dos direitos mediante procedimento comum, volume II. Luiz Guilherme Marinoni, Sérgio Cruz Arenhart, Daniel Mitidiero. São Paulo: Revista dos Tribunais, 2015. p. 224.

[197] MARINONI, Luiz Guilherme. *Processo de conhecimento.* Luiz Guilherme Marinoni. Sérgio Cruz Arenhart. 10. ed. rev. e atual. São Paulo: Revista dos Tribunais, 2011. p. 237.

[198] BUENO, Cássio Scarpinella. *Manual de direito processual civil:* inteiramente estruturado à luz do novo CPC. Op. cit. p. 326.

[199] MARINONI, Luiz Guilherme. *Novo curso de processo civil:* tutela dos direitos mediante procedimento comum. Op. cit. p. 225.

[200] MARINONI, Luiz Guilherme. *Novo código de processo civil comentado.* Luiz Guilherme Marinoni, Sérgio Cruz Arenhart, Daniel Mitidiero. Op. cit. p. 378.

provas;[201] (ii) o réu for revel, ocorrer o efeito previsto no art. 344 e não houver requerimento de prova, na forma do art. 349.[202]

O critério que legitima o julgamento imediato do pedido e que está presente nos dois incisos do art. 355 do CPC 2015 é a desnecessidade de produção de prova em audiência. O magistrado deve estar plenamente convencido das questões de fato que circundam o caso em concreto.

Uma vez que o principal critério a ser observado para a aplicação do instituto do julgamento imediato é a necessidade (ou não) de produção de provas, eventual necessidade do autor ou do réu quanto à produção de outras provas afasta a aplicação do art. 355, inc. I, do CPC 2015.[203] Tal possibilidade, aliás, é albergada pela previsão legal do art. 435 do CPC 2015.[204]

Outra hipótese em que o julgamento imediato do mérito deve ser afastado diz respeito à faculdade que o réu – embora revel – tem de comparecer ao processo com o objetivo de produzir prova. A simples revelia não induz ao julgamento antecipado do mérito, devendo-se confirmar a ausência de requerimento de prova pelo réu, consoante previsão legal do art. 349 do CPC 2015. Havendo pedido (formal, material e tempestivo) para a produção de provas pelo réu revel e convencendo-se o juiz pela sua utilidade e pertinência, não haveria lugar para o julgamento antecipado do mérito.

O art. 356 do CPC 2015, por sua vez, trata do julgamento imediato parcial de mérito, cabendo ao juiz decidir parcialmente o mérito quando um ou mais dos pedidos formulados ou parcela deles: (i) mostrar-se incontroverso; (ii) estiver em condições de imediato julgamento, nos termos do art. 355.

Com base nesse dispositivo, é possível o "adiantamento da parte não contestada do pedido" ou o "adiantamento da parte incontrover-

---

[201] O dispositivo sob análise autoriza o juiz a julgar o mérito de forma antecipada, quando a matéria for unicamente de direito, ou seja, quando não houver a necessidade de fazer-se prova em audiência. (NERY JUNIOR, Nelson. *Comentários ao Código de Processo Civil*. Op. cit. p. 966).

[202] Considerando que o principal efeito da revelia é fazer presumir verdadeiros os fatos afirmados na petição inicial, havendo revelia "os fatos que não precisam ser provados em audiência, por expressa determinação do CPC 374 III (incontrovertidos) e IV (presunção de veracidade)" (NERY JUNIOR, Nelson. *Comentários ao Código de Processo Civil*. Op. cit. p. 966), tornam possível o julgamento imediato do mérito.

[203] BUENO, Cássio Scarpinella. *Manual de direito processual civil*: inteiramente estruturado à luz do novo CPC. Op. cit. p. 330.

[204] Art. 435. É lícito às partes, em qualquer tempo, juntar aos autos documentos novos, quando destinados a fazer prova de fatos ocorridos depois dos articulados ou para contrapô-los aos que foram produzidos nos autos.

tida do pedido".[205] Aqui o que o magistrado buscará, ainda que em parte, é o proferimento de uma sentença nos moldes do inciso I do art. 487 do CPC 2015, ou seja, uma sentença de mérito.[206]

Em outras palavras, o art. 356 do CPC 2015 permite o julgamento imediato da parcela do mérito que já se encontra *madura*.[207] Assim, com a previsão de julgamento imediato parcial do mérito, o CPC 2015 visa a densificar o direito fundamental à tutela tempestiva (art. 5º, LXXVII, CRFB, e art. 4º CPC 2015). Nesse sentido, a decisão que julga imediatamente parcela do mérito é irrevogável pelo juiz, conforme estabelece o art. 494 do CPC 2015.[208]

Quanto ao cabimento do instituto, segue-se a mesma regra do art. 355 do CPC 2015, ou seja, o critério é o da desnecessidade de produção diversa daquela já colhida, seja por que o pedido foi reconhecido ou não contestado (parcela incontroversa), seja por que a matéria a ser discutida não envolva fatos controvertidos (alegados por uma parte e impugnados pela outra).

Na hipótese de julgamento imediato parcial do pedido, o recurso cabível é o agravo de instrumento, por força do § 5º do art. 356 do CPC 2015, mas também pela previsão do art. 1.015, inc. II, do CPC 2015.

---

[205] NERY JUNIOR, Nelson. *Comentários ao Código de Processo Civil*. Op. cit. p. 968/969.

[206] BUENO, Cássio Scarpinella. *Manual de direito processual civil*: inteiramente estruturado à luz do novo CPC. Op. cit. p. 331.

[207] MARINONI, Luiz Guilherme. *Novo código de processo civil comentado*. Luiz Guilherme Marinoni, Sérgio Cruz Arenhart, Daniel Mitidiero. Op. cit. p. 380.

[208] Idem. p. 380.

7. Audiência de Saneamento e audiência de instrução e julgamento

Fernando Rubin

7.1. Aspectos introdutórios

O Novo CPC, vinculado ao procedimento comum, possui mais amplas disposições tendentes à oralidade, à concentração de atos processuais e à participação ativa dos atores do processo, a fim de ser obtida decisão de mérito justa e qualificada.

Temos pelas disposições da Lei nº 13.105/2015 a opção política pela realização de até três audiências no rito tradicional, sendo uma de responsabilidade do conciliador/mediador (audiência inicial de autocomposição) e duas de responsabilidade do juiz togado (audiência de saneamento e audiência de instrução e julgamento) – quando o encaminhamento é de solução litigiosa pela via da heterocomposição.

Destaquemos, pois, nesta passagem da obra coletiva, as audiências de desenvolvimento regular do procedimento, tendentes, respectivamente, a sanear o processo e a aprofundar a instrução, onde justamente se observa espaço suficiente para diálogo e colaboração judicial, em busca de prestação de jurisdição qualificada[209] em nome do macroprincípio da segurança jurídica.[210]

---

[209] A preocupação com a prestação de jurisdição qualificada, mesmo que com eventual relativização do macroprincípio da efetividade, vem permeando as nossas obras de processo civil, que embasam a seguinte passagem e sugerimos vivamente para consulta: RUBIN, Fernando. *O novo CPC – Da construção de um novo modelo processual às principais linhas estruturantes da Lei nº 13.105/2015*. Porto Alegre: Lex Magister, 2016; RUBIN, Fernando. *A preclusão na dinâmica do processo civil*, de acordo com o novo CPC. São Paulo: Atlas, 2014, 2ª ed.; RUBIN, Fernando. *Fragmentos de processo civil moderno de acordo com o projeto do novo CPC*. Porto Alegre: Livraria do Advogado, 2013.

[210] Como um dos grandes fundamentos balizadores do estudo, destacaremos, ao longo desta passagem, a importância do macro-princípio processual da segurança jurídica, já que entendemos que se operou verdadeira opção política do legislador em homenagear a busca pela qualidade da prestação jurisdicional, mesmo que em detrimento da celeridade na tramitação da lide, em determinadas ocasiões.

7.2. Audiência de saneamento

A audiência de saneamento tem sua regulamentação legal no art. 357 do Novo CPC, sendo que a atividade de saneamento, aqui incluída a possibilidade de julgamento antecipado do mérito, vem regulamentada desde o art. 347 ("das providências preliminares e do saneamento").[211]

Trata-se do primeiro momento mais importante em que o magistrado toma conhecimento efetivo dos contornos da lide e propõe medidas claras tendentes à resolução do litígio, encerrando a instrução (excepcionalmente) ou determinando o prosseguimento para produção de provas (aprofundando a instrução quando o feito envolve matéria fática significativa, permanecendo determinados fatos relevantes ainda controvertidos). Aqui é também o oportuno momento para o Estado-juiz chamar a atenção das partes para alguma matéria de ordem pública ainda não discutida (como a prescrição, por exemplo), autorizando que os litigantes tratem sobre, antes de ser proferida qualquer decisão gravosa – respeitando-se assim a disposição principiológica contida no art. 10 do Novo CPC.[212]

Em razão de o Novo CPC fazer opção manifesta pela primazia do mérito, há uma tendência de o magistrado evitar de, no saneamento, extinguir o feito sem julgamento de mérito, optando pela busca de sanação de vícios capazes de encaminhar, ao final, o julgamento capaz de ser coberto pela coisa julgada material (art. 139, IX).[213]

Já a respeito do julgamento antecipado, opta o novel diploma pela restrição de sua aplicação no caso do réu revel. Deu-se, de fato, *explicitação da possibilidade real de participação do revel na instrução do processo*: sendo superada anterior indefinição que rondava a interpre-

---

[211] ROQUE, André; GAJARDONI, Fernando; TOMITA, Ivo Shigueru; DELLORE, Luiz; DUARTE, Zulmar (organizadores). *Novo CPC: Anotado e comparado*. São Paulo: Foco Jurídico, 2015, p. 64 e ss.; DONIZETTI, Elpídio. *Novo código de processo civil comentado*. São Paulo: Atlas, 2015, p. 283 e ss. Ainda a respeito da ratio da nova legislação, consultar: DELLORE, Luiz; GAJARDONI, Fernando da Fonseca; ROQUE, André Vasconcelos; OLIVEIRA JÚNIOR, Zulmar Duarte. *Teoria geral do processo – Comentários ao CPC de 2015*, Parte Geral. São Paulo: Método. 2015.

[212] Trata-se, o art. 10 da Lei nº 13.105/2015, de decisivo dispositivo principiológico do codex, a registrar que o magistrado não pode decidir com base em fundamento a respeito do qual não se tenha dado às partes oportunidade de se manifestar, ainda que se trate de matéria sobre a qual deva decidir de ofício – como exemplificado com a prescrição, de acordo com a dicção do art. 487, II, do Novo CPC.

[213] Destaca a Lei nº 13.105/2015, no art. 139 em estudo, inúmeros outros comandos oficiosos que poderão ser empregados pelo magistrado, cabendo destaque especialmente ao inciso IV ("determinar todas as medidas indutivas, coercitivas, mandamentais ou sub-rogatórias necessárias para assegurar o cumprimento de ordem judicial, inclusive nas ações que tenham por objeto prestação pecuniária") e ao inciso IX ("determinar o suprimento de pressupostos processuais e o saneamento de outros vícios processuais").

tação do art. 330, II, c/c art. 319, ambos do CPC/1973, a cogitar da possibilidade de julgamento antecipado da lide em desfavor do revel, sem dar à parte ré suficiente tempo para compor a lide; nesses moldes, encontramos o art. 355, II, c/c art. 349 da Lei n° 13.105/2015, a registrar que "ao réu revel será lícita a produção de provas, contrapostas às alegações do autor, desde que se faça representar nos autos a tempo de praticar os atos processuais indispensáveis a essa produção" – o que já se encontrava de acordo com conhecido paradigma do STJ.[214]

Nesse estágio de saneamento é também possível que o magistrado encaminhe o julgamento antecipado parcial do mérito, de acordo com a dicção do art. 356 do Novo CPC, quando um ou mais de um dos pedidos mostrar-se incontroverso ou estiver em condições de imediato julgamento, nos termos do art. 355 já ventilado. Esta é uma hipótese em que determinados pedidos serão já enfrentados, enquanto outros aguardarão a sentença final, em razão de se fazer necessário determinados aprofundamentos instrutórios. Assim sendo, teríamos aqui decisão interlocutória que resolveria a sorte de alguns pedidos prontos para já serem examinados, medida que desafia recurso de agravo de instrumento (art. 1015, II, da Lei n° 13.105/2015).[215]

Em relação propriamente à disposição do art. 357, a regular o saneamento, tem-se importante que nesse momento devem ser resolvidas questões processuais pendentes, delimitando-se notadamente as questões que irão recair a atividade probatória, com encaminhamento de *redistribuição do ônus da prova*, observado o art. 373, e designado, se necessário, audiência de instrução e julgamento. Há previsão legal de que a decisão de redistribuição do ônus probante desafie agravo de instrumento (art. 1015, XI); sendo que nos demais casos deve ser aplicada a disposição do § 1° do art. 357 ao regulamentar que as partes têm o direito de pedir esclarecimentos ou solicitar ajustes, no prazo

---

[214] REsp n° 677720/RJ, 3ª Turma, Ministra Nancy Andrighi, DJ de 12/12/2005: "(...) Com a imposição do efeito material da revelia, inverte-se o ônus probatório, cabendo ao réu revel provar que os fatos não se deram da forma descrita na petição inicial. Some-se a estes fundamentos o fato da própria norma mitigar o rigorismo em relação ao réu revel, permitindo que intervenha em qualquer fase do procedimento, recebendo o processo no estado em que se encontra. Não há, portanto, vedação legal à produção de provas pelo réu, existindo, inclusive, dispositivo que ampara sua intervenção irrestrita no processo. Conclui-se, com isso, que a decretação da revelia e imposição da presunção relativa de veracidade dos fatos narrados na petição inicial não impede que o réu revel exerça seu direito de produção de prova, desde que este intervenha oportunamente no processo".

[215] Vê-se, pois, que o critério utilizado pelo Novo CPC para identificar se a decisão desafia agravo de instrumento ou sentença não é propriamente a da natureza da decisão, mas sim o momento procedimental em que esta é proferida: se em meio à tramitação da lide (decisão interlocutória desafiando agravo nos limites de previsão da lei processual) ou se é em cognição exauriente com encerramento da jurisdição de primeiro grau (sentença desafiando apelação).

comum de 5 dias, sob pena de "estabilização" da medida[216] – seria uma espécie de embargos declaratórios capaz de solucionar determinados impasses antes de se iniciar a próxima fase do procedimento.

Vê-se, pois, que pela complexidade da audiência de saneamento deve ser conferido tempo suficiente para exame cuidadoso de cada caso processual, razão pela qual o art. 357, § 9°, prevê, com acerto, que as pautas deverão ser preparadas com intervalo mínimo de uma hora entre as audiências. O novo codex, ao que parece, busca restabelecer a importância do saneamento, desejando que o mesmo seja feito em audiência com participação direta dos atores do processo, sendo superado o encaminhamento indesejado do unilateral despacho saneador em gabinete.[217]

Pois bem. É também desse momento complexo de saneamento, conforme esclarecem os parágrafos subsequentes, que, para fins de otimização de pauta, pode ser proposto um calendário processual pelas partes – levado ao juiz para homologação ou de cuja produção o magistrado participe ativamente em audiência. Aqui se inserem as novidades do codex insculpidas nos arts. 190 e 191, com a *previsão de formação de negócio jurídico processual e acordo de procedimento entre as partes*: as partes têm mais ampla liberdade de escolha do procedimento, em sendo disponíveis os seus direitos; assim podem tanto pactuar dentro do processo a respeito do *iter* probatório a ser seguido (acordo de procedimento), como ajustar previamente ao processo, a respeito de peculiaridades que irão formatar futura eventual lide em que serão litigantes (negócio jurídico processual).

Caso haja necessidade de ser encaminhado no saneamento o prosseguimento para audiência de instrução e julgamento, há regulamentação expressa no art. 357, § 4°, de que o rol de testemunhas deve ser apresentado em prazo comum de quinze dias. Trata-se, de qualquer forma, de prazo dilatório, conforme dicção do art. 139, VI, do Novo CPC, a disciplinar que o juiz, como diretor do processo, poderá prorrogar os prazos, especialmente na situação de requerimento pela parte interessada. Ora, evidente que nem todos os prazos serão passíveis de prorrogação, mas tão somente os prazos dilatórios.[218] Os con-

---

[216] Essa estabilização, s.m.j., determinaria que não haveria recurso imediato para o Tribunal examinar os amplos contornos do saneador, os quais somente poderiam ser revistos em preliminar de apelação, nos termos do art. 1009, § 1°, da Lei n° 13.105/2015 (salvo a hipótese de dinamização do ônus da prova, em que há previsão para interposição imediata de agravo de instrumento).

[217] Sobre as linhas históricas do saneamento, consultar: LACERDA, Galeno. *Do despacho saneador.* Porto Alegre: La Salle, 1953.

[218] Em outro recente escrito já havíamos alertado que seria forçoso restringir a novidade destacada no Projeto aprovado (art. 139, VI, da Lei n° 13.105/2015) à fase instrutória, em que vínhamos admitindo ser o espaço devido em que se poderia falar irrestritamente em prazos não sujeitos

sagrados prazos peremptórios, como de apresentar defesa e recurso, devem, a seu turno, seguir sendo impossíveis de prorrogação pelo juízo, sob pena de restarmos sem organização nenhuma do procedimento,[219] limite de formalismo necessário a qual a preclusão se presta.[220]

Outra mudança importante nas linhas do processo civil no Brasil, que foi discutida no âmbito do saneamento, cinge-se à previsão de flexibilização no marco de alteração da causa de pedir/pedido. Previa o originário Projeto que o autor poderá, enquanto não proferida a sentença, aditar ou alterar o pedido e a causa de pedir, desde que o faça de boa-fé e que não importe em prejuízo ao réu, assegurado o contraditório e facultada a produção de prova suplementar.

Nesse caso, entendíamos que a inovação era digna de aplauso, ao passo que era deveras rigorosa a previsão do art. 264 do CPC/1973, ao impedir qualquer alteração da causa de pedir/pedido após o saneamento do feito.[221] Como ocorre no direito comparado, embora o juiz não deva determinar *ex officio* qualquer alteração na causa de pedir/pedido, pode, em meio ao feito, incentivar o diálogo para esse fim diante do permissivo legal flexibilizante – o que, mesmo que indiretamente, acarreta em aumento do poder do Estado-juiz na condução do processo. Nesse caso, ratificamos o nosso entendimento, eventual acréscimo de poder do agente político justificar-se-ia, situação diversa daquela que envolve a relativização do princípio dispositivo.[222]

No entanto, de acordo com as últimas modificações incrementadas no Projeto no Congresso Nacional, houve significativo retrocesso nesse ponto, como em alguns outros (exemplo seria a disciplina da eficácia preclusiva da coisa julgada material – art. 474 CPC/73 e

---

à imediata preclusão (prazos dilatórios): *Grandes temas do Novo CPC*. Porto Alegre: Livraria do Advogado, 2015, p. 85/106.

[219] Portanto, segue sendo necessário distinguirmos os efeitos dos prazos peremptórios e dos prazos dilatórios, que aparecem em maior número no processo e podem ser prorrogados pelo juiz, a requerimento da parte interessada, mesmo que com oposição da parte litigante contrária. O fato de o Novo CPC não reiterar todos os dispositivos de diferenciação conceitual dos prazos não determina que a distinção simplesmente tenha desaparecido, sendo necessária a sua manutenção, inclusive para que possamos realmente reconhecer que a maioria dos dispositivos do codex que estabelecem prazos sejam passíveis de prorrogação, salvo manifestas exceções em que o prazo deve ser compreendido como peremptório.

[220] ALVARO DE OLIVEIRA, Carlos Alberto. *Do formalismo no processo civil*. 2ª ed. São Paulo: Saraiva, 2003.

[221] BUZAID, Alfredo. *Linhas fundamentais do sistema do código de processo civil brasileiro* in Estudos e pareceres de direito processual civil. Notas de Ada Pellegrini Grinover e Flávio Luiz Yarshell. São Paulo: RT, 2002. p. 31/48.

[222] ALVARO DE OLIVEIRA, Carlos Alberto. *Poderes do juiz e visão cooperativa do processo* in Ajuris nº 90 (2003): 55/83.

art. 508 Novo CPC/2015), sendo determinado retorno ao texto do Código Buzaid.[223]

Mesmo assim, ainda nesse contexto, sobressai no Novo CPC uma novidade interessante, que relativiza de alguma maneira a rigidez quanto à alteração do pedido ao menos; nos termos do art. 322, § 2º, da Lei nº 13.105/2015, "a interpretação do pedido considerará o conjunto da postulação e observará o princípio da boa-fé" – situação já bem identificada no processo previdenciário como "princípio do acertamento da relação jurídica de proteção social".[224]

Tal elogiosa medida autoriza ajuste pelo magistrado em sentença de alguma incongruência do pedido diante da realidade da causa de pedir, de acordo ainda com a prova produzida ao longo da instrução[225] – presumida a boa-fé de quem pleiteia a prestação de jurisdição. Com a realização do "ajuste", oferece-se adequada prestação de mérito, evitando que a relação jurídica permaneça instável e sujeita, quem sabe, a nova propositura de demanda, cenário que exatamente tenta ser evitado pelo Novo CPC.

Seja como for, inegável que a audiência de saneamento se coloca como grande momento do procedimento comum, reforçando os valores do novel diploma, de incentivo à oralidade e à participação ativa e de boa-fé das partes litigantes, colaborando com o Estado-juiz para os melhores encaminhamentos procedimentais a fim de ser proferida decisão meritória que devolva ampla legitimidade aos jurisdicionados.

7.3. Audiência de instrução e julgamento

Superada a fase saneadora e definidos os contornos da lide, após devida formação da relação jurídica processual, possível o encaminhamento para fase de aprofundamento da instrução, em que mais amplamente forjado o caderno probatório necessário para resolução das questões fático-jurídicas relevantes.

---

[223] ROQUE, André Vasconcelos. *A estabilização da demanda no projeto do novo CPC: mais uma oportunidade perdida?* In: *Projeto do novo CPC – 2ª série*. Salvador: JusPodivm, 2012. p. 49/82.

[224] SAVARIS, José Antônio. *Direito processual previdenciário*. 5ª ed. Curitiba: Alteridade, 2014, p. 114/115.

[225] Também já discutimos essa possibilidade de *acertamento da relação jurídica* em obra previdenciária: "(...) a concepção de que em sentença em benefícios por incapacidade declarará o julgador, de acordo com a integralidade do material probatório coligido aos autos, o direito às prestações previstas em lei, independentemente do pedido específico formulado na exordial, está devidamente assentado" (RUBIN, Fernando. *Benefícios por incapacidade no RGPS – questões centrais de direito material e de direito processual*. Porto Alegre: Livraria do Advogado, 2014, p. 133).

Temos posição consolidada no sentido de que é *direito prioritário e constitucional da parte o acesso ao aprofundamento da instrução*, devendo o feito ser julgado antecipadamente tão somente em situações excepcionais – tudo de acordo com o art. 5° da CF/88, notadamente incisos XXXV, LIV, LV e LVI, devidamente articulados e que corporificam o macroprincípio da segurança jurídica.[226]

E o local adequado para o aprofundamento da instrução, sem dúvidas, é a derradeira audiência prevista no código processual, em que viável a complementação da prova pericial (quesito esclarecimento), a juntada de novos documentos, a oitiva de testemunhas e a colheita do depoimento pessoal (para fins de obtenção de confissão), além do interrogatório das partes conduzido pelo magistrado (para obter esclarecimentos), e, eventualmente, a realização de inspeção judicial no próprio endereço do foro.

Muito bem. Em linhas gerais, o que se nota com o novel modelo adjetivo são alguns ajustes no cenário probatório, a fim de que se obtenha com cada meio probante tipificado o máximo de resultado dentro do processo, inclusive na audiência de instrução e julgamento. E havendo dúvidas quanto ao âmbito de aplicação da norma processual, deve o operador do direito se socorrer dos princípios constitucionais que regulamentam a matéria, em que corporificado *um direito prioritário à prova, forte no art. 1° do Novo CPC*[227] c/c art. 5° da CF/88.

Reforçam-se os poderes instrutórios do magistrado, como também autoriza-se maior liberdade para a participação ativa das partes litigantes na produção da prova, o que tende a afastar a malfadada lógica pretoriana de que "o juiz é o destinatário da prova".[228]

Sabido que os destinatários da prova são todos os agentes envolvidos na relação jurídica processual, sendo importante realmente esse movimento de cooperação processual, repercutindo o princípio processual constante no art. 6° do Novo CPC.

É, pois, *distorcida e contrária aos modernos contornos do devido processo legal essa convicção de que o juiz é o destinatário da prova*, ao menos

---

[226] A respeito da temática probatória, utilizamos os ensaios abaixo para nortear a seguinte passagem e sugerimos vivamente para consulta: RUBIN, Fernando. *Teoria Geral da Prova: do conceito de prova aos modelos de constatação da verdade*. Revista Jurídica (Porto Alegre. 1953), v. 424, p. 45-74, 2013; RUBIN, Fernando. *Das provas em espécie: da prova documental à inspeção judicial*. Revista Jurídica LEX, v. 63, p. 11-27, 2013.

[227] O preambular e inovador dispositivo da Lei n° 13.105/2015 estabelece que o processo civil será ordenado, disciplinado e interpretado conforme os valores e as normas fundamentais estabelecidas na Constituição da República Federativa do Brasil, observando-se as disposições deste Código.

[228] RIBEIRO, Darci Guimarães. *Tendências modernas da prova* in Ajuris n° 65 (1995): 324/349.

por dois fundamentos: por colocar os atores do processo em posição de manifesta desigualdade, supervalorizando a figura do Estado-juiz, como se os argumentos trazidos pelos meios probantes fossem destinados à convicção tão só do julgador, e não das partes litigantes;[229] e por negar que haja a real possibilidade de o juiz de primeiro grau não ser o efetivo "julgador" da demanda, ao passo que o princípio do duplo grau de jurisdição permite que superiores instâncias ordinárias passem a reavaliar a causa (e o próprio material probatório aportado), sendo daí perfeitamente possível se suceder que aquela prova tida como irrelevante pelo Juízo a quo (e por isso indeferida), pudesse auxiliar (quiçá decisivamente) na formação do convencimento do Juízo *ad quem*.[230]

Em relação à prova testemunhal, principal meio de prova colhido na audiência de instrução e julgamento e dentro da lógica de preponderância de provas, correto identificarmos que geralmente assume peso complementar, diante da prova documental e pericial já realizada (art. 443). Em alguns casos, até excluída como prova exclusiva,[231] já que em determinadas situações se exige ao menos "começo de prova por escrito" (art. 444), como para prova de tempo rural previdenciário (Súmula 149 STJ).[232]

---

[229] A propósito, Carlos Francisco Buttenbender bem sintetiza que a prova se constitui em instrumento de fundamentação dos argumentos destinados à formação do convencimento do julgador – e também das partes – no sentido de ser aceita esta ou aquela versão dos fatos sobre o qual se assenta a lide. Buscam enfim as provas servir de elemento basilar de retórica destinada ao convencimento dos atores do processo sobre como teriam se verificado no passado os fatos em discussão no presente (BUTTENBENDER, Carlos Francisco. *Direito probatório, preclusão e efetividade processual*. Curitiba: Juruá, 2004. p. 75).

[230] Tratando dessa possível hipótese, sensível então a eventual cerceamento de defesa que pudesse se consolidar com o indeferimento de meio probante pelo Juízo a quo, já se encontra entendimento jurisprudencial que se coloca mais a favor das nossas expectativas: "AGRAVO DE INSTRUMENTO. RESPONSABILIDADE CIVIL. DANO MORAL. DISPARO DE ALARME ANTIFURTO. NECESSIDADE DE PROVA ORAL. Verificado, no caso concreto, que a interpretação dada pelo julgador de primeiro grau possa vir a causar prejuízo a parte agravante é de ser deferida a produção da prova oral. Juiz destinatário da prova como um todo (singular e colegiado). AGRAVO PROVIDO" (Agravo de Instrumento n° 70022637797, Sexta Câmara Cível, Tribunal de Justiça do RS, Relator: Artur Arnildo Ludwig, Julgado em 10/04/2008). Mais recentemente, também na doutrina, encontramos passagem de acordo com o nosso pensar: "às vezes a instrução probatória é realizada de forma incompleta precisamente porque o juiz singular, que a realiza, não está atento para o fato de que não apenas ele, mas também os integrantes do órgão da segunda instância ordinária, responsável pelo reexame de suas sentenças, também examina questões de fato e pode eventualmente precisar de provas cuja produção, embora pleiteada pela parte interessada, não se deu na oportunidade processual adequada" (BRITO MACHADO, Hugo de. Aspectos do julgamento antecipado da lide e o direito de provar. In: *Revista Dialética de Direito Processual* n° 126 (2013):63/65).

[231] REICHELT, Luis Alberto. *A prova no direito processual civil*. Porto Alegre: Livraria do Advogado, 2009. p. 246.

[232] No entanto, as referências de impossibilidade de prova exclusivamente oral nos contratos acima de dez salários mínimos e discussões quanto a pagamento/remissão de dívida não foram repetidos (art. 401/403 CPC/1973).

A prova testemunhal, de fato, pode ter o seu peso discutido diante da realidade do caso concreto, mas se trata inegavelmente de meio probante lícito oportuno, mesmo que subsidiário, para que o julgador forme a sua convicção (art. 442).

O rol de testemunhas, como antecipamos no ponto anterior, deve ser apresentado em período prévio à audiência, em geral até 15 dias depois do despacho saneador que determina a realização de audiência de instrução e julgamento (art. 357, § 4°), a fim de ser oportunizada a produção de provas e ser possível a contradita das testemunhas. Na hipótese de ser requerido o rol antes de ser aprazada a audiência, não há, na verdade, prazo peremptório para que a parte adote tal medida, embora importante que cumpra o prazo em período razoável.[233]

O art. 455, § 2°, do CPC/2015 autoriza que a parte se comprometa a conduzir a testemunha, que tiver arrolado, independentemente de intimação. Se é verdade que na ausência da testemunha, presume-se que a parte desistiu de ouvi-la, tal autorização legal permite, por outro lado, que a testemunha seja trazida perante o juízo que irá julgar a causa, ao invés de deixar que a testemunha seja ouvida mediante carta precatória – na hipótese de residir em outra comarca, o que acaba por confirmar a relevância do princípio da identidade física do julgador.[234]

Caso a testemunha tenha que ser formalmente intimada, tal procedimento, pelo novo codex, deve ser realizado pelo procurador da parte interessada, o qual, nos termos do art. 455, § 1°, deverá juntar aos autos a carta com aviso de recebimento (AR), com antecedência de pelo menos três dias da data da audiência.

---

[233] APELAÇÃO CÍVEL E RECURSO ADESIVO. (...) AGRAVO RETIDO. PROVA. ROL DE TESTEMUNHAS. PRAZO. Segundo a regra do art. 407 do CPC a apresentação do rol de testemunhas tem lugar apenas após designada audiência de instrução e julgamento. Não tendo o Julgador singular aprazado a audiência, a determinação para apresentação da relação, no prazo de dez dias, não gera nenhum efeito, nem induz preclusão. Precedentes jurisprudenciais desta Corte. Agravo retido desprovido. AGRAVO RETIDO. CONTRADITA DE TESTEMUNHA. INIMIZADE. NÃO DEMONSTRAÇÃO. Para afastar a advertência e o compromisso da testemunha contraditada, caberia ao réu demonstrar, de forma cabal, a existência de inimizade entre eles, não se prestando para tanto o depoimento isolado de uma única testemunha, que sequer indicou maiores detalhes, cingindo-se a relatar de forma genérica que presenciou, por duas oportunidades, discussão entre as partes. Agravo retido desprovido. (...) Sentença mantida. APELAÇÃO E RECURSO ADESIVO DESPROVIDOS. (Apelação Cível n° 70030328967, Décima Câmara Cível, Tribunal de Justiça do RS, Relator: Paulo Roberto Lessa Franz, Julgado em 24/02/2011).

[234] Princípio atrelado aqui a circunstância de o juiz da causa ter "visto o desenrolar e a produção das provas", o que reforça a nossa crítica à supressão realizada pelo Novo CPC, em relação ao art. 132 do Código Buzaid. Reflexões complementares, consultar: OLIVEIRA JÚNIOR, Zulmar Duarte. *O princípio da oralidade no processo civil*. Porto Alegre: Núria Fabris, 2011, p. 189; CARDOSO, Oscar Valente. A oralidade no novo código de processo civil: de volta para o passado. In: *Novo CPC – Doutrina selecionada*. Salvador: Jus Podivm, 2015, vol. 1, p. 547/574.

A colheita da prova testemunhal geralmente se dá em momento posterior ao depoimento pessoal das partes; em ambos os casos, primeiro se ouve o autor, depois o réu, providenciando o magistrado que uma não ouça o depoimento das outras (art. 456); (a) qualificada a testemunha, (b) oportuniza-se momento preclusivo para ser oferecida a contradita (art. 457, § 1º, CPC), (c) sendo só após prestado compromisso pela testemunha, de dizer a verdade sob as penas da lei.[235]

Não pode, portanto, após se iniciar a inquirição da testemunha sob a subordinação do Estado-juiz, ser levantada a questão da contradita, já que o momento oportuno para tanto é na fase inicial da audiência da instrução e julgamento, após regular qualificação da testemunha. Nessa oportunidade cabe, então, à parte interessada alegar impedimentos e suspeições reguladas no art. 447. Pode o magistrado, nesses casos, desqualificar a pessoa arrolada como testemunha e ouvi-la como informante, quando se mostrar relevante para a solução do objeto litigioso. Em qualquer caso, sendo discutida a questão da contradita, pode ser feita breve instrução a respeito do incidente na própria audiência, sendo na sequencia proferida decisão.[236]

Por sua vez, o objetivo do depoimento pessoal (arts. 385 e ss.) é a obtenção da confissão da parte contrária (na modalidade "provocada"); por isso o advogado da parte não pode "exigir" o depoimento pessoal do seu próprio constituinte. A lógica do sistema processual vai justamente no sentido de que a parte já teve inúmeras oportunidades de se manifestar nos autos, através do seu procurador constituído, razão pela qual não deve necessariamente se manifestar perante o Juízo em audiência.

Não há, pois, como estudar o depoimento pessoal sem necessárias referências (e constantes vinculações) entre este e a confissão – também sendo por esse motivo que o Código de Processo Civil segue tratando, logo após reger o depoimento da parte, da confissão".[237]

---

[235] APELAÇÃO CÍVEL. AÇÃO MONITÓRIA. AGIOTAGEM. NULIDADE DA OBRIGAÇÃO. Nos termos do art. 414, § 1º, do CPC, o momento oportuno para contraditar a testemunha é durante a audiência instrutória, devendo a argüição de incapacidade, impedimento ou suspeição anteceder o seu depoimento. Passada a oportunidade sem a comprovação da contradita pela parte autora, resta preclusa a questão, não sendo lícito discuti-la em momento processual posterior. (...). NEGARAM PROVIMENTO AO RECURSO. UNÂNIME. (Apelação Cível nº 70022710107, Décima Sexta Câmara Cível, Tribunal de Justiça do RS, Relator: Ergio Roque Menine, Julgado em 14/05/2008).

[236] A decisão interlocutória que resolve a contradita desafiava o recurso de agravo retido oral, excluído do novel sistema. Nesse caso, então, a parte prejudicada não possui recurso formal para apresentar em audiência, devendo levar a sua irresignação, caso seja necessário, em preliminar de recurso de apelação.

[237] De fato, já era assim no sistema anterior: MARINONI, Luiz Guilherme; ARENHART, Sérgio Cruz. Prova. 2ª ed. São Paulo: RT, 2011. p. 446.

No entanto, pode o juiz de ofício tomar o depoimento da parte, mesmo que o *ex adverso* não tenha exigido o depoimento pessoal – fenômeno denominado de "interrogatório". Nesse caso, o objetivo da manifestação da parte é prestar algum esclarecimento sobre a causa, não sendo o foco central a obtenção de confissão, embora eventualmente possa acontecer (na modalidade "espontânea").

Eis aqui mais um cenário em que visível a concessão de poderes instrutórios ao juiz, a fim de que não fique impedido de ouvir a parte, na hipótese de o litigante adversário não manifestar interesse no seu depoimento pessoal – tudo a melhor incrementar a direção e condução do processo pelo magistrado interessado em se aproximar da verdade formal,[238] adotando assim a legislação processual mecanismos que garantem a obtenção de soluções adequadas às especificidades dos problemas surgidos durante a instrução.[239]

Se pode o magistrado de ofício requerer o interrogatório da parte, evidente que o seu procurador pode se manifestar oportunamente, sugerindo tal medida ao magistrado – daí por que entendemos que não há razões para se entender que o depoimento da parte a requerimento próprio seja necessariamente meio de prova atípico, já que possível ao advogado, mediante tal engenharia processual disponível, obter declarações favoráveis ao depoente.[240]

O novo codex inova no § 3º do art. 385, ao dispor que o depoimento pessoal da parte que residir em comarca, seção ou subseção judiciária diversa daquela onde tramita o processo poderá ser colhido por meio de videoconferência ou outro recurso tecnológico de transmissão de sons e imagens em tempo real, o que poderá ocorrer, inclusive, durante a realização da audiência de instrução e julgamento.

Relevante, ainda, a disposição mantida no art. 385, § 1º, ao registrar expressamente que a parte deve ser intimada pessoalmente para comparecer em audiência para fins de depoimento pessoal. Em poucas oportunidades, o Código Processual exige que a parte seja inti-

---

[238] É da teoria geral do processo (e da prova) a preocupação com a "importância da verdade como aspecto impulsionador da atividade probatória no procedimento". PEREIRA, Frederico Valdez. *Iniciativa probatória de ofício e o direito ao juiz imparcial no processo penal*. Porto Alegre: Livraria do Advogado, 2014, p. 117 e ss.

[239] BEDAQUE, José Roberto dos Santos. *Efetividade do processo e técnica processual*. 2ª ed. São Paulo: Malheiros, 2007. p. 107; BARBOSA MOREIRA, J. C. Efetividade do processo e técnica processual. In: *Ajuris* (64): 149/161.

[240] Passagem decorrente de exame crítico do ensaio de: BORGES, Ronaldo Souza. O depoimento das partes em juízo no sistema cooperativo de processo: a instrução da ação no contexto das normas fundamentais do novo CPC. In: *Novo CPC – Análise doutrinária sobre o novo direito processual brasileiro*. Campo Grande: Contemplar, 2015, v. 2, p. 254/291.

mada pessoalmente,[241] mesmo porque o procurador constituído será também regularmente intimado no seu endereço profissional.

Ocorre que aqui o objetivo da intimação é assegurar que a parte compareça em Juízo, a fim de ser tomado o seu depoimento pessoal, devendo a parte estar devidamente advertida, através do competente mandado intimatório, de que o seu não comparecimento formará presunção de veracidade dos fatos contra ela alegados (confissão na modalidade "ficta").[242] Portanto, caso não haja requerimento expresso do *ex adverso* para colheita do depoimento pessoal, não há justificativa para ser feita intimação pessoal da parte, bastando a tradicional intimação da audiência em nome do seu advogado cabalmente constituído.

Por fim, indispensável o registro do teor do art. 379 do novel diploma ao registrar, sem precedentes, que incumbe à parte comparecer em juízo, respondendo ao que lhe for interrogado "preservado o direito de não produzir prova contra si próprio".

Ora, evidente que tal dispositivo, comum no direito penal,[243] tem as suas restrições em área cível, já que admitida expressamente a confissão provocada pelo codex (art. 390, § 2°),[244] devendo ser aplicado o comando restritivamente, limitando-se, quem sabe, às hipóteses de interrogatório – ainda assim com profundas ressalvas, já que o sistema da "boa-fé objetiva" é consagrado expressamente no codex (art. 5°), beirando, portanto, a ato atentatório à dignidade da justiça a (a) ausência da parte à audiência e também a (b) sua presença física, mas

---

[241] Tanto a assertiva é verdadeira que para fins de cumprimento da sentença, tem-se consolidado entendido que basta a intimação em nome exclusivamente do procurador do devedor para fins de cumprimento voluntário da obrigação – não sendo, então, imprescindível a intimação pessoal do devedor.

[242] Depoimento pessoal. Pena de confissão. Exegese do artigo 343, §§ 1° e 2° do Codigo de Processo Civil. Confissão ficta. A pena de confissão, – meio de prova, alias, que conduz a uma presunção relativa, e não absoluta –, somente poderá ser aplicada se no mandado intimatorio constar expressamente, para ciencia inequivoca do intimado, que se o mesmo não comparecer ou se recusar a depor, se presumirão verdadeiros os fatos contra ele alegados. Não e bastante a sucinta menção a "pena de confesso". Recurso Especial Não Conhecido (REsp 2340/SP, Min Athos Gusmão Carneiro, j. em 29/06/1990).

[243] Em respeito ao princípio criminal do *nemo tenetur se detegere*, isto é, de que ninguém é obrigado a acursar-se (TOURINHO FILHO, Fernando da Costa. *Manual de processo penal*. 4ª ed. São Paulo: Saraiva, 2002, p. 471). Evidentemente que os trâmites da demanda penal diferem sobremaneira dos da demanda cível, como tivemos a oportunidade de desenvolvermos, a quatro mãos, em outro ensaio: RUBIN, Fernando; CONTI, Paulo Henrique Burg. Aspectos da verdade, verossimilhança e dúvida no processo penal e no processo civil. *Revista Dialética de Direito Processual*, v. 100, p. 40-50, 2011.

[244] Art. 390 da Lei n° 13.105/2015: "A confissão judicial pode ser espontânea ou provocada. § 1° A confissão espontânea pode ser feita pela própria parte ou por representante com poder especial. § 2° A confissão provocada constará do termo de depoimento pessoal".

com o desejo de permanecer em silêncio quando questionado pelo Estado-juiz.

Assai evidente que o art. 379 está mal redigido, o que exigirá cuidadosa interpretação jurisprudencial, sendo de todo afastado o seu teor na hipótese de depoimento pessoal, quando ao ser formalmente intimado pela parte contrária deixar de comparecer à audiência ou comparecendo permanecer em silêncio assim que questionado pelo advogado do *ex adverso* – situação que ocorrendo deve seguir determinando a pena de "confissão ficta"[245] (art. 385, § 1°, c/c art. 386).[246]

Todos esses movimentos probatórios destacados convergem para a realização de uma derradeira audiência de instrução e julgamento, a qual evidentemente deve ser aprazada, salvo situações absolutamente excepcionais, sob pena de infringência aos princípios basilares do direito fundamental à prova[247] – desdobramento da garantia constitucional do devido processo legal, da ação, do contraditório e da ampla defesa, a determinar exegese restritiva do art. 355, I.[248]

A audiência é, por regra, pública, salvo hipóteses do art. 189; sendo solenidade em que se revela, de forma importante, o poder oficioso do juiz, como diretor do processo, já que deve conduzir a audiência com urbanidade a fim de ser feito oportuno aprofundamento da instrução.[249]

Deve se tentar previamente a conciliação entre as partes, situação em que permitido às partes comporem o litígio envolvendo inclusive matéria e pessoas não contidas na inicial (art. 359).

Embora não seja tratada principalmente na prática do foro como solenidade de extrema relevância para o processo – situação que me-

---

[245] Tal atitude (*confissão ficta*) representa um ônus no processo, sendo certo que não pode se sobrepor ao princípio do livre convencimento do juiz (CAMBI, Eduardo. *A prova civil: admissibilidade e relevância*. São Paulo: Revista dos Tribunais, 2006, p. 135).

[246] Os anunciados dispositivos, articuladamente, preveem que "cabe à parte requerer o depoimento pessoal da outra parte, a fim de que esta seja interrogada na audiência de instrução e julgamento, sem prejuízo do poder do juiz de ordená-lo de ofício. Se a parte, pessoalmente intimada para prestar depoimento pessoal e advertida da pena de confesso, não comparecer ou, comparecendo, se recusar a depor, o juiz aplicar-lhe-á a pena. Quando a parte, sem motivo justificado, deixar de responder ao que lhe for perguntado ou empregar evasivas, o juiz, apreciando as demais circunstâncias e os elementos de prova, declarará, na sentença, se houve recusa de depor".

[247] RUBIN, Fernando. As importantes alterações firmadas em relação à atuação da preclusão no projeto do novo CPC. In: *Novas Tendências do Processo Civil – Estudos sobre o Projeto do Novo CPC*. Organizadores: Alexandre Freire, Bruno Dantas, Dierle Nunes, Fredie Didier Jr., José Miguel Garcia Medina, Luiz Fux, Luiz Henrique Volpe Camargo e Pedro Miranda de Oliveira. Salvador: Jus Podivm, 2013, p. 411/432.

[248] MELO, Michele Ribeiro de. Reflexões sobre o direito à prova como garantia fundamental. In: *Revista Brasileira de Direitos Humanos* n° 14 (2015), p.113/128.

[249] ALVARO DE OLIVEIRA, Carlos Alberto; MITIDIERO, Daniel. *Curso de processo civil*. São Paulo: Atlas, 2012. Processo de conhecimento – vol. 2. p. 135.

rece a nossa devida crítica, a audiência, como nos parece ratificar o Novo CPC, é local adequado para uma profunda produção/complementação de provas, mesmo porque preferencialmente é mediante o juiz que as provas devem ser produzidas (princípio da imediação e oralidade).[250]

Nesse diapasão, podem ser observados, nos termos da lei processual, ao menos cinco importantes movimentos instrutórios: complementação de prova pericial; depoimento pessoal das partes; oitiva de testemunhas; juntada de novos documentos; e interrogatório das partes.

O Novo CPC, buscando simplificar os procedimentos orais, estabelece no art. 459 que as perguntas serão formuladas pelas partes diretamente à testemunha, não precisamos mais então de intermediação do magistrado; começando pela que a arrolou, não admitindo o juiz aquelas que puderem induzir a resposta, não tiverem relação com as questões de fato objeto da atividade probatória ou importarem repetição de outra já respondida.

Ademais, o adiamento da audiência pode acontecer nos termos do art. 362; especial realce para a hipótese de atraso injustificado do seu início em tempo superior a trinta minutos do horário marcado (inciso III).

Encerrada a instrução, não sendo possível a conciliação, será oportunizada a manifestação final oral ou por escritos/memoriais, garantida às partes prazo sucessivo de quinze dias (art. 364), sendo na sequencia prolatada sentença em audiência ou no prazo não preclusivo (*prazo impróprio*) de trinta dias (art. 366).

A respeito dos memoriais, entendemos que essa peça final de recapitulação dos principais pontos debatidos na demanda assume uma nova relevância pela Lei n° 13.105/2015, ao passo que aumentado o dever de fundamentação pelo codex. Isto porque através dos memoriais o procurador pode (*rectius:* deve) chamar a atenção do julgador para determinados pontos/fundamentos que necessariamente devem ser objeto de prestação de jurisdição, sob pena de flagrante nulidade, tudo de acordo com os contornos generosos do art. 489, § 1°.[251]

---

[250] OLIVEIRA JÚNIOR, Zulmar Duarte; HERCULANO DUARTE, Bento. *Princípios do processo civil – Noções fundamentais.* São Paulo: Método, 2012. p. 109.

[251] Regula o destacado dispositivo infraconstitucional que não se considera fundamentada qualquer decisão judicial, seja ela interlocutória, sentença ou acórdão, que: I – se limitar à indicação, à reprodução ou à paráfrase de ato normativo, sem explicar sua relação com a causa ou a questão decidida; II – empregar conceitos jurídicos indeterminados, sem explicar o motivo concreto de sua incidência no caso; III – invocar motivos que se prestariam a justificar qualquer outra decisão; IV – não enfrentar todos os argumentos deduzidos no processo capazes de, em tese, infirmar a

Sendo proferida sentença, as partes consideram-se intimadas no ato solene, começando a correr prazo recursal a partir do dia útil subsequente (art. 1003, § 1°).[252]

Relevante, ainda, se registrar que as alegações finais estão dentro de um contexto em que se mostra relevante a prova colhida em audiência,[253] não sendo, no nosso entender, crível ser deferido tal prazo na hipótese de julgamento antecipado da lide.

7.4. Considerações finais

Em apertadíssima síntese do que ficou registrado neste espaço, reafirmarmos a importância do estudo das audiências, notadamente as conduzidas pelo Estado-Juiz e que encaminham, como regra, ao aprofundamento do debate e da instrução, notadamente em demandas com carga fático-jurídica significativa.

Propondo-se a audiência de saneamento (art. 357) a limpar (*rectius*: organizar) os pontos polêmicos, determinando, sempre que necessário o avanço do procedimento para a produção de provas, reforça-se a circunstância de que são realmente inúmeros os meios lícitos autorizados pelo sistema processual para o convencimento judicial a respeito de determinada questão fática, inclusive em audiência de instrução e julgamento.

Pelo Novo CPC, trata-se esta de uma terceira audiência prevista (arts. 358/368), justamente tendente a maior investigação probatória, em que se verifica ampla possibilidade de produção de provas, com redução de alguns formalismos despiciendos.

Tem-se, realmente, que as provas produzidas na presença do juiz da causa aproxima o julgador da realidade que será apreciada – ratifi-

---

conclusão adotada pelo julgador; V – se limitar a invocar precedente ou enunciado de súmula, sem identificar seus fundamentos determinantes nem demonstrar que o caso sob julgamento se ajusta àqueles fundamentos; VI – deixar de seguir enunciado de súmula, jurisprudência ou precedente invocado pela parte, sem demonstrar a existência de distinção no caso em julgamento ou a superação do entendimento.

[252] Incentivando o Novo CPC a realização de audiências, incrementando-se a oralidade e a colaboração, espera-se que haja aumento do número de sentenças proferidas nesses atos solenes, o que representaria ainda grande garantia de celeridade e economia processual.

[253] APELAÇÃO CÍVEL. RESPONSABILIDADE CIVIL. AUSÊNCIA DE INTIMAÇÃO DAS PARTES PARA APRESENTAÇÃO DE MEMORIAIS. MATÉRIA DE FATO. NULIDADE RECONHECIDA. Imprescindível a intimação das partes para apresentação de memoriais, nos termos do que dispõe o art. 454, § 3°, do CPC, sob pena de ofensa aos princípios do contraditório e do devido processo legal, quando houver prova produzida no curso da audiência de instrução e julgamento e o feito versar sobre questão de fato. Sentença desconstituída. APELAÇÃO PROVIDA. SENTENÇA DESCONSTITUÍDA. (Apelação Cível n° 70038136560, Décima Câmara Cível, Tribunal de Justiça do RS, Relator: Túlio de Oliveira Martins, Julgado em 28/10/2010).

cando a importância do princípio da identidade física do juiz, daí a relevância de serem forjadas em audiência, com o devido contraditório, o maior número possível de meios de prova, a saber: (a) complementação de prova pericial; (b) depoimento pessoal das partes; (c) oitiva de testemunhas; (d) juntada de novos documentos; (e) interrogatório das partes; e (f) inspeção judicial.

  Ciente desse robusto conjunto de provas, parece claro que o juiz deve indeferir um meio probante requerido somente em situação absolutamente excepcionais em que o prosseguimento da instrução se mostre desnecessário (art. 370, parágrafo único, c/c art. 355, I); tendo também atenção especial o julgador ao tempo de proferir sentença para que avalie com profundidade o conjunto probatório como um todo, não dando, por regra, demasiado peso a determinado meio de prova (art. 371 c/c 479).

8. Direito probatório

João Paulo Kulczynski Forster

8.1. Teoria geral da prova

A sistematização de um direito probatório é indispensável para o processo moderno. Pensado sob qualquer aspecto, a prova, no processo, é tema fundamental. A valoração que o julgador opera sobre as provas constantes do processo, ou a insuficiência das mesmas, afetará diretamente o resultado dessa demanda. O desafio reside na construção de aparato técnico ao redor desse momento, a fim de que se possa executá-lo de forma científica, e não com viés simplista e subjetivo. Simplificando: não se pode deixar a cargo de cada julgador o desenvolver da atividade probatória processual, pois não só o tema é complexo, como pode se render a subjetivismos indesejados. Ao mesmo tempo, deve ser reconhecida a humanidade por trás da função judicial, a fim de que o exercício da magistratura não seja (e jamais poderia ser) uma tarefa automática.[254]

Nessa levada, há de se recordar, para que se compreenda a importância do desenvolvimento de uma técnica probatória adequada ou, então, de forma, mais abrangente, de uma *teoria geral da prova* aceitável, o denominado *realismo jurídico*. Trata-se, na verdade, do chamado "movimento"[255] realista[256] norte-americano, cuja importância para o

---

[254] "Encomendar a um homem a tremenda missão de julgar, e depois dizer-lhe como deve julgar, parece um paradoxo ou um sarcasmo; não é mecanizá-lo, ou automatizá-lo; é algo pior: é desumanizá-lo". MELENDO, Santiago Sentís. *Naturaleza de la prueba*: la prueba es libertad. *Revista dos Tribunais,* São Paulo, v. 63, n. 462, p. 11-22, abr. 1974.

[255] "There is no school of realists. There is no likelihood that there will be such a school. There is no group with an official or accepted, or even with an emerging creed. There is no abnegation of independent striking out. We hope that there may never be. New recruits acquire tools and stimulus, not masters, nor over-mastering ideas. Old recruits diverge in interests from each other. They are related, says Frank, only in their negations, and in their skepticisms, and in their curiosity". LLEWWLLYN, Karl Nickerson. *Some realism about realism*: responding to dean pound. *Harvard Law Review,* Cambridge, v. 44, p. 1233-1234, 1930/1931.

[256] O termo "realismo" nunca foi abraçado por Jerome Frank, que preferia terminologia diversa: "ceticismo construtivo (*constructive skepticism*), efetividade jurídica (*legal actualism*), observação

tema é fundamental, dado o reconhecimento destes juristas, em maior ou menor grau, ao aspecto *subjetivo* da decisão judicial. É importante notar que o princípio de tal movimento data do final do século XIX, aparecendo em escritos e decisões de Oliver Wendell Holmes as primeiras bases para essa corrente.[257]

Uma das passagens mais instigantes de Holmes é a inicial de seu livro *The Common Law*: "A vida do direito não foi lógica: foi experiência". Dizia, em seguida, que até mesmo os preconceitos compartilhados pelos juízes com o resto da humanidade têm conexão muito maior do que o silogismo na determinação das regras que governam os homens.[258] A percepção desses juristas é de que o fenômeno jurídico é muito mais dinâmico do que a simples aplicação de leis, que são estáticas quando comparadas às constantes mudanças econômicas, sociais, políticas. A lei é apenas parte do fenômeno judicial, que envolve as características de cada juiz, até mesmo aquelas subconscientes e/ou irracionais. Uma das conclusões do movimento é de que a certeza do direito só poderia estar plenamente assegurada se "os juízes possuíssem mentes estereotipadas, agindo mecanicamente, sem idiossincrasias".[259]

As propostas desses juristas são bastante sedutoras, mas algumas, em particular, evocam o problema da subjetividade. Levadas ao extremo, justificariam decisões díspares proferidas para casos idênticos até pelo mesmo juiz. Nem todos os integrantes desse "movimento" concordariam com tais premissas, mas alguns ardorosamente defenderam a possibilidade de que o magistrado fosse afetado por todos os eventos que lhe circundam, com consequências diretas para o processo. Tal consideração é oportuna e verdadeira, mas jamais justificadora de decisões aleatórias no Poder Judiciário. A relevância de tais pontuações reside na percepção do aspecto da subjetividade da função judicial. Nessa linha, pontua Danilo Knijnik que "o realismo, ainda que não se concorde inteiramente com suas premissas, permite

---

do Direito (legal observation) ou, mais simplesmente ainda, modéstia jurídica (*legal modesty*), inclinando-se em seus escritos posteriores a 1933 pela palavra experimentalismo (*experimentalism*)". BRUTAU, José Puig. *A jurisprudência como fonte de direito*. Porto Alegre: AJURIS, 1977. p. 28.

[257] HOLMES, Oliver Wendell. The common law. In: FISHER III, William W.; HORWITZ, Morton J.; REED, Thomas A. (Orgs.). *American legal realism*. Oxford: Oxford University Press, 1993. p. 9.

[258] Idem. p. 9. Outra consideração notória de Holmes é a de que "as profecias do que as cortes farão de fato, e nada mais pretensioso, são o que eu entendo por direito". O realismo jurídico, em uma de suas vertentes, denomina que o direito é um fenômeno judiciário, e que antes de decidido um determinado caso (ou que já se tenha decidido um caso minimamente similar), não se pode determinar o que é a lei do caso. Para aprofundar, vide FRANK, Jerome. *Law and the Modern Mind*. New York: Tudor Publishing Co., 1936, p. 42 e seguintes.

[259] BARRETO, Vicente de Paulo (Org.). *Dicionário de filosofia do direito*. São Leopoldo: Editora Unisinos, 2006. p. 701.

evidenciar a necessidade de um direito probatório sistemático, com categorias e instituições próprias, de modo a evitar que o convencimento judicial escape a toda forma de controle dogmática e a um real contraditório".[260]

O risco do subjetivismo e, portanto, do arbítrio judicial, apresentam a necessidade suficiente da construção, desenvolvimento e constante aprimoramento de uma teoria geral da prova que possa conduzir o processo do início ao fim. O direito probatório já foi visto como "tema indigente",[261] de forma acertada, pois a doutrina pouco o enfrentava. As razões para tanto eram várias.[262] No entanto, na última década, houve uma vigorosa retomada do tema, tratando desde a teoria geral da prova até pontos específicos em direito probatório. Tudo pela percepção da absoluta relevância do direito fundamental à prova[263] e sua relação direta com os demais direitos fundamentais processuais, como o contraditório e a motivação, dentre outros.

Não se nega, de outro lado, que a prova, no processo, tenha íntima relação com a verdade,[264] estabelecendo com ela relação teleológica: "é altamente desejável que o sistema chegue a um juízo de fato o mais próximo da verdade, mas é preciso ter a clara consciência de que aquilo que está provado pode ser falso; e o que não foi provado pode ser verdadeiro".[265] Nessa perspectiva, a reconstrução fática, um dos objetivos da prova, há de estar compromissada com o que efetivamente se passou. Em outras palavras, apurar se a ideia que se tem dos fatos no processo corresponde, efetivamente, aos fatos preteritamente ocorridos.[266]

Isso atribui ao julgador compromisso com a verdade do qual não pode afastar-se, muito menos demitir-se. Bem acrescenta Carlos

---

[260] KNIJNIK, Danilo. Ceticismo fático e fundamentação teórica de um direito probatório. In: ——. (Org.). *Prova judiciária:* novos estudos sobre o novo direito probatório. Porto Alegre: Livraria do Advogado, 2007. p. 25.

[261] Cf. KNIJNIK, Danilo. *A Prova nos Juízos Cível, Penal e Tributário.* Forense: Rio de Janeiro, 2007, p. 6.

[262] TARUFFO, Michele. *La Prova dei Fatti Giuridici.* Milano: Giuffrè, 1992, p. 2.

[263] Para o desenvolvimento do direito fundamental à prova e suas consequências, vide FORSTER, João Paulo K. O direito fundamental à prova. *In:* REICHELT, Luís Alberto, DALL'ALBA, Felipe Camilo (orgs.). *Primeiras Linhas de Direito Processual Civil.* Vol. 1. Porto Alegre: Livraria do Advogado, 2016, p. 198.

[264] Uma vez mais a complexidade do tema é desvelada pela dimensão extrajurídica do direito probatório, 'projetando-se para fora do Direito', como refere Michele Taruffo. Aponta-se também a íntima conexão do direito probatório com a filosofia, como bem registra DELLEPIANE, Antonio. *Nueva Teoría de La Prueba.* 10ª ed. Bogotá: Temis, 2011, p. 1.

[265] KNIJNIK, Danilo. *A Prova nos Juízos Cível, Penal e Tributário.* Rio de Janeiro: Forense, 2007. p. 14.

[266] MARINONI, Luiz Guilherme, ARENHART, Sérgio Cruz. *Prova.* 2ª ed. São Paulo: Revista dos Tribunais, 2011. p. 28.

Alberto Alvaro de Oliveira que "não sendo meramente subjetiva a apreciação da prova, deve – a exemplo do julgamento exclusivamente de direito – respeitar ainda as expectativas do ambiente a que se dirige e no qual a decisão há de se mostrar convincente ou pelo menos aceitável. Constituirá assim aspiração da atividade judicial, também no plano dos fatos, obter consenso o mais generalizado possível da sociedade em que inserida, no horizonte de uma decisão 'razoável', na medida em que conformada às expectativas sociais".[267] Estando o processo situado em ambiente democrático,[268] repele-se o arbítrio também na admissão, produção e valoração das provas.

O objetivo deste capítulo é, portanto, apresentar ao estudioso do Direito com uma visão abrangente dos tópicos que envolvem não apenas a denominada teoria geral da prova, que sistematiza os temas fundamentais da prova no processo civil, mas também com as denominadas provas em espécie, previstas em lei e aptas, através de sua produção, a comprovarem a veracidade das alegações sobre os fatos apresentadas pelas partes.

8.1.1. Conceito de prova

O ponto de partida de qualquer teoria geral da prova é a definição do que se entende pelo vocábulo "prova." A realidade é que tal palavra é polissêmica, ou seja, admite diversos significados, "tanto na linguagem vulgar quanto no uso que os cientistas e particularmente os juristas fazem do vocábulo. As ciências experimentais geralmente valem-se da expressão para significar o ensaio, a verificação ou a confirmação pela experiência de um dado fenômeno, objeto de investigação científica".[269] Pode-se afirmar que a prova se reduz a uma *comparação:* compara-se uma coisa ou operação da qual se duvida, com

---

[267] ALVARO DE OLIVEIRA, Carlos Alberto. *Do Formalismo no Processo Civil.* 4ª ed. São Paulo: Saraiva, 2010, p. 221.

[268] Diz Julián Marías, com acuidade: "A democracia é em nossa época o único sistema de governo que pode ser legítimo. [...]. Ora, a democracia tem 'condições de existência'; tem de ser possível, e uma imensa parcela do mundo atual não a pode possibilitar; não basta ser possível, tem de realizar-se; isto é, tem 'requisitos', que se cumprem ou não, e em diversos graus. Se faltam, a democracia é imperfeita, deficiente, pode chegar a ver-se pervertida, a transformar-se num instrumento de opressão, como já viu Aristóteles. Se não se acha inspirada pelo liberalismo, a democracia não é verdadeira; se nela se introduz o espírito totalitário, sua perversão é total. [...]. Os países que gozam de uma democracia efetiva têm o dever de cuidar dela, de mantê-la fiel a suas funções próprias, sem transbordar nem degenerar em opressão". MARÍAS, Julián. *Tratado sobre a convivência.* São Paulo: Martins Fontes, 2003. p. 207-210.

[269] BAPTISTA DA SILVA, Ovídio Araújo. *Curso de Processo Civil.* Vol. 1. 5ª ed. São Paulo: RT, 2001, p. 337.

outras coisas ou operações, a fim de se verificar a eficácia ou exatidão das primeiras.[270]

Percebe-se que "prova" é conceito instrumental dos mais variados ramos do conhecimento científico e, dependendo do ramo que se trate, poderá deter conceito diferenciado. Cabe, portanto, apurar aquele *juridicamente relevante* e, mais particularmente, *processualmente* relevante.

Só que, mesmo no âmbito processual, "prova" pode ter pelo menos três diferentes significados. Pode representar, em primeira perspectiva, a *atividade* desenvolvida pelas partes para demonstrar a veracidade de suas alegações sobre os fatos. Daí a denominação de "produção de prova", significando a atividade da parte ou do julgador em apresentar nos autos processuais um dos meios de prova atípicos ou típicos, constituindo-se o assim entendido "procedimento probatório". Por outro lado, "prova" indica o *meio de prova* utilizado, como a prova testemunhal, pericial, documental, dentre outras, através da qual ela é consubstanciada no âmbito do processo. E, em última análise, prova é *resultado*, ou seja, a formação da convicção do magistrado, que dá uma alegação sobre um fato como correta, pois "provada".

A respeito dessa última acepção, bem aduz Eduardo Cambi que "prova é sinônimo de êxito ou de valoração (...). Percebe-se, por esse aspecto, que a noção de prova envolve aspectos objetivos (atividades, meios), mas também subjetivos (...). O juiz pode formar livremente sua convicção. Todavia, essa liberdade não é irrestrita, não se confundindo com arbítrio. Como efeito, deve ser exercida com responsabilidade em por isso, exige-se que o juiz motive racionalmente a sua decisão".[271] Essa reflexão se revela fundamental para o processo e para a adequada construção de uma teoria geral da prova, de um *direito probatório sistematizado*.

O viés *subjetivo da prova* (a valoração da mesma pelo julgador) atrai todas as considerações necessárias no tocante à fundamentação das decisões judiciais. Por isso se refere que a mera listagem das provas não é efetiva motivação, que está ancorada em avaliação *racional* do material probatório produzido no processo. Afinal, a motivação constitui o espaço no qual se manifesta o juiz acerca não só das suas conclusões, mas dá razão das opções sobre as provas escolhidas como corretas ou incorretas. É manifesta a necessidade de o julgador recorrer às ferramentas racionais disponíveis,[272] porque o Direito tem de

---

[270] DELLEPIANE, Antonio. *Nueva Teoría de la Prueba*. 10ª ed. Bogotá: Temis, 2011, p. 8.
[271] CAMBI, Eduardo. *Direito constitucional à prova no processo civil*. São Paulo: RT, 2001, p. 48/49.
[272] TARUFFO, Michele. *Simplemente la verdad*. Madrid: Marcial Pons, 2010. p. 268.

ser encarado como ciência, com nível mínimo de exigência e rigor lógico. O sistema jurídico "não poderia se definir como racional se não é capaz de produzir decisões judiciárias de qualquer modo definíveis como racionais".[273]

Conceituar o vocábulo "prova" é, antes de tudo, perceber que se trata de tema que perpassa diversos momentos processuais. Inicia-se todo procedimento probatório, ao menos na perspectiva do julgador, em um estado de dúvida.[274] Há de ser sanada na via da prova, que se inicia na *atividade* das partes e do próprio magistrado, se desenvolve através dos *meios* apresentados no processo (sejam típicos ou atípicos) e finda na valoração do material probatório pelo julgador, essa dúvida.

Em síntese, mais do que admitir vários significados, a palavra *prova* também é um dos alicerces fundamentais do processo (e não apenas do processo civil). Dada a importância do tema, é natural que haja dissenso na doutrina a tal respeito. Ainda que polêmico e amplamente debatido, percebe-se que as diferentes construções do tema ainda deixaram lacunas a serem exploradas.[275]

8.1.2. Função da prova

Há várias concepções sobre a função da prova. Impõe pensar que o termo "função" compreende diferentes significados. De forma bastante abrangente, conceitua-se como "papel e características desempenhados por um órgão num conjunto cujas partes são interdependentes".[276] Fala-se, portanto, dentro de um determinado contexto, da função desempenhada por um item específico. Assim como se questiona a função, por exemplo, do fígado, no corpo humano, questiona-se qual a função da prova para o processo. O tema rende; é possível assinalar diversas finalidades para a prova no âmbito processual.

Podem ser delineadas, de forma mais tradicional, pelo menos duas diferentes funções que a prova pode exercer no processo: a) demonstrativa e b) argumentativa.

---

[273] TARUFFO, Michele. Il controlo di razionalitá della decisione fra logica, retorica e dialetica. *REPRO*, São paulo, v. 32, n. 143, p. 66, jan. 2007.

[274] LÉVY-BRUHL, Henri. *La Preuve Judiciaire*. Paris: Librairie Marcel Rivière et Cie, 1964. p. 15

[275] Para aprofundamento do tema, comparando a melhor doutrina, vide REICHELT, Luís Alberto. *A Prova no Direito Processual Civil*. Porto Alegre: Livraria do Advogado, 2009, p. 44 e ss.

[276] LALANDE, André. *Vocabulário técnico e crítico da Filosofia*. 3ª ed. São Paulo: Martins Fontes, 1999, p. 432.

Primeiramente, diz-se que a prova possui finalidade reconstrutiva dos fatos, a denominada função *demonstrativa*.[277] Esta perspectiva está intimamente conectada à visão de que a atividade probatória no processo pode conduzir ao conhecimento da verdade. Nesse viés, o julgador preocupa-se diretamente com o que realmente se passou, o que lhe conferiria um papel mais ativo justificando a atribuição de poderes instrutórios ao magistrado, como preconizado pelo art. 370 do CPC/2015. O modelo demonstrativo tem como objetivo uma reconstrução fática dentro do processo, tendo como base uma autonomia do mundo fático. Assim sendo, *supõe viável uma atividade empírica que introduza a verdade nos autos*.[278]

A limitação humana, no entanto, é evidente. A verdade possível no âmbito processual é fruto de uma construção democrática realizada com participação ativa de autor e réu, não se formando no interior do juiz, a partir de sua "íntima convicção", mas da síntese do mencionado debate. A verdade fruto dessa extensa atividade processual é construto humano falível, mas que pode ser qualificada como "objetiva" no sentido de que não pertence a um único sujeito, tendo sido submetida a refutações e que pode ser comprovada de maneira intersubjetiva.[279]

Indiferente, portanto, que se trate de processo penal ou civil. O problema da verdade é comum a ambos os processos. Por isso não se fala mais em uma distinção entre verdade "formal" e verdade "material" ou "real". Todo e qualquer processo está limitado pela condição humana. O que o processo civil e penal tem de diferente diz respeito ao *modelo de constatação* a ser empregado, mais ou menos exigente, dependendo do bem da vida em questão e do material probatório disponível.

A perspectiva de reconstrução é terminantemente afastada por Luiz Guilherme Marinoni e Sérgio Arenhart, ao afirmarem que "é possível dizer que a prova não tem por objeto a reconstrução dos fatos que servirão de supedâneo para a incidência da regra jurídica abstrata que deverá (em se concretizando na sentença) reger o caso concreto".

---

[277] Na clássica lição de Piero Calamandrei, que já foi alvo de muitas críticas, o juiz, em alguns pontos, se equipara ao historiador na sua tarefa de reconstruir fatos pretéritos. CALAMANDREI, Piero. *El juez y el historiador. In: Estudios sobre el proceso civil.* Trad. de S. Sentís Melendo, Buenos Aires: Editorial Bibliografica I Argentina, 1945.
[278] KNIJNIK, Danilo. *A Prova nos Juízos Cível, Penal e Tributário*. Rio de Janeiro: Forense, 2007, p. 11.
[279] MORALES, Rodrigo Rivera. *La prueba: un análisis racional y prático*. Madrid: Marcial Pons, 2011, p. 35/36.

A legitimação da atuação judicial não reside nessa reconstrução fática, mas sim na "necessária observância do processo adequado".[280]

A outra percepção é de que a prova pode desempenhar papel argumentativo, de argumento retórico, "direcionado a convencer o magistrado de que a afirmação feita pela parte, no sentido de que alguma coisa efetivamente ocorreu, merece crédito".[281] A função da atividade probatória, nesse viés, é afetar a convicção psicológica do julgador, buscando o seu convencimento, a partir da relativização da pretensão da obtenção da verdade no processo. Diria Chiovenda que tal finalidade bem se demonstra pela criação de convencimento do juiz sobre a existência ou não existência de determinados e relevantes fatos para o processo.[282] Por óbvio, faz-se necessário prestigiar a utilidade da argumentação em âmbito processual, já que os fatos carecem, em muitos casos, de aplicação de juízos de valor.[283]

Essa função argumentativa está profundamente ligada ao discurso retórico, aquele que busca um convencimento momentâneo, sem maior compromisso com a verdade do que realmente possa ter ocorrido. Convencido o interlocutor das alegações sobre os fatos, satisfeito está este modelo de discurso. Impossível que se aceite tal perspectiva como exclusiva finalidade da prova no processo em um ambiente onde se busca a observância do direito fundamental ao processo justo. Jamais haverá decisão justa quando não houver o mínimo de adequação na verificação dos fatos.[284]

Conforme afirma Carrata,[285] a função da prova é verdadeira atividade heterogênea, composta de várias atividades lógicas do juiz, no sentido de que não ocorre um mero "silogismo probatório". Colocam-se, então, duas perspectivas relevantes: a persuasiva (retórica) e a demonstrativa (reconstrutiva). Não se pode dizê-las opostas, mas, na verdade, possuidoras de relação de "polaridade e assimetria".[286] Elas exercem funções complementares dentro do processo, já que, como

---

[280] Tudo cf. MARINONI, Luis Guilherme, ARENHART, Sérgio Cruz. *Prova e Convicção*. 3ª ed. São Paulo: RT, 2015, p. 63 e p. 62, respectivamente.

[281] Idem, ibid., p. 63.

[282] Cf. AROCA, Juan Montero. *La Prueba en el Proceso Civil*. 6ª ed. Madrid: Civitas, 2011, p. 50.

[283] MORALES, Rodrigo Rivera. *La prueba: un análisis racional y prático*. Madrid: Marcial Pons, 2011, p. 35.

[284] A decisão justa, objetivo do processo justo, não será atendida caso se funde em uma "determinação falsa ou errada dos fatos da causa". TARUFFO, Michele. *Páginas sobre justicia civil*. Madrid: Marcial Pons, 2009. p. 531.

[285] CARRATA, Antonio. Funzione Dimostrativa della Prova (Verità del fatto nel Processo e Sistema Probatorio). In: *Rivista di Diritto Processuale*, Milano: Giuffrè, anno LVI, nº 1, genn./mar. – 2001, p. 102.

[286] KNIJNIK, Danilo. *A Prova nos Juízos Cível, Penal e Tributário*. Rio de Janeiro: Forense, 2007, p. 11.

assinalado por Taruffo, não é possível apontar um modelo comum a vários sistemas, definido e unitário.[287]

No direito brasileiro, não há clareza por adoção deste ou daquele modelo de forma exclusiva. O art. 370 do CPC/2015, ao conceder poderes instrutórios ao juiz, alcança-lhe ferramentas úteis no esforço de reconstrução do que se passou. Por outro lado, o art. 479 permite que o julgador divirja, de maneira fundamentada, das conclusões do laudo pericial. Aí se percebe a complementaridade dos dois modelos: se o ordenamento jurídico brasileiro houvesse adotado a função demonstrativa, o juiz haveria de se vincular à conclusão do perito oficial, pois este detém conhecimento técnico sobre a matéria. Mas não: permite ao julgador formar o seu *convencimento* pelos demais meios de prova existentes no processo, levando em consideração os argumentos formulados pelas partes que incidem sobre tais meios de prova.

Alguns autores trabalham ainda com outras finalidades. Hernando Echandía comenta que a prova pode ter a finalidade de fixação dos fatos no processo, vinculando esta ideia à noção de prova legal.[288] Luís Alberto Reichelt, de seu turno, assinala que a prova pode ter a finalidade de produção de certeza jurídica.[289] Esses posicionamentos, como se viu, não são inteiramente excludentes, mas sim complementares, dada a complexidade do tema probatório no âmbito processual.

8.1.3. Fases do procedimento probatório

Artur Carpes

Denomina-se *procedimento probatório* a sequência estruturada de atos processuais que compõem a fase instrutória do processo. Por outras palavras: o procedimento probatório constitui a *estrutura de atos processuais* que serve à *organização da atividade* de todos aqueles que colaboram para a investigação da verdade das alegações fáticas deduzidas na demanda. Sua existência é condição para a *adequada distribuição da atividade do juiz, das partes, do Ministério Público e dos auxiliares do juízo em torno da prova*, pois determina o exercício dos poderes, das

---

[287] "Sarebbe forse eccessivo, a questo riguardo, ritenere che esista un modello espismologico definito, unitario e comune ai vari sistema". TARUFFO, Michele. Modelli di Prova e di Procedimento Probatorio. In: *Rivista di Diritto Processuale*, Milano: Giuffrè, anno XLV, nº 2, apr./giug. – 1990, p. 444.

[288] ECHANDÍA, Hernando Devis. *Teoría General de la Prueba Judicial*. Tomo I. 5ª ed. Bogotá: TEMIS, 2006, p. 236.

[289] REICHELT, Luís Alberto. *A Prova no Direito Processual Civil*. Porto Alegre: Livraria do Advogado, 2009, p. 64/65.

faculdades, dos ônus e dos deveres de todos que atuam para a formação do juízo de fato. A existência do procedimento probatório assegura *igualdade* de tratamento às partes e outorga *segurança* no desenvolvimento do processo.

Na perspectiva da *natureza* da atividade desenvolvida pelos sujeitos processuais, é possível dividir o procedimento probatório em pelo menos *cinco distintas fases*, a saber: i) *proposição;* ii) *admissibilidade;* iii) *produção;* iv) *valoração da prova* e *v) decisão quanto à prova.* Tais *fases* não são estabelecidas de modo absoluto, mas com base na natureza da atividade probatória que *prepondera* em cada uma delas. O exame das *fases do procedimento probatório* auxilia na compreensão dos diferentes aspectos que pautam atividade probatória no processo judicial.

8.1.3.1. Fase de proposição da prova

Na *fase de proposição,* a prova é requerida em juízo. Envolve não apenas o protesto genérico das partes para a produção de prova na petição inicial (art. 319, VI) e na contestação (art. 336), mas também o requerimento formulado após a decisão de saneamento, isto é, após o juiz "delimitar as questões de fato sobre as quais recairá a atividade probatória" (art. 357, II).

A proposição da prova pode ocorrer mediante petição escrita ou requerimento formulado oralmente em audiência. Seja como for, a parte tem o ônus de formular o requerimento de modo específico, isto é, deve particularizar a prova que se pretende ser produzida, com a indicação precisa do meio, da fonte da prova[290] e da sua respectiva finalidade, ou seja, qual enunciado fático busca esclarecer.[291]

No que diz respeito à proposição da prova, o meio de prova documental possui uma peculiaridade: considerando-se que se exige a sua produção na própria petição inicial e na contestação (art. 434), o momento de sua proposição coincide com o da sua produção, o que

---

[290] Fontes de prova são elementos probatórios que existem antes do processo e com independência a este. Não somente os documentos, mas também as testemunhas e, sobretudo, a própria coisa litigiosa. Já os meios de prova são os instrumentos processuais através dos quais as fontes se incorporam ao processo. Assim, a "coisa que tem de ser examinada é uma fonte, e seu reconhecimento pelo juiz é um meio", o mesmo se dizendo da testemunha, que é uma fonte, sendo seu depoimento, um meio e dos documentos, que são considerados "fonte, independentemente de seu caráter de prova pré-constituída", sendo sua incorporação no processo um meio. Conforme SENTIS MELENDO, Santiago. Naturaleza de la prueba: la prueba es libertad. *Revista dos Tribunais*, São Paulo, n. 462, abr. 1974, p. 15.

[291] MARINONI, Luiz Guilherme; ARENHART, Sergio Cruz; MITIDIERO, Daniel. *Novo Curso de Processo Civil.* Volume 2. São Paulo: Revista dos Tribunais, 2016, 2ª *ed.*, p. 297-298.

não implica, todavia, a eliminação do exame de sua admissibilidade, que sempre deve ser realizado pelo juiz (v. infra).

8.1.3.2. Fase de admissibilidade da prova

Não se pode permitir às partes a produção de toda a prova que desejem, na medida em que isso resultaria em atraso e complicações no andamento do processo; semelhante restrição alcança o juiz, que também não tem o poder de determinar a produção de toda a prova que deseje porque isso transformaria o processo em uma "intolerável forma de inquisição".[292]

Falar em *admissibilidade* da prova significa falar sobre o *exame* e o *juízo* (decisão) sobre a *aptidão* da prova para ser produzida no processo. A prova inadmissível não pode, como regra, ser produzida e, por conseguinte, ser valorada pelo juiz. A admissibilidade da prova depende da observação de certos *critérios objetivos,* cuja aplicação deve ser justificada na decisão (art. 489, § 1º, CPC).

A Constituição, em seu art. 5º, LVI, dispõe que "são inadmissíveis, no processo, as provas obtidas por meios ilícitos". O art. 369, CPC/15, dispõe, de sua vez, que: "As partes têm o direito de empregar todos os meios legais, bem como os moralmente legítimos, ainda que não especificados neste Código, para provar a verdade dos fatos em que se funda o pedido ou a defesa e influir eficazmente na convicção do juiz". A interpretação de tais dispositivos permite fixar o primeiro critério da admissibilidade da prova: para ser admissível, a *prova deve ser lícita. A contrario sensu,* isso quer dizer que, seja na perspectiva material, seja na perspectiva processual,[293] as *provas contrárias ao direito, isto é, as provas ilícitas, não devem ser admitidas no processo judicial.*

Assim, a prova que se revela ilícita por violar o direito material – a violação do direito à intimidade constitui bom exemplo observado na experiência do foro[294] – e aquela se revela ilícita por violar alguma regra do procedimento – a realização de audiência sem intimação de uma das partes, por exemplo – são, em princípio, inadmissíveis no processo. A doutrina advoga, no entanto, a realização de uma segunda ponderação, a ser realizada entre "o direito afirmado em juízo

---

[292] TARUFFO, Michele. *A prova*. Trad. João Gabriel Couto. São Paulo: Marcial Pons, 2014, p. 35.
[293] FERREIRA, William Santos. *Princípios fundamentais da prova cível*. São Paulo: Revista dos Tribunais, 2015, 2014, p. 96.
[294] "Ilícita é a devassa de dados, bem como das conversas de whatsapp, obtidas diretamente pela polícia em celular apreendido no flagrante, sem prévia autorização judicial" (STJ, RHC 51.531/RO, rel. Nefi Cordeiro, Sexta Turma, julgado em 19/04/2016, DJe 09/05/2016).

pelo autor e o direito violado pela prova ilícita".[295] Isso significa que "o princípio da proibição das provas obtidas por meios ilícitos deve ser ponderado com outros princípios constitucionais que possam estar sendo negados pela aplicação incondicional do primeiro".[296] Seja como for, é importante notar que a *licitude* da prova constitui o primeiro critério objetivo ligado à admissibilidade da prova, cuja aplicação jamais pode ser negligenciada em juízo.[297]

Do texto do parágrafo único do art. 370, CPC/15, é possível extrair os demais critérios objetivos para a admissibilidade da prova. Segundo a lei, o juiz deverá "determinar as provas necessárias ao julgamento do mérito" e, por conseguinte, deverá indeferir "em decisão fundamentada", as "diligências inúteis ou meramente protelatórias". Pode-se concluir, portanto, que *apenas as provas "necessárias ao julgamento do mérito" é que deverão ser admitidas em juízo; as provas "inúteis ou meramente protelatórias" deverão ser inadmitidas*. A razão para a adoção de tais critérios de admissibilidade encontra-se na Constituição: caso sejam admitidas e, portanto, produzidas provas não "necessárias ao julgamento do mérito", isto é, provas "inúteis", estar-se-á diante de violação ao direito fundamental à duração razoável do processo (art. 5°, LXXVIII, CRFB; arts. 4° e 6°, CPC) e, por conseguinte, violação ao direito fundamental à tutela jurisdicional adequada e efetiva (art. 5°, XXXV; arts. 4° e 6°, CPC). Significa, por outros termos, compactuar com evidente contrariedade ao dever de racionalização da atividade jurisdicional.

As provas "necessárias ao julgamento do mérito" serão, em síntese, aquelas que sejam i) *pertinentes* e ii) *relevantes*. Um vez constatada a *licitude* da prova, o juízo de admissibilidade depende, portanto, de outra posterior verificação: i) se a prova visa a demonstrar alegação de fato afinada com a sintaxe fática da norma de direito material cuja

---

[295] MARINONI, Luiz Guilherme; ARENHART, Sergio Cruz; MITIDIERO, Daniel. *Novo Código de Processo Civil comentado*. 2ª ed. São Paulo: Revista dos Tribunais, 2015, p. 390-391.

[296] FERREIRA, William Santos. *Princípios fundamentais da prova cível*. São Paulo: Revista dos Tribunais, 2015, 2014, p. 98.

[297] Assim, "Afigura-se decorrência lógica do respeito aos direitos à intimidade e à privacidade (art. 5°, X, da CF) a proibição de que a administração fazendária afaste, por autoridade própria, o sigilo bancário do contribuinte, especialmente se considerada sua posição de parte na relação jurídico-tributária, com interesse direto no resultado da fiscalização. Apenas o Judiciário, desinteressado que é na solução material da causa e, por assim dizer, órgão imparcial, está apto a efetuar a ponderação imprescindível entre o dever de sigilo – decorrente da privacidade e da intimidade asseguradas ao indivíduo, em geral, e ao contribuinte, em especial – e o também dever de preservação da ordem jurídica mediante a investigação de condutas a ela atentatórias". Por tal razão, é de se "reconhecer a ilicitude da prova advinda da quebra do sigilo bancário sem autorização judicial, determinando-se que seja proferida nova sentença, afastada a referida prova ilícita e as eventualmente dela decorrentes" (STJ, REsp 1361174/RS, rel. Marco Aurélio Bellizze, Quinta Turma, julgado em 03/06/2014, DJe 10/06/2014).

aplicação é pretendida (*exame da pertinência*); e se ii) a prova pode, efetivamente, suprir o julgador com informações úteis para o estabelecimento da verdade dos fatos em litígio[298] e, portanto, contribuir para a prestação da tutela jurisdicional, ou seja, para o julgamento de procedência ou improcedência do pedido (*exame da relevância*). Fora de tais limites objetivos, a admissibilidade de "constitui *diligência inútil* ou *meramente protelatória,* tendo de ser indeferida pelo juiz".[299]

Nada obstante o art. 374, CPC/15, disponha que: "Não dependem de prova os fatos (...) afirmados por uma parte e confessados pela parte contrária" (inciso II) e aqueles "admitidos no processo como incontroversos" (inciso III), a existência de *controvérsia,* rigorosamente, não consiste critério seguro para a admissibilidade da prova. Isso porque a confissão (art. 389), a revelia (art. 344) ou o não cumprimento do ônus de impugnação especificada, pelo réu, em sua contestação, dos fatos alegados pelo autor em sua petição inicial (art. 341), nem sempre vinculará o juízo de admissibilidade da prova. O novo Código de Processo Civil advoga tal orientação, ao prever regras que restringem a eficácia da confissão (arts. 391 e 392, p. ex.), além de dispor que a presunção decorrente da revelia (arts. 344 e 345) e da ausência de impugnação particularizada dos fatos narrados pelo autor pelo réu em sua contestação (art. 341) é meramente *relativa*. A ausência de controvérsia sobre os fatos da causa, embora possa contribuir no juízo de admissibilidade da prova, nem sempre terá papel decisivo neste particular.[300]

8.1.3.3. Fase da produção da prova

Admitida a prova, impõe-se a sua *produção,* o que significa a sua realização em juízo. Fala-se em *fase de produção da prova,* portanto, como referência àquele momento do procedimento probatório que envolve a atividade preponderantemente ligada à implementação ou à execução da prova no processo judicial.

A atividade de produção da prova é praticada não apenas pelas partes, mas também pelo juiz, a quem o nosso direito também confere poderes instrutórios (art. 370; v. item 8.1.5). Além dos sujeitos pro-

---

[298] TARUFFO, Michele. *A prova.* Trad. João Gabriel Couto. São Paulo: Marcial Pons, 2014, p. 36. Segundo o jurista, "o direito de apresentar todas as provas relevantes ao alcance é um aspecto essencial do direito ao devido processo e deve ser reconhecido como pertencente às garantias fundamentais das partes" (p. 54).
[299] ALVARO DE OLIVEIRA, Carlos Alberto; MITIDIERO, Daniel. *Curso de Processo Civil.* Vol. 2. São Paulo: Atlas, 2012, p. 61-62. No mesmo sentido, REICHELT, Luis Alberto. *A prova no direito processual civil.* Porto Alegre: Livraria do Advogado, 2009, p. 333-334.
[300] CARPES, Artur Thompsen. *A prova do nexo de causalidade na responsabilidade civil.* São Paulo: Revista dos Tribunais, 2016, p. 105-106.

cessuais, terceiros também podem ser chamados a colaborar com a produção da prova. Isso ocorre, por exemplo, quando algum terceiro é intimado para exibir determinado documento em juízo, hipótese expressamente prevista em nosso CPC (arts. 401-404).

O Código de Processo Civil regula, na perspectiva de cada meio de prova, e de modo mais ou menos preciso, o procedimento da produção probatória. O meio de prova testemunhal, por exemplo, encontra a sua produção regulada nos arts. 450 a 463, que determinam, dentre outros aspectos, que: *"Cabe ao advogado da parte informar ou intimar a testemunha por ele arrolada do dia, da hora e do local da audiência designada, dispensando-se a intimação do juízo"* (art. 455). Trata-se de nova regra de procedimento para a produção da prova testemunhal. Os demais meios de prova previstos no CPC também encontram sua respectiva regulação no texto da lei, que inclusive prevê o procedimento da *produção antecipada de prova* (arts. 381-383).

A produção da prova é atividade que normalmente se desenvolve depois do juízo quanto à sua admissibilidade. Trata-se de questão de lógica, pois o juízo de admissibilidade deve ser prévio, na medida em que, se for negativo, prejudica à produção da prova. No entanto, há casos em que a produção da prova ocorre antes da sua admissibilidade, a exemplo do que sucede com a prova documental, cuja proposição e produção acontecem, como já referido, na petição inicial e na contestação (art. 434). Isso não implica, no entanto, a fragilização do exame da admissibilidade, que ocorrerá mesmo posteriormente à produção da prova e, caso negativo, pode implicar o seu desentranhamento dos autos do processo.

8.1.3.4. Valoração

A valoração da prova liga-se ao convencimento do órgão judicial a respeito da veracidade dos enunciados que compõem o universo fático da demanda. O juízo (decisão) a respeito dos fatos deve ser realizado tendo em conta o contexto probatório produzido e os argumentos deduzidos pelas partes a seu respeito, por força do que determina o direito fundamental ao contraditório (art. 10, CPC).[301] Por conta disso, a valoração envolve o processo intelectual pelo qual se examinam

---

[301] Após a fase de produção da prova é que, de regra, se dá a oportunidade da sua valoração. Isso não quer dizer, no entanto, que a valoração da prova ocorra sempre neste momento. Pode-se dizer, com efeito, que ocorre espécie de valoração *in itinere*, isto é, realizada pelo juiz durante a produção da prova como, por exemplo, a fim de determinar se é necessário ordenar (de ofício ou à requerimento da parte) uma nova prova a respeito de alguma das versões em conflito que não esteja suficientemente esclarecida (FERRER BELTRÁN, Jordi. *La valoración racional de la prueba*. Madrid: Marcial Pons, 2007, p. 91).

as provas, de modo a considerá-las em maior ou menor medida ou peso, individualmente e em conjunto, com a finalidade de fundar a conclusão pela veracidade ou a falsidade das alegações de fato formuladas pelas partes.

A história revela a existência de pelo menos três modelos ligados à valoração da prova.[302]

No primeiro, denominado pela doutrina de "sistema da prova legal" ou "sistema da prova tarifada", a valoração da prova é prefixada, ou seja, cada espécie de prova tem valor predeterminado ao convencimento do juiz. Nesse caso, o órgão judicial não tem qualquer poder de valorar a prova, cabendo tão somente aplicar o valor já anteriormente taxado pelo direito e, com base em uma equação, formar o juízo de fato. A valoração da prova, assim, é baseada na verificação do peso, ou seja, do *tarifamento* imposto pela norma. Tal modelo foi observado com ênfase no direito medieval, especialmente no processo germânico-longobardo,[303] no qual "o depoimento de um servo jamais poderia ter o mesmo valor do testemunho de um nobre; mas o depoimento de dez servos equivaleria ao de um nobre ou senhor feudal, embora o juiz tivesse sobradas razões para crer que o nobre mentira e o servo dissera a verdade".[304]

No outro extremo encontra-se o modelo da "íntima convicção", no qual a valoração da prova é compreendida como atividade intelectual exercida de maneira absolutamente livre pelo juiz. Suas origens encontram-se no direito romano, cuja experiência revela a outorga da mais ampla liberdade ao juiz para apreciar as provas.[305] Nesse caso, o órgão judicial é "soberanamente livre quanto à indagação da verdade e à apreciação das provas",[306] ou seja, o juiz não se apega a qualquer pauta valorativa prévia e não tem o dever de justificar o seu juízo com base em qualquer critério de natureza racional, lógica ou normativa.

O nosso sistema processual adotou expressamente um terceiro modelo, qual seja, aquele denominado *livre convencimento motivado* ou *persuasão racional* (art. 371, CPC). Compreende-se na referida acepção que o juiz, na atividade de valoração da prova, encontra-se vinculado a determinados critérios de racionalidade lógica e

---

[302] SANTOS, Moacyr Amaral. *Prova judiciária no cível e no comercial.* Vol. 1. São Paulo: Max Limonad, 1970, p. 341.

[303] Idem, p. 342.

[304] SILVA, Ovidio Araújo Baptista da. *Curso de Processo Civil.* Porto Alegre: Fabris, 1987, p. 285.

[305] SANTOS, Op. cit., p. 344.

[306] Idem, p. 345.

normativa.[307] Não apenas isso: o modelo impõe ao juiz não apenas o dever de observar referidas pautas, mas também o dever de externar, na fundamentação da sua decisão, *se* e *como* a sua decisão observou tais pautas.

Se no mundo contemporâneo o método científico, e não a mera revelação ou a intuição, é que constitui o paradigma para a obtenção da verdade, é razoável que a verdade obtida no processo judicial também deva considerar semelhante método.[308] Em outras palavras: o juiz, para cumprir o seu dever de fundamentação – que deve ser analítico –, deve *justificar as razões pelas quais outorgou a determinada prova maior peso do que à outra*.

A valoração constitui "juízo de *aceitabilidade* dos enunciados fáticos em que consistem os resultados probatórios", e considerando que estes "se consideram *aceitáveis* quando o seu *grau de probabilidade* se estime suficiente", os critérios de valoração servem para indicar quando determinado enunciado fático alcançou um grau de probabilidade suficiente e maior que qualquer outro enunciado alternativo sobre o mesmo fato.[309] Trata-se de avaliar o apoio empírico que o contexto probatório oferece à determinada hipótese ou à sua negativa.[310]

Existem diversos enfoques a partir dos quais se pode submeter a valoração da prova a critérios racionais. Dentre estes, a hipótese de valoração individual das provas, a sua valoração em conjunto, bem como a teoria dos modelos de constatação (v. infra) constituem sem dúvida o melhor ponto de partida.

8.1.3.5. Conclusão

Após a etapa de valoração das provas, o juiz precisa concluir sobre a sua respectiva aptidão para o estabelecimento de sua convicção

---

[307] Na doutrina estrangeira, por todos, FERRER BELTRÁN, Jordi. *La valoración racional de la prueba*. Madrid: Marcial Pons, 2007, p. 45-47, para quem "a livre valoração da prova é livre somente no sentido de que não está sujeita a normas jurídicas que predeterminem o resultado da valoração" (p. 45). Na doutrina nacional, por todos, KNIJNIK, Danilo. *A prova nos juízos cível, penal e tributário*. Rio de Janeiro: Forense, 2007, p. 15-19.

[308] GASCÓN ABELLÁN, Marina. *Los hechos en el derecho* – Bases argumentativas de la prueba. 2ª ed. Madrid: Marcial Pons, 2004, p. 161.

[309] GASCÓN ABELLÁN, Marina. *Los hechos en el derecho* – Bases argumentativas de la prueba. 2ª edição. Madrid: Marcial Pons, 2004, p. 161. Em outras palavras, "descartada a confiança na obtenção de algum tipo de 'verdade absoluta' no processo, e descartada também a concepção de valoração da prova como atividade subjetiva e/ou essencialmente irracional – por incompatível com o objetivo de um modelo cogniscista –, a valoração da prova há de conceber-se como uma atividade racional consistente na eleição da hipótese mais provável entre as diversas reconstruções possíveis dos fatos".

[310] FERRER BELTRÁN, Jordi. *La valoración racional de la prueba*. Madrid: Marcial Pons, 2007, p. 46.

sobre os fatos. Vale dizer: o órgão judicial precisa *decidir* a respeito dos fatos, ou seja, estabelecer o seu *juízo* quanto fático. Trata-se, assim, de perceber a existência de uma quinta e última fase do procedimento probatório: a fase de conclusão quanto às provas.

Valorado o contexto probatório, cabe ao juiz manifestar-se conclusivamente sobre a sua convicção a respeito dos enunciados fáticos. Caso a valoração das provas permita constatação pela preponderância da probabilidade da versão dos fatos narrada pelo autor – modelo de constatação relativo às demandas civis (v. infra) –, caberá ao juiz estabelecer o juízo de fato em torno da referida hipótese e, por conseguinte, aplicar o direito ao caso concreto. Caso isso não ocorra – a versão narrada pelo autor não seja mais provável que a sua negativa –, caberá ao juiz aplicar a regra de julgamento do ônus da prova (art. 373, I) (v. infra) e, por conseguinte, julgar improcedente o pedido.

Observa-se, portanto, a existência de flagrante distinção entre as etapas de valoração e de conclusão sobre a prova. Naquela o juiz outorga valor as provas produzidas; nesta ele verifica se as provas tiveram valor suficientes para corroborar a hipótese narrada pela parte mediante a superação do critério de suficiência da prova, isto é, do modelo de constatação aplicável (v. infra) e, enfim, decide, estabelecendo o juízo quanto aos fatos.

8.1.4. Modelos de constatação

João Paulo Kulczynski Forster

Ao longo deste capítulo, muito se refere à importância da valoração da prova pelo julgador e à necessidade de se evitar o arbítrio em tal momento. Busca-se também através do desenvolvimento de um direito probatório sistematizado a instrumentação racional da atividade judicial para que se possa avalia-la posteriormente, seja no próprio Poder Judiciário (através de um recurso ou ação autônoma) ou externamente, pela sociedade. A proposição deve atender, portanto, não apenas prevenir a arbitrariedade, mas também a evitação do erro. Erro não é a equivocada condução do processo, mas em seu resultado: ele se apresenta quando há a condenação de um inocente ou a absolvição de um culpado.[311]

Tanto mais dramático é o erro judiciário quanto mais precioso for o bem jurídico em questão. A discussão judiciária pode ir desde

---

[311] LAUDAN, Larry. *Truth, Error and Criminal Law*. Cambridge: Cambridge, 2006. p. 11.

singelas questões patrimoniais até o bem mais precioso em questão no ordenamento jurídico brasileiro, que é a liberdade de ir e vir de um determinado indivíduo. Não se pode imaginar, portanto, que o processo civil (afeito aos temas patrimoniais, mas não só a estes) possa ter os mesmos critérios que o processo penal, que trata de temas bastante distintos (ainda que eventualmente ligados à patrimonialidade). Esta consideração não afasta a possibilidade de que uma única teoria auxilie na elaboração dos juízos formados acerca do material probatório disponível em um processo. Isto é, do desenvolvimento de uma teoria que diga "quando, ou sob quais condições os elementos de juízo disponíveis são suficientes para que se entenda como racional aceitar como verdadeira uma proposição do raciocínio decisório".[312]

Nesse contexto, os denominados "modelos de constatação" se apresentam. Como bem pontua Danilo Knijnik, em estudo primoroso e inovador acerca dos modelos, "toda decisão judicial envolverá certo grau de probabilidade, cabendo aos personagens processuais – não somente ao juiz – ter presente as limitações do conhecimento humano. Tudo que as partes poderão fazer é 'convencer' (o juiz), com determinado grau de certeza, de que um fato é provavelmente verdadeiro".[313] O tema da probabilidade parece distante do Direito, mas é próximo de toda e qualquer valoração racional de prova, seja ela judicial ou não, democraticamente aceitável. O denominado "livre convencimento motivado" ou a "persuasão racional" representam que, ao valorar a prova, o juiz tem duplo compromisso: com a racionalidade e com a exposição de suas razões. Não sendo livre, enquadra-se, em todo e qualquer julgamento, em um modelo de constatação específico, ainda que não faça menção expressa ao mesmo, mas devesse fazê-lo, para fins de observância do contraditório.[314]

O modelo de constatação oferece ao julgador um critério através do qual ele pode verificar racionalmente a formação do juízo de fato acerca do material probatório disponível e qual o tipo de conclusão que ele está apto a produzir. Quanto maior a relevância do bem jurídico em questão, maior será o grau de exigência para a formação de convicção. Ainda que se possa ter em conta a existência de uma pluralidade de modelos ou *standards*, em constante desenvolvimento, a noção em si do critério como exposta não está em questão.[315]

---

[312] BELTRÁN, Jordi Ferrer. *Prova e verità nel diritto*. Bologna: Il Mulino, 2004, p. 91.

[313] KNIJNIK, Danilo. *A Prova nos Juízos Cível, Penal e Tributário*. Rio de Janeiro: Forense, 2007, p. 35.

[314] Idem, p. 34. "Somente com a identificação, na decisão judicial, desse modelo, 'se impedirá que o indivíduo fique livre do acidente ou da causalidade da subjetividade do juiz.'" Idem, p. 33.

[315] COHEN, L. Jonathan. *The Probable and the Provable*. New York: Oxford University Press, 2011, p. 51.

Acrescente-se que o emprego dos mencionados modelos é mais comum no ordenamento do *common law*, por uma ampla variedade de motivos, mas não há motivos para restringir sua aplicabilidade. Eles são perfeitamente adaptáveis para o ordenamento jurídico brasileiro.

Delineiam-se quatro modelos de constatação elementares.[316] No processo civil, apresenta-se o modelo da *preponderância de provas* (*preponderance of evidence*). Este *standard* está aliado a processos que contenham questões de índole exclusivamente patrimonial, sem repercussões de maior gravidade. É o caso, por exemplo, de uma ação de cobrança fundada em inadimplemento contratual e das ações indenizatórias em geral, desde que não estejam vinculadas a algum ilícito penal. Foi o modelo adotado em julgado proferido pelo Tribunal de Justiça do Rio Grande do Sul, que entendeu que "no âmbito do processo civil, a chamada dúvida razoável não acarreta, por si só, a improcedência da pretensão. O modelo de constatação fática segundo o qual uma dúvida razoável é necessária para uma absolvição não se aplica aos assuntos não penais, devendo o julgamento das demandas cíveis ocorrer em favor da parte cuja versão for amparada pelas provas preponderantes".[317]

Em outras palavras, trata-se de modelo de exigência simples, determinando a vitória na contenda processual civil àquele que produziu o material probatório mais convincente. Buscar a certeza inarredável em julgamentos civis, a "verdade" última de uma alegação sobre um fato, seria de todo improdutivo: o tempo processual em nada seria razoável, e o custo processual aumentaria consideravelmente. O *standard* adotado em casos civis de conteúdo exclusivamente patrimonial está ligado à consideração da alegação sobre um fato será tida como verdadeira se "mais provável do que não".[318]

No entanto, os processos civis não se restringem a questões patrimoniais. As demandas civis podem envolver temas com consequências além da esfera meramente patrimonial, como nos casos de destituição de pátrio poder e improbidade administrativa.[319] Divisa-se um segundo modelo para esses casos, mais exigente do que a prepon-

---

[316] Deste ponto em diante, utiliza-se fundamentalmente o desenvolvimento do tema como visto em KNIJNIK, Danilo. *A Prova nos Juízos Cível, Penal e Tributário*. Rio de Janeiro: Forense, 2007, p. 37 e seguintes.

[317] BRASIL. TJRS. AI 132012-80.2014.8.21.7000; Rel. Des. Leonel Pires Ohlweiler; Julg. 26/06/2014; DJERS 15/07/2014.

[318] TAPPER, Colin. *Cross & Tapper on Evidence*. 12ª ed. New York: Oxford University Press, 2010, p. 155.

[319] Os exemplos são de KNIJNIK, Danilo. *A Prova nos Juízos Cível, Penal e Tributário*. Rio de Janeiro: Forense, 2007, p. 38.

derância de prova, denominado de "prova clara e convincente". Esse modelo se estabelece em casos nos quais o interesse individual são "particularmente importantes e mais substanciais do que a mera perda de dinheiro".[320] Não basta, portanto, a simples preponderância de prova (mais provável do que não), a prova há de ser substancialmente convincente, induzindo à formação de juízo de fato de mais elevado grau acerca do material probatório apresentado.

O processo penal adota modelos distintos.[321] O terceiro *standard* é afeito ao processo penal, denominado de "prova além da dúvida razoável". Acertada a utilização de modelo mais exigente, já que a aplicação do modelo de preponderância de provas aos casos criminais conduziria à menor absolvição de culpados, mas também levaria à condenação de um maior número de inocentes.[322] A noção fundamental do modelo é de que, em casos criminais, havendo dúvida razoável acerca da culpabilidade do réu, ele deverá ser absolvido.

O quarto modelo se aplica aos casos em que a "dúvida razoável" possa conduzir a injustiças, dada a amplitude semântica do termo. Cunhou-se, portanto, standard específico aplicável ao processo penal que contenha provas indiciárias, "considerada a maior chance de erro" em tais casos. Trata-se do modelo da 'razoável excludente de qualquer hipótese de inocência', elaborado a partir da condenação do réu quando os fatos alegados levem à conclusão de que é praticamente impossível que algo não tenha ocorrido. Tudo por conta de que "quanto mais grave o erro judiciário, maior deve ser o cuidado".[323]

Outros modelos podem ser desenvolvidos, a partir da tutela de urgência no processo civil, peculiaridades do direito tributário, temas do direito penal. O relevante é perceber a aplicabilidade prática de tais standards. Seu emprego como questão prévia à valoração do ma-

---

[320] Como decidido pela Suprema Corte estadunidense no caso *Santosky v. Kramer*. EUA. Suprema Corte. Santosky v. Kramer 455 U.S. 745 (1982). Disponível em: <http://supreme.justia.com>. Nos Estados Unidos, o modelo é adotado também em situações de terminalidade de vida, para que se decida acerca do 'direito de morrer' de pacientes terminais, recusando tratamento. Para tanto, vide *Cruzan v. Director, Missouri Department of Health*, 497 U.S. 261.

[321] "Contudo, o arquivamento da ação penal não implica tratamento igual nas esferas cível e administrativa, uma vez que atendem a distintos modelos de constatação da matéria de fato. Não há, pois, ao menos neste momento processual, prova inequívoca da verossimilhança a autorizar a antecipação da tutela postulada pela parte autora/agravante, especialmente no tocante à clonagem do veículo. Agravo desprovido". BRASIL. TJRS; AI 132012-80.2014.8.21.7000; Rel. Des. Leonel Pires Ohlweiler; Julg. 26/06/2014; DJERS 15/07/2014.

[322] Consideração extraída do voto do Juiz Harlan no julgamento do caso *Winship*. EUA. Suprema Corte. Winship 397 U.S. 358 (1970). Disponível em: <http://supreme.justia.com>.

[323] KNIJNIK, Danilo. *A Prova nos Juízos Cível, Penal e Tributário*. Rio de Janeiro: Forense, 2007, p. 45. O aprofundamento dos temas em matéria penal foge ao intuito destas primeiras linhas, recomendando-se a obra indicada para exame da matéria, p. 39/44.

terial probatório pelo julgador entregará decisão com maior adequação ao ocorrido, não evitando em caráter absoluto a possibilidade de erro, mas consentânea à noção de processo justo.

8.1.5. Ônus da prova

Artur Carpes

A doutrina tradicional refere que a diferença entre *dever* e *ônus* está em que o dever constitui imperativo de interesse alheio, de modo que o descumprimento do dever implica prejuízo para o outro; e o ônus, por outro lado, constitui um imperativo de interesse do próprio onerado, de modo que apenas ele pode ser prejudicado em caso de descumprimento. Diante de um ônus, em síntese, "não há sujeição do onerado; ele escolhe entre satisfazer, ou não ter a tutela do próprio interesse".[324] A principal diferença entre as categorias, no entanto, está em que o dever, ao contrário do ônus, não outorga a possibilidade de escolha ao devedor entre o agir ou não agir no modo determinado pela norma. O descumprimento do dever implica ato contrário ao direito (ato ilícito). Já o descumprimento do ônus, que constitui *situação passiva com sujeição mais branda, não resulta em qualquer ilicitude*.[325]

Ao contrário do dever de não estacionar em local proibido, cujo descumprimento implica em ilícito e penalização do infrator, o descumprimento do ônus de provar (art. 373), assim como do ônus de impugnar especificamente os fatos narrados na petição inicial (art. 341) ou do ônus de interpor recurso, não caracteriza qualquer ilícito e, portanto, permite ao onerado escolher entre observar ou não o comportamento determinado pela regra. Justamente com base em tal distinção é possível notar que, diante do descumprimento de um dever, será possível a aplicação de penalidades e multas coercitivas visando a re-

---

[324] PONTES DE MIRANDA, Francisco Cavalcanti. *Comentários ao Código de Processo Civil*. Rio de Janeiro: Forense, v. 4, 1974, p. 217. No mesmo sentido, GOLDSCHMIDT, James. *Derecho procesal civil*. Trad. Leonardo Prieto Castro. Barcelona: Labor, 1936, p. 203 e, mais amplamente, MICHELI. Gian Antonio. *L´Onere della prova*. Padova: Cedam, 1966, p. 59-95, para quem era natural que a noção ônus encontrasse vasto campo de aplicação no processo civil, onde a iniciativa das partes tem notável importância na dinâmica do procedimento, sendo um dos "elementos essenciais da dogmática do processo" e a que se deve o esclarecimento de muitos fenômenos jurídicos. No mesmo sentido, DEVIS ECHANDÍA, Hernando. *Teoría general de la prueba judicial*. Buenos Aires: Víctor P. De Zavallía, [s.d.] v. 1, p. 393-421, com ampla pesquisa doutrinária, e LENT, Friedrich. *Obblighi e oneri nel processo civile*. Rivista de Diritto Processuale, Padova: v. 9, n. 1, p. 150-158, 1954, para quem "no processo civil os ônus são mais importantes que as obrigações".
[325] RAMOS, Vitor de Paula. *Ônus da prova no processo civil: do ônus ao dever de provar*. São Paulo: Revista dos Tribunais, 2015, p. 63-65.

provar a conduta do devedor e compeli-lo ao adimplemento. Diante do descumprimento de um ônus, por outro lado, a solução será distinta: sendo lícito ao onerado escolher entre adotar ou não adotar o comportamento determinado pela regra, não há falar na aplicação de qualquer penalidade ou multa coercitiva.[326]

Quanto ao ônus da prova no processo civil brasileiro, pode-se defini-lo como a exigência que se impõe à parte, por determinação da lei, de demonstrar a veracidade (ou falsidade) de determinado enunciado fático.

O ônus da prova é regulado pelo art. 373, CPC, e possui dupla função.[327]

Na perspectiva de sua *função objetiva,* o ônus da prova informa o juiz um critério sobre como julgar a causa mesmo diante da insuficiência de elementos probatórios para a formação do juízo de fato. A função do ônus da prova, por este prisma, é, portanto, a de um *critério de julgamento*. Considerada a vedação do *non liquet* – o juiz tem o dever de julgar os pedidos mesmo na hipótese de não estar convencido a respeito dos enunciados fáticos da causa –, o ônus da prova outorga critério sobre como julgar a demanda mesmo diante do não esclarecimento dos fatos.

De acordo com a sua *função subjetiva*, por outro lado, o ônus da prova constitui critério que informa as partes como *estruturar* a sua *atividade probatória*, isto é, aponta como as partes irão se comportar diante da prova. Vale dizer: considerado o *risco* de aplicação da regra de julgamento em razão do não esclarecimento dos enunciados fáticos

---

[326] RAMOS, Vitor de Paula. *Ônus da prova no processo civil:* do ônus ao dever de provar. São Paulo: Revista dos Tribunais, 2015, p. 64.

[327] CARPES, Artur. *Ônus dinâmico da prova*. Porto Alegre: Livraria do Advogado, 2010, p. 51-55. De modo geral a doutrina considera a existência da dupla função à regra do ônus da prova. Nesse sentido, BUZAID, Alfredo. *Do ônus da prova*. Revista de Direito Processual Civil, v. 4, jul./dez. 1961, p. 17; PONTES DE MIRANDA, Francisco Cavalcanti. *Comentários ao Código de Processo Civil*. Rio de Janeiro: Forense, 1974. v. 4, p. 217; ALVARO DE OLIVEIRA, Carlos Alberto; MITIDIERO, Daniel. *Curso de Processo Civil.* Vol. 2. São Paulo: Atlas, 2012, p. 84; YARSHELL, Flavio Luiz. *Antecipação da prova sem o requisito da urgência.* São Paulo: Malheiros, 2009, p. 56-71; CAMBI, Eduardo. *A prova civil: admissibilidade e relevância.* São Paulo: Revista dos Tribunais, 2006, p. 317; DIDIER JR, Fredie; BRAGA, Paula Sarno; OLIVEIRA, Rafael Alexandria de. *Curso de direito processual civil.* Vol. 2. 10ª edição. Salvador: JusPodivm, 2016, p. 108. Na doutrina estrangeira, ROSENBERG, Leo. *La carga de la prueba.* Trad. Ernesto Krotoschin. Buenos Aires: Ejea, 1956, p. 11-38, DEVIS ECHANDÍA, Hernando. *Teoria general de la prueba judicial.* Buenos Aires: Víctor P. De Zavallía, [s.d.] v. 1, p. 424-425, LOPEZ MIRÓ, Horácio G. *Probar o sucumbir.* Buenos Aires: Abeledo-Perrot, 1998, p.35. Em sentido contrário, por não encontrar sentido no delineamento da função subjetiva, MÚRIAS, Pedro Ferreira. *Por uma distribuição fundamentada do ônus da prova.* Lisboa: Lex, 2000, p. 23, e RAMOS, Vitor de Paula. *Ônus da prova no processo civil:* do ônus ao dever de provar. São Paulo: Revista dos Tribunais, 2015, *passim.*

da causa, incide sobre as partes regra sobre como se comportar diante da prova.

No exercício de sua função objetiva, portanto, o ônus da prova outorga ao juiz critério de decisão, a ser eventualmente aplicado na fase decisória.[328] Já quando exerce sua função subjetiva, o ônus da prova dirige-se às partes e tem aplicação no curso do procedimento. Em ambos os casos, o ônus da prova funciona como *regra*,[329] pois é norma que imediatamente descreve comportamentos a serem implementados pelo juiz e pelas partes.[330]

O CPC assim dispõe: "Art. 373. O ônus da prova incumbe: I – ao autor, quanto ao fato constitutivo de seu direito; II – ao réu, quanto à existência de fato impeditivo, modificativo ou extintivo do direito do autor. (...)".

Significa dizer que, ao autor caberá o ônus de provar o "fato constitutivo do seu direito", isto é, o ônus da prova do enunciado fático que fundamenta a existência do direito que alega ter e cuja tutela que pretende obter em juízo. Já ao réu não é atribuído qualquer ônus probatório na hipótese de apresentar defesa direta de mérito, ou seja, na qual ele simplesmente nega o "fato constitutivo do direito do autor". O ônus da prova do réu depende da sua alegação quanto à existência de "fato impeditivo, modificativo ou extintivo do direito do autor". Em outras palavras: ao réu caberá o ônus da prova apenas quanto às *alegações fáticas que sustentam a sua defesa indireta de mérito*, isto é, que sirvam para modificar ou extinguir o direito do autor, ou, ainda, impedir a sua respectiva eficácia.

Ademais, do texto do *caput* do art. 373, CPC/15, aliado a outras disposições, observa-se a descrição de comportamento a ser adotado pelo juiz no caso de insuficiência de prova apta a eliminar as dúvidas a respeito da veracidade dos enunciados fáticos da causa. Assim, no caso de o juiz não estar convencido, outorga-se a ele um critério de julgamento, qual seja, o de decidir desfavoravelmente à parte que deixou de cumprir com o seu respectivo ônus probatório.

---

[328] No âmbito de semelhante função, a regra do ônus da prova tem aplicação após a atividade de valoração da prova: "se o juiz atravessou esta última sem poder encontrar a solução", afirma Rosenberg, o "ônus da prova dá-lhe o que a livre apreciação da prova negou" (ROSENBERG, Leo. *La carga de la prueba*. Trad. Leo Krotoschin. Buenos Aires: EJEA, 1956, p. 57).

[329] Sobre a definição da categoria das *regras* e da sua distinção dos *princípios*, v. ÁVILA, Humberto. *Teoria dos princípios*: da definição à aplicação dos princípios jurídicos. 16ª edição. São Paulo: Malheiros, 2009, p. 102-109.

[330] Nesse sentido, MORELLO, Augusto Mario. *La prueba: tendencias modernas*. Buenos Aires: Abeledo Perrot, 2001, p. 84-85.

Em síntese: o ônus da prova cabe à parte que alega, e não àquela que simplesmente nega. Trata-se de norma que, de um lado, descreve comportamentos a serem adotados pelas partes e, de outro, descreve comportamento a ser adotado pelo juiz no caso de insuficiência de prova apta à formação da convicção sobre os enunciados fáticos da causa. A regra dirigida às partes decorre da interpretação do texto do art. 373, CPC. Já a regra dirigida ao juiz decorre não apenas de interpretação do texto da mesma disposição, mas também de outras disposições presentes no texto da Constituição, entre as quais se inserem, por exemplo, o art. 5º, XXXV[331] e LXXVIII,[332] da CRFB, e do novo Código de Processo Civil, como os arts. 4º e 6º, por exemplo.[333]

Embora o modo pelo qual o CPC distribuiu o ônus da prova nos incisos do art. 373 seja aplicável à imensa maioria dos casos, excepcionalmente a disciplina pode não ser adequada na perspectiva do direito fundamental ao processo justo. O legislador permitiu, assim, que, presentes determinadas condicionantes, referido critério pudesse ser flexibilizado. Trata-se da técnica da dinamização (ou inversão) do ônus da prova, cuja previsão permite afastar a rigidez estática da distribuição do ônus da prova, permitindo que esta seja *dinamizada* à luz das circunstâncias peculiares do caso concreto.

Extrai-se do texto do § 1º do art. 373 que: "Nos casos previstos em lei ou diante de peculiaridades da causa, relacionadas à impossibilidade ou à excessiva dificuldade de cumprir o encargo nos termos do caput ou à maior facilidade de obtenção da prova do fato contrário, poderá o juiz atribuir o ônus da prova de modo diverso, desde que o faça por decisão fundamentada", hipótese na qual "o juiz deverá dar à parte a oportunidade de se desincumbir do ônus que lhe foi atribuído". O Código de Defesa do Consumidor dispõe de modo semelhante em seu art. 6º, VIII, ao prever que: "São direitos básicos do consumidor: (...) a facilitação da defesa de seus direitos, inclusive com a inversão do ônus da prova, a seu favor, no processo civil, quando, a critério do juiz, for verossímil a alegação ou quando for ele hipossuficiente, segundo as regras ordinárias de experiências".

Tais "peculiaridades da causa" que o legislador aponta dizem respeito à "impossibilidade ou à excessiva dificuldade de cumprir o encargo nos termos do *caput*", o que significa mediar a aplicação das

---

[331] Art. 5º, XXXV, CFRB: "a lei não excluirá da apreciação do Poder Judiciário lesão ou ameaça a direito".

[332] Art. 5º, LXXVIII, CRFB: "a todos, no âmbito judicial e administrativo, são assegurados a razoável duração do processo e os meios que garantam a celeridade de sua tramitação".

[333] Art. 4º, CPC/15: "As partes têm o direito de obter em prazo razoável a solução integral do mérito, incluída a atividade satisfativa".

regras do ônus da prova com o *direito fundamental à prova* (art. 5°, LVI, CRFB, e art. 369, CPC/15). Além disso, o texto do CPC refere que a aplicação das regras dependerá também do exame quanto "à maior facilidade de obtenção da prova do fato contrário", o que significa que o juiz deve também observar a *paridade de armas* (art. 5°, *caput*, CRFB; e art. 7°, CPC/15). Tais princípios – igualdade e amplo acesso à prova[334] – contribuem no processo de aplicação das regras do ônus probatório e informam, em última análise, quais são os *critérios para a dinamização*.[335]

Muito embora o § 1° do art. 373, CPC/15, sugira, mediante a utilização da terceira partícula "ou", que a dinamização seja aplicada com base na constatação quanto à violação da igualdade *ou* do direito à prova, isto é, um ou outro de modo isolado, esta não é a interpretação mais adequada do referido dispositivo. Para que o juiz determine a dinamização não bastará, com efeito, seja simplesmente constatada a desigualdade *ou* a excessiva dificuldade ou impossibilidade de obtenção da prova. Para que seja aplicada a dinamização do ônus da prova, é indispensável a constatação de ambas as condicionantes: fragilização da igualdade substancial e também a excessiva dificuldade, ou impossibilidade, na produção da prova. Faltando uma ou outra condicionante, será indevida a dinamização, devendo o juiz aplicar o critério ordinário do ônus da prova.

É necessário, portanto, que a parte não originalmente onerada possua melhores condições de produzir a prova porque, do contrário, a dinamização do ônus da prova implica em tão somente transferir semelhante dificuldade probatória, em nada contribuindo para a obtenção da verdade.

A fragilização do direito fundamental à prova ocorre na hipótese em que a prova de determinado enunciado fático, embora possível, revela-se obstaculizada de qualquer modo a uma das partes. Assim, se a excessiva dificuldade ou impossibilidade de produzir a prova recai sobre ambas as partes, isso não irá, necessariamente, implicar

---

[334] Cumpre recordar que os direitos fundamentais têm dupla dimensão: uma *subjetiva*, que garante *direitos subjetivos*, e outra *objetiva*, que funda *princípios orientadores do ordenamento jurídico*. Com efeito, "[e]m termos gerais, a dimensão objetiva dos direitos fundamentais significa que às normas que preveem direitos subjetivos é outorgada função autônoma, que transcende a perspectiva subjetiva, implicando, além disso, a função o reconhecimento de conteúdos normativos e, portanto, de funções distintas aos direitos fundamentais" (SARLET; Ingo Wolfgang; MARINONI, Luiz Guilherme; MITIDIERO, Daniel. *Curso de direito constitucional*. São Paulo: Revista dos Tribunais, 2012, p. 298).

[335] Tais critérios são os mesmos que se podem obter da interpretação do art. 6°, VIII, do CDC. Ao dispor sobre a "facilitação dos seus direitos", o legislador faz evidente referência à condicionante da dificuldade probatória. Ao dispor sobre a "hipossuficiência", o legislador faz manifesta menção à condicionante da igualdade entre as partes.

a violação do direito fundamental à prova. O direito fundamental à prova apenas será violado caso existam meios de produzir a prova de determinado enunciado fático, e estes não são disponibilizados à parte onerada – por desconhecimento, distanciamento ou deficiência técnica, por exemplo –, tornando assim extremamente difícil, ou mesmo impossível, a sua demonstração em juízo. É que pode ocorrer na ação indenizatória por erro médico, por exemplo: o réu, o profissional da medicina, embora não onerado da prova de culpa e do nexo de causalidade, normalmente possui melhores condições de provar, em relação ao paciente, que agiu com as cautelas necessárias e com apoio na melhor técnica. Assim, incumbir o paciente da prova de tais enunciados fáticos pode consistir, no caso concreto, autêntica *prova diabólica*, ou seja, prova excessivamente difícil de ser produzida.

O ônus da prova de enunciado de fato negativo, no mais das vezes, é caracterizado como exemplo de prova diabólica. É o que sucede, por exemplo, com a companhia telefônica que nega ter recebido o requerimento do consumidor para o cancelamento da linha: considerando que é muito difícil à companhia provar que *não* recebeu o requerimento de cancelamento, é vedada a dinamização do ônus da prova.[336]

Seja como for, a dinamização do ônus da prova dependerá sempre de decisão do juiz. Mais do que isso: de decisão fundamentada na constatação de que as condicionantes para a dinamização estão presentes no caso concreto (art. 93, IX, CRFB; arts. 11 e 489, § 1º, CPC/15). Mesmo nas hipóteses submetidas ao direito do consumidor, qualquer alteração na conformação da regra ordinária de distribuição dos ônus probatórios exige prévia decisão do juiz a respeito. Velar pelo direito fundamental ao contraditório, nesse particular, implica, rigorosamente, i) colher manifestação prévia das partes a respeito de eventual dinamização do ônus da prova; e ii) na hipótese de decisão a respeito, intimação das partes, especialmente na hipótese em que a dinamização é deferida. Não se pode admitir que as partes sejam surpreendidas por decisão a respeito de questão à qual não foram consultadas, porque isso viola o contraditório (art. 5º, LV, CRFB; arts. 9º e 10, CPC/15).

---

[336] "A requerente alega que teria solicitado o cancelamento da linha telefônica em setembro de 2006. Contudo, inexistem indícios de que houve afetivamente tal pedido ao tempo mencionado na inicial. Deste modo, descabe a aplicação da inversão do ônus da prova, não podendo este se fulcrar unicamente em alegações da parte contrária. Ademais, a prova negativa (qual seja, de que não houve a solicitação de cancelamento em setembro de 2006) é impossível de ser feita, salvo a juntada das telas do sistema informatizado onde inexista tal informação" (Poder Judiciário do Estado do Rio Grande do Sul, Recurso Cível nº 71002072023, Primeira Turma Recursal Cível, rel. Leandro Raul Klippel, julgado em 19/11/2009).

O legislador também autoriza que a distribuição do ônus da prova seja objeto de acordo entre as partes (art. 373, § 3º). Isso significa que as partes podem convencionar entre si um modo distinto para a distribuição dos ônus probatórios daquele ordinariamente previsto pelos incisos do art. 373, CPC. A convenção – que pode ser realizada *antes* ou *durante* o processo – fica submetida, no entanto, a determinados limites: não pode ocorrer na hipótese de o enunciado de fato a ser provado envolva direito indisponível da parte e no caso de o acordo tornar excessivamente difícil a uma parte o exercício do direito fundamental à prova. Trata-se de autêntico negócio jurídico processual, cuja admissibilidade depende da constatação, ainda, quanto à presença dos requisitos de validade para qualquer negócio jurídico (agentes capazes, objeto lícito e forma admitida em lei).[337]

8.1.6. Poderes instrutórios do Juiz

Marco Eugênio Gross

O art. 379, CPC, outorga ao juiz poder de determinar, a requerimento das partes ou mesmo de ofício, a produção das provas necessárias ao julgamento do mérito. Tal poder compreende não apenas a produção da prova propriamente dita, como a inquirição de testemunha referida ou a exibição de determinado documento por exemplo, mas também diz respeito à promoção dos meios indispensáveis para tanto, o que autoriza o juiz a determinar eventuais adaptações do procedimento e a aplicar técnicas destinadas a racionalizar e a potencializar a atividade probatória. Observada a igualdade entre as partes e o contraditório,[338] a lei processual confere ao juiz amplos poderes instrutórios. Isso porque o legislador compreende que, em outorgando tais poderes probatórios não apenas às partes, mas também ao juiz, será mais provável obter a verdade enquanto máxima correspondência possível da realidade.[339]

Os limites para exercício dos poderes instrutórios do juiz são fixados, em primeiro lugar, pelos critérios objetivos de admissibilidade

---

[337] MARINONI, Luiz Guilherme; ARENHART, Sergio Cruz; MITIDIERO, Daniel. *Novo Código de Processo Civil comentado*. São Paulo: Revista dos Tribunais, 2015, p. 281.
[338] Nesse sentido, BARBOSA MOREIRA, José Carlos. *Os poderes do juiz na direção e na instrução do processo*. In: Temas de direito processual. Quarta Série. São Paulo: Saraiva, 1989, p. 48.
[339] Não existe, portanto, qualquer contradição ou sobreposição entre a atividade instrutória do juiz com a função desempenhada pelos ônus probatórios (BEDAQUE, Luis Roberto dos Santos. *Poderes instrutórios do juiz*. 4ª ed. São Paulo: Revista dos Tribunais, 2009, p. 118-126).

(v. supra, item 8.1.3.2). Assim, além da *licitude*, deve ser observada a *pertinência* da prova, o que envolve a aferição do *thema probandum*, e a *relevância* da prova a ser produzida, o que envolve consideração da *atividade probatória já realizada pelas partes*. Mas não é só: o exercício dos poderes instrutórios do juiz depende do conhecimento que as partes externem no processo a respeito das *fontes de prova*.

É importante sublinhar: os critérios para a admissibilidade da prova – licitude, pertinência e relevância – vinculam não apenas as partes, mas também ao juiz.

Com relação ao exame da pertinência, o exercício dos poderes instrutórios do juiz encontra-se determinado pela alegação das partes sobre os fatos da causa. Não pode o juiz, com efeito, valer-se de conhecimento e informações sobre os fatos da causa que transcendam aqueles debatidos nos autos – a menos que estes sejam *notórios* – sob pena de violação ao princípio da demanda.[340] Por corolário lógico, devem restar previamente informadas no processo as fontes de prova sobre as quais incidirá a atividade probatória do juiz.[341] Exemplo disso encontra-se pautado no art. 461, I, CPC, que autoriza ao juiz a ordenar, inclusive de ofício, "a inquirição de testemunhas referidas nas declarações da parte ou das testemunhas". Isso significa que o juiz não pode determinar a oitiva de pessoa que não tenha sido referida pelas partes ou informada a partir de outros meios no prova. A vedação tem origem na proibição ao que o juiz se valha de seu conhecimento privado a respeito dos fatos da causa para julgá-la, no que se incluem, por exemplo, as pesquisas realizadas pelo juiz na *internet* e o conhecimento técnico que eventualmente possua para resolver determinada questão de fato.

No caso de o juiz possuir conhecimento particular sobre qualquer enunciado fático que seja objeto de prova, é de ser presumida a sua *parcialidade*, na medida em que, nesse caso, poderá exercer a função de testemunha, o que configura seu impedimento para jurisdicionar no processo (art. 452, I, CPC).

Nada veda que o juiz faça pesquisas na *internet* para formar a sua convicção a respeito dos fatos. Nesse caso, no entanto, é indispensável que os resultados encontrados, antes de serem valorados, sejam submetidos ao crivo das partes, sob pena de violação ao contraditório (art. 10, CPC). As partes devem ter a oportunidade de se manifestar com relação ao resultado da prova, mormente no que diz respeito àquela oriunda do exercício dos poderes instrutórios oficiais.

---

[340] PICÓ I JUNOY, Joan. *El derecho a la prueba en el proceso civil*. Barcelona: Bosch, 1996, p. 267-270.
[341] Idem, p. 270-271.

No caso de possuir conhecimentos técnicos que superem a normalidade esperada do homem médio, isto é, a experiência comum, o juiz não poderá dispensar a realização de prova pericial, conforme determina o art. 375 do CPC, parte final, sob pena de também restar indevidamente comprometida não só a sua imparcialidade, mas também o contraditório. O conhecimento privado do juiz, isto é, aquele conhecimento que transcenda aquilo que é debatido nos autos do processo, jamais poderá pautar o juízo sobre os fatos da causa.[342]

8.1.7. Máximas de experiência

Conforme a clássica conceituação de Stein, as máximas de experiência "são definições ou juízos hipotéticos de conteúdo geral, desligados dos fatos concretos julgados no processo, procedentes da experiência, mas independentes dos casos particulares de cuja observação foram induzidos e que, sobrepondo-se a estes casos, pretendem ter a validade para outros novos".[343] No caso brasileiro, elas estão previstas no art. 375 do Código de Processo Civil (correspondente ao art. 335 do CPC/1973), o qual preceitua que: "O juiz aplicará as regras de experiência de experiência comum subministradas pela observação do que ordinariamente acontece e, ainda, as regras de experiência técnica, ressalvado, quanto a estas, o exame pericial".

Da definição de Stein se podem extrair algumas características das máximas de experiência, como a generalidade e a aquisição por meio da experiência,[344] de forma que não podem ser simples declarações sobre acontecimentos individuais, muito menos juízos plurais sobre um conjunto de acontecimentos;[345] a sua abstração;[346] as de serem oriundas de fatos repetidos que costumam invariavelmente conduzir a determinado resultados, bem como de o método empregado ser o indutivo,[347] já que em casos ainda não observados extrapola-se

---

[342] STEIN, Friedrich. *El conocimiento privado del juez*. Trad. Andrés de la Oliva Santos. Madrid: Centro de Estudios Ramón Aceres, 1990, p. 71.

[343] Idem, p. 22. Ainda sobre a conceituação das máximas de experiência, ver GROSS, Marco Eugênio. *A Categoria das Máximas de Experiência no Âmbito do Livre Convencimento do Juiz e o seu Controle pelo Superior Tribunal de Justiça*. Dissetração (Mestrado) – Faculdade de Direito, Universidade Federal do Rio Grande do Sul, p. 19-24; ROSITO, Francisco. *Direito Probatório*: as máximas de experiência em juízo. Porto Alegre: Livraria do Advogado, 2007, p. 76-80.

[344] FORNACIARI, Flávia Hellmeister Clito. As máximas de experiência e o livre convencimento do juiz. In: *Revista Dialética de Direito Processual*, n. 10 (2004): 9-26. p.19.

[345] STEIN, Friedrich. *El Conocimiento Privado del Juez*. Op. cit. p. 19.

[346] BARBOSA MOREIRA, José Carlos. Regras de experiência e conceitos juridicamente indeterminados. In: *Revista Forense*, v. 261 (1978): 13-19. p. 13.

[347] FABRÍCIO, Adroaldo Furtado. Fatos notórios e máximas de experiência. In: *Revista Forense*, v. 376 (2004): 3-10. p. 6.

um valor, no sentido de que se forma uma regra pelo que se observa mais constantemente, esperando-se que isto ocorra para novos casos semelhantes.[348] É em razão disso tudo que certamente se afirma que as máximas de experiência "fazem parte do patrimônio cultural médio da sociedade, da cultura do homem médio, da qual o juiz é representante e intérprete".[349]

Fundamentalmente, há duas espécies de máximas de experiência: aquelas definidas como "máximas de experiência comuns" e aquelas definidas como "máximas de experiência técnicas".

As máximas de experiência comuns são justamente aquelas que derivam do que geralmente acontece (*id quod plerumque accidit*), sendo extraídas de casos similares,[350] e que fazem parte daqueles conhecimentos que integram o patrimônio cultural comum da sociedade. Elas também se referem ao mundo físico, mas prevalentemente se relacionam com a conduta humana, e *são generalizações de ordem prática mais que intelectual e cognoscitiva e são formadas a partir do senso comum*.[351]

Mas isso não significa, conforme Nicola Mannarino, que nelas se insiram aquelas noções de senso comum que se referem a simples tendências da conduta humana e como tais são desprovidas de respeitável base factual, sendo resultado daquilo que se acha justo, preferível ou adequado.[352] Considere-se, ainda, que "essas noções possuem um elevado componente subjetivo, baseado em proposições genéricas pouco confiáveis que não asseguram conclusões acertadas".[353] Em suma: as máximas de experiências comuns são baseadas no senso

---

[348] SOBRINHO, Elício de Cresci. O juiz e as máximas de experiência. In: *Revista Jurídica*, n. 101 (1983): 58-69. p. 58. Afirma Stein que mediante a indução, surgem as definições. Assim, quando uma palavra é utilizada mil vezes em um determinado sentido, conclui-se que neste mesmo sentido ela será utilizada em outros casos (STEIN, Friedrich. *El Conocimiento Privado del Juez*. Op. cit. p. 21).

[349] LOMBARDO, Luigi. Prova scientifica e osservanza del contraddittorio nel processo civile. In: *Rivista di Diritto Processuale*, anno LVII, n. 4 (2002): 1083-1122. p. 1088. A conceituação de Barbosa Moreira revela todas as características mencionadas. Segundo o processualista, elas são "noções que refletem o reiterado perpassar de uma série de acontecimentos semelhantes, autorizando, mediante raciocínio indutivo, a convicção de que, se assim costumam apresentar-se as coisas, também assim devem elas, em igualdade de circunstâncias, apresentar-se no futuro" (BARBOSA MOREIRA, José Carlos. Regras de Experiência e Conceitos Juridicamente Indeterminados. Op. cit. p. 13).

[350] TONINI, Paolo. *A Prova no Processo Penal Italiano*. Traduzido por Alexandra Martins e Daniela Mtóz. São Paulo: Revista dos Tribunais, 2002. p. 55.

[351] MANNARINO, Nicola. *La Prova nel Processo*. Padova: CEDAM, 2007. p 166.

[352] Ibidem, p. 169. Nicola Mannarino utiliza como exemplo noções do senso comum como aquele que não chora não está machucado, aquele que foge é culpado, aquele que fica ruborizado mente, etc. (Ibidem).

[353] ROSITO, Francisco. *Direito Probatório*: as máximas de experiência em juízo. Op. cit. p. 169.

comum, mas nem todo o senso comum é necessariamente uma máxima de experiência comum.[354]

Já as máximas de experiência técnicas são aquelas que derivam das leis científicas, do pensamento técnico-científico, ou seja, são provenientes da comunidade científica,[355] possuindo maior exatidão e concisão científica.[356] Elas são razoavelmente acessíveis a quem não é especializado naquelas técnicas alheias ao direito, e são certos conhecimentos técnicos ou mesmo científicos que estão ao alcance do homem médio, não dependendo de conhecimento mais profundo.[357] Desse modo, o que deve ficar claro é que as máximas de experiência técnicas de forma alguma constituem conhecimento especializado e profundo acerca dos problemas técnico-científicos a que se referem, próprio dos especialistas. Para resumir: as máximas de experiência técnica são generalizações técnicas passíveis de apropriação pela cultura social.[358]

São exemplos de máximas de experiência técnicas o conhecimento de que a ebulição da água se dá a cem graus Celsius, ou mesmo certos postulados da matemática, como aquele de que o quadrado da hipotenusa corresponde à soma do quadrado dos catetos, bem como aqueles conhecimentos advindos da medicina, como o nexo causal entre certas atividades laborais e determinadas enfermidades.[359]

Anote-se que, de regra, não há qualquer vedação para que o juiz se utilize de ofício destas máximas de experiências, sejam elas comuns, sejam elas técnicas.[360] Afinal, elas possuem função instrumental e, como tais, podem ser utilizadas pelo julgador independentemente

---

[354] Conforme Michele Taruffo, "il concetto di massima d'esperienza non coincide con il concetto di senso comune o con quello di cultura media, ma è molto più limitato" (TARUFFO, Michele. Considerazioni sulle massime d'esperienza. In: *Rivista Trimestrale di Diritto e Procedura* Civile, anno LXII, n. 2 (2009): 551-569). p. 553).

[355] MARINONI, Luiz Guilherme; ARENHART, Sérgio Cruz. *Prova*. São Paulo: Revista dos Tribunais, 2010. p. 142 e 148.

[356] HENKE, Horst-Eberhard. *La Cuestion de Hecho*: el concepto indeterminado em el derecho civil y su casacionabilidad. Trad. de Tomas A. Banzhaf. Buenos Aires: Ediciones Juridicas Europa-America, 1979, p. 96.

[357] DINAMARCO, Cândido Rangel. *Instituições de Direito Processual Civil*. 6. ed. São Paulo: Malheiros, 2009, vol. III. p. 122-123.

[358] MARINONI, Luiz Guilherme; ARENHART, Sérgio Cruz; MITIDIERO, Daniel. *Novo Código de Processo Civil Comentado*. São Paulo: Revista dos Tribunais, 2015, versão *e-book*, p. 428.

[359] DINAMARCO, Cândido Rangel. *Instituições de Direito Processual Civil*, v. III, Op. cit. p. 123.

[360] Conforme Vittorio Denti, "in tutti gli ordinamenti, con formule e precetti diversi, viene riconosciuto al giudice il potere di far ricorso d'ufficio alle nozioni di comune esperienza" (DENTI, Vittorio. Scientificità della prova e libera valutazione del giudice. In: *Rivista di Diritto Processuale*, n. 27 (1972): 414-437. p. 422).

da alegação das partes a respeito,[361] ainda mais se considerarmos que as máximas de experiência se constituem como "meio", e não como objeto da cognição do juiz.[362]

Contudo, especificamente no que se refere às máximas de experiência técnica, deve-se prestar atenção ao que dispõe o art. 375 do CPC, o qual refere que o magistrado "aplicará as regras de experiência comum subministradas pela observação do que ordinariamente acontece e, ainda, as regras da experiência técnica, ressalvado, quanto a estas, o exame pericial"; ou seja, o nosso CPC impõe exceção em relação à necessidade de prova quando se trata das máximas de experiência técnica, e não das máximas de experiência comum.

Isso significa, basicamente, que se o julgador não está habilitado a alcançar com os meios probatórios extraprocessuais a certeza da existência de uma máxima de experiência, porque parte de um ramo do saber que requer, para o seu conhecimento, uma profunda especialização técnica, deve o juiz se utilizar dos meios instrutórios cabíveis,[363] notadamente a prova científica ou técnica, o que se dá até mesmo em respeito ao princípio do contraditório, já que isso possibilita que em todos os momentos em que o juiz utilizar uma lei científica no processo ocorra o controle eficaz e a contribuição das partes.[364]

Finalmente, cumpre destacar as funções que são desempenhadas pelas máximas de experiência, em que podem ser identificados dois polos: o primeiro, *como instrumento de natureza essencialmente cognitiva no âmbito do juízo de fato*, no qual entra não só a função das máximas de experiência do que se refere à valoração da prova, ou da valoração da credibilidade da prova, mas também o seu papel como instrumento de conexão entre o fato conhecido e o fato desconhecido ao raciocínio, bem como a sua função no que se refere à escolha, entre as provas conflitantes, daquela que estabelece a averiguação histórica de um fato controverso; o segundo, como *instrumento interpretativo*, já que é comum o julgador se utilizar das máximas de experiência para tratar da integração do significado de uma "norma em branco", da "concre-

---

[361] PAVANINI, Giovanni. Massime di esperienza e fatti notori in corte di cassazione. In: *Rivista di Diritto Processuale Civile*, vol. XIV (1937): 247-268. p. 249.
[362] MAZZARELLA, Giuseppe. Appunti sul fatto notorio. In: *Rivista di Diritto Processuale Civile*, vol. .XI (1934): 65-74. p. 67.
[363] MAZZARELLA, Giuseppe. *Appunti sul fatto notorio*. Op. cit. p. 67.
[364] LOMBARDO, Luigi. *Prova scientifica e osservanza del contraddittorio nel processo civile*. Op. cit. p. 1094.

tização das cláusulas gerais", ou seja, para precisar o significado de uma expressão jurídica contida em uma norma.[365]

8.1.8. Presunções

A presunção, de um modo geral, tem com o fato uma ligação do tipo argumentativo, no qual o indício é a sua fonte. Concretamente, a presunção é uma ilação probatória na qual se recorre a uma particular forma de raciocínio, partindo-se de um suposto fato como conhecido para se chegar a um fato desconhecido.[366] Em outras palavras, tomando-se como ponto de partida a convicção da ocorrência de determinado fato, infere-se, por dedução lógica, a existência de outro fato.[367]

Há dois tipos de presunções: a legal, que por sua vez é dividida em presunções relativas ou *iuris tantum* e em presunções absolutas ou *iuris et de iure*; e as presunções simples, também definidas como *praesumptiones hominis*.[368]

A presunção legal também é consequência extraída de um fato conhecido com base no que ordinariamente acontece. Ocorre que enquanto na presunção comum, conforme será visto logo a seguir, é o juiz quem faz o raciocínio e estabelece a presunção, na legal o juiz se substitui pela lei, ou seja, é a própria lei que faz o raciocínio e estabelece a presunção.[369] Ou seja, a presunção legal, pela sua própria natureza tem a sua fonte na lei, e por isso mesmo é bem limitada.[370] Entende-se, assim, porque a presunção legal dispensa a prova em relação àqueles em cujo benefício funciona.[371] O Código de Processo Civil, em seu art. 374, IV, deixa isso bem claro ao preceituar que não dependem de pro-

---

[365] TARUFFO, Michele. *La Motivazione della Sentenza Civile*. Padova: CEDAM, 1975. p. 519-520. Perceba-se, porém, que *"qualquer interpretação legal é baseada na experiência"* (GOTTWALD, Peter. *Die Revisionsinstanz als Tatsacheninstanz*. Berlin: Duncker und Humblot, 1974. p. 163).

[366] ROSONI, Isabella. *Quae singula non prosunt collecta iuvant*: la teoria della prova indiziaria nell'età medievale e moderna. Milano: Giuffrè, 1995. p. 99-101. Também é neste sentido o posicionamento de Francesco Carnelutti, o qual afirma que as *fontes de presunção* são os fatos que servem para a dedução do fato a ser provado e que não estão constituídos pela representação deste (CARNELUTTI, Francesco. *La Pova Civile*. 2. ed. Roma: Dall'Ateneo, 1947. p. 107).

[367] MARINONI, Luiz Guilherme; ARENHART, Sérgio Cruz. *Prova*. São Paulo Revista dos Tribunais, 2010. p. 131.

[368] GASCÓN ABELLÁN, Marina. *Los Hechos en el Derecho*: bases argumentales de la prueba. 3. ed. Madrid: Marcial Pons, 2010. p. 123.

[369] AMARAL SANTOS, Moacyr. *Prova Judiciária no Cível e no Comercial*, 3. ed. São Paulo: Max Limonad, 1968, vol. V. p. 423.

[370] ROSONI, Isabella. *Quae Singula non Prosunt Collecta Iuvant*: la teoria della prova indiziaria nell'età medievale e moderna. Op. cit. p. 159.

[371] GASCÓN ABELLÁN, Marina. *Los Hechos en el Derecho*: bases argumentales de la prueba. Op. cit. p. 123.

va os fatos "em cujo favor milita presunção legal de existência ou de veracidade".

Note-se, a propósito, que as presunções legais absolutas não admitem prova em contrário, ao passo que as presunções relativas admitem.[372] Neste contexto, a presunção absoluta é pura disposição legal, no qual o fato presumido se identifica totalmente como *fonte de eficácia jurídica* com o fato indiciário.[373] Na presunção relativa, por seu turno, a vontade do legislador de favorecer determinados sujeitos ou situações jurídicas se fundamenta em uma modificação-simplificação da estrutura da *fattispecie* que se *tornará objeto de prova*.[374]

Assim, é nítido que a possibilidade de prova contrária se põe como elemento de distinção entre a presunção legal absoluta e a relativa.[375] Outra diferença é que a presunção absoluta, justamente por não admitir prova em contrário, possui um caráter de verdade maior (o qual, porém, é bom assinalar, provém da vontade do legislador), enquanto que a relativa possui uma certeza menor que a absoluta, assim como é menor a sua irrefutabilidade, possuindo, mesmo assim, um alto grau de probabilidade, sujeita, todavia, a ser anulada por uma prova contrária.[376] Mas é bom ressaltar que mesmo as presunções absolutas são baseadas em uma probabilidade. Afinal, "nenhuma presunção apoia-se em juízo absoluto de certeza". O que ocorre nestas presunções é que o legislador "onde sente que é maior a probabilidade de uma relação constante", acaba por estabelecê-las.[377] Aliás, o que autoriza o legislador a instituir as presunções é justamente o juízo de probabilidade, o qual, para tanto, baseia-se no conhecimento de que no desenvolvimento das coisas do mundo e das relações entre as pessoas há fatos que são ordinariamente indicativos da ocorrência de outros fatos.[378]

Nas presunções simples, como já se adiantou brevemente, as coisas se passam de modo diferente. Ora, enquanto que nas presunções legais o fundamento da conclusão presumida é uma norma jurídica,

---

[372] AMARAL DOS SANTOS, Moacyr. *Prova Judiciária no Cível e no Comercial*, vol. V. Op. cit. p. 414.

[373] TOMBARI, Giovanna Fabbrini. Note in tema di presunzioni legali. In: *Rivista Trimestrale di Diritto e Procedura Civile*, anno XLV, n. 3 (1991): 917-938. p. 921 e 923.

[374] TOMBARI, Giovanna Fabbrini. *Note in tema di presunzioni legali*. Op. cit. p. 925.

[375] Idem. p. 919.

[376] ROSONI, Isabella. *Quae Singula non Prosunt Collecta Iuvant*: la teoria della prova indiziaria nell'età medievale e moderna. Op. cit. p. 159.

[377] DINAMARCO, Cândido Rangel. *Instituições de Direito Processual Civil*, 6. ed. São Paulo: Malheiros, 2009, vol. III. p.116.

[378] Idem. p. 561.

nas presunções simples tal se dá, sobretudo, com o uso das máximas de experiência.[379] Nelas, portanto, é o julgador quem raciocina e estabelece a presunção, a qual é formada "livremente pelo juiz, para tanto usando de ponderação e critério que lhe ditar a experiência e guiando-se por aquilo que ordinariamente acontece".[380]

Especificamente este tipo de presunção, portanto, é construída a partir do caso concreto, com base no que normalmente acontece. Mais concretamente, *é a presunção simples uma inferência formulada pelo juiz para chegar a uma conclusão concernente ao fato a ser provado (que é o fato desconhecido), movendo-se a partir de um outro fato já conhecido ou provado (que é o fato conhecido), e que serve como premissa para o raciocínio, geralmente fundado sobre máximas de experiência.*[381]

8.2. Provas em espécie

Dárcio Franco Lima Júnior

Cumpre examinar, agora, os principais meios de prova, em sua especificidade, sobretudo no que tange aos respectivos procedimentos.

8.2.1. Depoimento pessoal da parte

Inicialmente, cumpre distinguir o depoimento pessoal da parte de seu interrogatório em juízo. Ambas as figuras – depoimento pessoal e interrogatório – evidenciam a participação pessoal das partes no processo, mas há diferenças entre elas.

O interrogatório da parte pode ocorrer em qualquer momento do feito, por determinação judicial, nos termos do art. 139, inc. VIII, do CPC.

Como bem ensinam Luiz Guilherme Marinoni, Sérgio Cruz Arenhart e Daniel Mitidiero, "... o interrogatório livre é muito mais forma de esclarecimento, de que se vale o juiz para melhor inteirar-se dos fatos do processo, do que propriamente meio de prova".[382]

---

[379] GASCÓN ABELLÁN, Marina. *Los Hechos en el Derecho*: bases argumentales de la prueba. Op. cit.p. 136. Também, nesse sentido, ALVARO DE OLIVEIRA, Carlos Alberto. Presunções e ficções no direito probatório. In: *Revista de Processo*, vol. 196, (2011): 13-20. p. 19.

[380] AMARAL SANTOS, Moacyr. *Prova Judiciária no Cível e no Comercial*, vol. V. Op. cit. p. 486.

[381] TARUFFO, Michele. *La Prova dei Fatti Giuridici*. Milano: Giuffrè, 1992. p. 444.

[382] *Novo curso de processo civil*, vol. 2: tutela dos direitos mediante procedimento comum, 2ª ed., São Paulo: Revista dos Tribunais, 2016, p. 338.

No dizer de Moacyr Amaral Santos, o interrogatório decorre, essencialmente, do princípio da imediatidade do juiz relativamente às partes, buscando o juiz não a confissão das partes, "... mas tomar melhor conhecimento dos fatos quando não suficientemente claros resultem da fase postulatória, ou mesmo instituir-se sobre fatos supervenientes, capazes de alterar o desenvolvimento da lide".[383]

Por isso mesmo, não se cuida, o interrogatório, de meio de prova, dispondo o referido art. 139, inc. VIII, do CPC, que não incidirá, em tais casos, a pena de confissão.

O depoimento pessoal da parte em juízo, em seu turno, está previsto nos arts. 385 e seguintes do CPC, cuidando-se de meio de prova, por meio do qual o litigante pretende, essencialmente, provocar a confissão de fatos pelo adversário; do ponto de vista do magistrado, o depoimento pessoal é um dos elementos a ser considerado na apreciação dos fatos, por ocasião do julgamento da causa.

Cabe à parte interessada requerer ao juízo o depoimento pessoal da outra, a fim de que seja esta última interrogada na audiência de instrução e julgamento, sem prejuízo, obviamente, de que tal depoimento seja eventualmente ordenado de ofício pelo juiz, a partir dos seus poderes instrutórios.

O depoimento pessoal da parte não se confunde, obviamente, com o depoimento de testemunha, sendo manifesto o interesse próprio da parte no litígio, tanto que o juízo nem sequer irá impor à parte o compromisso de dizer a verdade (art. 447, § 5º, do CPC).

Tal circunstância, evidentemente, não significa que a parte, em seu depoimento em juízo, esteja autorizada a mentir; não se cuida disso (o art. 77 do CPC, aliás, determina, como dever da parte, "expor os fatos em juízo conforme a verdade").

A dispensa da prestação do compromisso de dizer a verdade importa, essencialmente, na menor credibilidade do depoimento pessoal enquanto elemento formador da convicção do juízo no que tange à apreciação das questões de fato, justamente em razão do manifesto interesse da parte no resultado do processo.

Convém salientar, contudo, que a parte, mesmo dispensada do formal compromisso de dizer a verdade, poderá sofrer as sanções por

---

[383] *Primeiras linhas de direito processual civil*, 2º vol., 23ª ed., revista e atualizada por Aricê Moacyr Amaral Santos, São Paulo: Saraiva, 2004, p. 450. Ainda segundo o autor, o interrogatório apresenta as seguintes características, que o distinguem do depoimento pessoal: a) é sempre ordenado de ofício, enquanto que o depoimento pessoal pode ser também postulado pela parte adversa; b) o comparecimento pode ser determinado em qualquer momento do feito, enquanto que o depoimento pessoal é definido na decisão de saneamento; c) o interrogatório pode, ou não, ocorrer em única oportunidade. (p. 451).

litigância de má-fé se o seu comportamento processual importar na caracterização de qualquer das hipóteses do art. 80 do CPC (especialmente aquela prevista no inc. II, "alterar a verdade dos fatos").

Por isso mesmo, de regra, os depoimentos pessoais das partes são apreciados com reserva e com grande cautela pelos magistrados, não demonstrando, muitas vezes, qualquer relevância na elucidação dos fatos controvertidos no processo, que decorrerá do exame das demais provas produzidas no feito e da aplicação das regras a propósito dos encargos probatórios.

Por outro lado, em algumas situações específicas, pode o depoimento pessoal revelar-se útil à melhor compreensão dos fatos, assumindo importância na formação do convencimento judicial.[384]

Seja como for, as partes, considerando o contexto do litígio, os seus interesses, a sua estratégia processual, as características pessoais dos litigantes e/ou de seus representantes, devem avaliar, em cada caso, a conveniência, ou não, de requerer o depoimento pessoal da parte adversa, sem prejuízo, obviamente, ao exercício dos poderes instrutórios do juiz (art. 370 do CPC), que poderá, inclusive, indeferir a providência, desde que se demonstre ela inútil ou inadequada no contexto do litígio (por exemplo, se a questão fática controvertida entre as partes depende, essencialmente, de prova técnica, nenhuma vantagem para o processo haverá na tomada do depoimento pessoal das partes).

De regra, ao requerer o depoimento pessoal da parte adversa, pretende o litigante, por meio dos seus questionamentos, provocar ou forçar a confissão do adversário em juízo, com consequências favoráveis aos seus interesses, obviamente, no posterior julgamento da causa.

Não obstante, importa observar que o depoimento de um litigante bem articulado, e que demonstre segurança e coerência em suas manifestações, certamente não representará vantagem alguma ao adversário, de modo que a parte deve avaliar, com critério e cautela, a conveniência de pleitear, ou não, o depoimento pessoal.

---

[384] Assim a lição de Luiz Rodrigues Wambier e Eduardo Talimini, relativamente ao depoimento pessoal das partes (*Curso avançado de processo civil*, vol. 1, em *ebook*, 4ª ed., baseada na 15ª ed. impressa, São Paulo: Revista dos Tribunais, 2015, item 32.1.1): "É notável ferramenta de prova a ser utilizada pelo juiz. Muitas vezes a comunicação escrita não é suficiente para mostrar o que realmente ocorreu, até porque quem redige as peças técnicas (por exemplo, petição inicial, contestação) não é a própria parte, mas seu advogado. Ou seja, os fatos chegam ao juiz já filtrados pelo advogado, que os ouviu da parte. Nessa transmissão de conhecimentos pode ocorrer omissão de detalhes relevantes, às vezes fundamentais. Este meio de prova, pois, dá oportunidade ao juiz para colher a informação "diretamente da fonte", inquirindo a parte sobre todos os pormenores que interessam para a solução da lide".

Deferido pelo juízo o depoimento pessoal, a parte deve ser especificamente intimada para tal fim, com a determinação de comparecimento na audiência, devendo constar a advertência de que a sua ausência injustificada, ou a sua recusa injustificada em responder aos questionamentos, importará na aplicação da pena de confissão, com a consequente presunção de veracidade dos fatos alegados pelo seu adversário (art. 385, § 1º, do CPC).

Ensinam Luiz Rodrigues Wambier e Eduardo Talamini: "Denomina-se confissão ficta, ou confissão presumida, a consequência resultante do não comparecimento da parte ou da recusa ao depoimento. (...) Por se tratar de prova requerida pela parte contrária, consubstancia-se num ônus processual. Descumprido, gera a consequência da desnecessidade de prova outra, pois se presumem confessados tais fatos. Além disso, somente se cogita de confissão ficta se, além do requerimento pela parte contrária, o depoente tiver sido regularmente intimado, constando do mandado a advertência da consequência de seu não comparecimento. Trata-se de requisito formal – faltando a advertência no mandado, não está a parte obrigada a comparecer ou a responder".[385]

Por outro lado, há situações em que é lícita a recusa da parte em responder aos questionamentos.

Nos termos do art. 388 do CPC, inc. I, a parte fica dispensada de responder a questionamentos sobre fatos criminosos ou torpes que lhes sejam imputados (como é notório, a parte não pode ser compelida a se autoincriminar). No mesmo sentido o art. 379 do CPC, dispondo, relativamente à parte, que deve ser preservado o direito de não produzir prova contra si própria. Da mesma forma, não pode ser compelida a depor sobre fatos que, por estado ou profissão, deva guardar sigilo (inc. II do citado art. 388 do CPC).

De resto, não pode ser compelida a depor acerca de fatos dos quais não possa responder sem desonra própria, de seu cônjuge, de seu companheiro ou de parente em grau sucessível (inc. III), ou que

---

[385] *Curso avançado de processo civil*, vol. 1, em *ebook*, 4ª ed., baseada na 15ª ed. impressa, São Paulo: Revista dos Tribunais, 2015, item 32.1.7. E prosseguem os autores: "(...) quando a parte for pessoa jurídica, em determinadas situações é usual que a pessoa que tem conhecimento dos fatos conflituosos não seja aquele cujo contrato social (ou estatutos) apontam para representá-la em juízo. Seria inócua a produção desse meio de prova, caso fosse ouvido alguém que nada soubesse da realidade fática subjacente à demanda, porque distante dos fatos. Assim, em casos especiais, interessa que deponha não o órgão da pessoa jurídica, mas sim o preposto, que vivenciou os fatos. Aliás, em regra é o preposto quem tem poderes para realizar os negócios da pessoa jurídica, e não o sócio. Ressalva-se, apenas, que, nesse caso, é necessário que o preposto esteja expressamente autorizado pela pessoa jurídica a prestar o depoimento, inclusive com poderes para confessar" (item 32.1.3).

coloquem em risco sua vida e a vida das pessoas indicadas anteriormente (inc. IV).

Em processos pertinentes a ações de estado e de família, contudo, não se aplica a dispensa prevista no art. 388 (parágrafo único do aludido dispositivo legal), demandas no âmbito das quais, por vezes, as aludidas questões são essenciais ao objeto do processo.

Como se vê, mesmo comparecendo à audiência, a parte ainda assim poderá sofrer a pena de confissão se se recusar, sem justo motivo, a depor, ou se, também injustificadamente, adotar postura evasiva, fugindo aos questionamentos (art. 386 do CPC), circunstância que o magistrado deverá avaliar por ocasião da sentença.

Não obstante, ainda consoante os vetores adotados no Código de Processo Civil, recomenda-se que o juiz, em audiência, advirta devidamente a parte sobre as consequências decorrentes da injusta recusa ao depoimento ou da sua postura evasiva frente aos questionamentos.

O procedimento do depoimento, em si mesmo, é singelo.

A parte, em audiência, deverá responder pessoalmente aos questionamentos quanto aos fatos, não podendo consultar escritos previamente preparados, embora possa se servir, eventualmente, de notas breves, com o propósito tão somente de complementar os seus esclarecimentos (por exemplo, anotações de datas ou valores relevantes no caso concreto).

De outra parte, a lei proíbe que o litigante que ainda não depôs assista ao depoimento da outra parte, devendo ser determinada, pelo magistrado, a sua retirada da sala de audiências (art. 385, § 2º, do CPC).

A razão da regra é óbvia: a parte que pudesse assistir, antes, ao depoimento do adversário, evidentemente poderia adaptar o seu depoimento, posterior, às respostas do adversário, o que não se pode admitir. Evidentemente, os litigantes que já prestaram seus depoimentos poderão permanecer na sala de audiência.

Os questionamentos serão formulados inicialmente pelo magistrado, e, após, pelo procurador da parte adversa e pelo Ministério Público (se integrar o feito como fiscal da ordem jurídica). Descabe, obviamente, que a parte responda a questionamentos de seu próprio advogado.[386]

---

[386] Como bem refere DIDIER JÚNIOR, Fredie. *Curso de direito processual civil*, vol. 2, 11ª ed., Salvador: Jus Podivm, 2016, p. 165, *"... o advogado o depoente não lhe pode formular perguntas, cabendo apenas fiscalizar a inquirição"*.

8.2.2. Confissão

A confissão se encontra disciplinada nos arts. 389 a 395 do CPC.

Consoante o aludido art. 389 do CPC, que reflete, inclusive, o senso comum, "há confissão, judicial ou extrajudicial, quando a parte admite a verdade de fato contrário ao seu interesse e favorável ao do adversário".[387]

A confissão abrange apenas fatos, não se confundindo, portanto, com as figuras do reconhecimento da procedência do pedido ou da renúncia ao direito sobre o qual se funda a ação.

Ou seja: a confissão opera apenas no âmbito dos fatos discutidos no processo, e a sua ocorrência não determina, em si mesma, o resultado da demanda, que dependerá, ainda, da análise dos demais fatos pelo juiz e da aplicação do direito ao caso.

Para mais disso, a confissão implica sempre uma postura ativa e voluntária do confitente, que se manifesta expressamente quanto ao fato respectivo.[388]

De resto, a existência da confissão acarreta evidentes consequências no campo probatório, tornando desnecessária, por exemplo, a produção de prova quanto ao fato confessado pela parte.

A confissão, ademais, pode ser considerada a partir de distintas perspectivas.

Conforme ocorra em juízo ou fora dele, a confissão pode ser judicial ou extrajudicial.[389]

A confissão, em outro viés, é chamada de espontânea quanto à parte, ou o seu procurador (com poderes especiais para confessar), admite, voluntariamente, um fato contrário ao seu interesse, por meio de declaração escrita, ou verbalmente; ou pode ser provocada, sendo este o objetivo central do depoimento pessoal, como já destacado.

---

[387] Como bem refere ainda DIDIER JÚNIOR. *Curso de direito processual civil*, vol. 2, 11ª ed. Salvador: Jus Podivm, 2016, p. 168, "... é pressuposto da confissão que o fato seja próprio e pessoal do confitente, e não de terceiro, quando então haveria testemunho e não confissão".

[388] No dizer de AMARAL SANTOS, Moacyr. *Primeiras linhas de direito processual civil*, 2º vol., 23ª ed., revista e atualizada por Aricê Moacyr Amaral Santos, São Paulo: Saraiva, 2004, p. 444, "na confissão se pressupõe a vontade de dizer a verdade quanto aos fatos. É uma declaração de verdade, voluntariamente feita. Na vontade de reconhecer a verdade reside o elemento intencional – o *animus confitendi*".

[389] Consoante ensina Moacyr Amaral Santos, (Idem, p. 448), "por confissão extrajudicial se entende a que é feita fora do juízo. São declarações extrajudiciais, escritas ou verbais, tendo por objeto a confissão de um fato, ainda que seja o fato da conclusão de um negócio jurídico". E prossegue, salientando que pode ser verbal ou escrita, o que gerará consequências no âmbito probatório.

De outra parte, conforme já sublinhado, a confissão também pode ser ficta, cuidando-se, então, de sanção imposta pela lei em decorrência da revelia do réu ou da ausência injustificada da parte à audiência para a tomada de seu depoimento pessoal, ou, ainda, como sanção à parte que, no depoimento pessoal, se recusa a responder aos questionamentos, de forma injustificada.

Considerado o princípio da autonomia das relações entre os litisconsortes, a confissão feita por um deles não prejudica os demais, nos termos do art. 391 do CPC.

Em questões sobre imóveis ou direitos reais sobre imóveis, cuidando-se de partes casadas ou em união estável, excetuada apenas a hipótese de casamento no regime da absoluta separação de bens, a confissão de apenas um dos cônjuges ou companheiros não terá validade sem a do outro, nos termos do parágrafo único do art. 391 do CPC.

De resto, como é notório, não se admite confissão em matéria relativa a direitos indisponíveis (art. 392 do CPC).

Finalmente, a confissão deve ser apreciada em sua integralidade, com um todo indivisível, ou seja, não pode ser cindida para efeito de a parte interessada aproveitar apenas a parcela da confissão que lhe favorece, ignorando aquela outra que se apresenta desfavorável (art. 395 do CPC).[390]

8.2.3. Documentos

O documento é considerado um dos mais importantes meios de prova, "justamente por ter aptidão para representar um fato de modo permanente e duradouro, sem se perder nas armadilhas do tempo".[391]

Ainda consoante a doutrina, "certamente, o respeito e a fiabilidade que se dá a esse meio de prova advêm de sua própria essência,

---

[390] Anotam Luiz Guilherme Marinoni, Sérgio Cruz Arenhart e Daniel Mitidiero (*Novo código de processo civil comentado*, 2ª ed., em *ebook*, São Paulo: Revista dos Tribunais, 2016, p. 352): "... acolher o princípio da indivisibilidade da confissão significa adotar a regra do exame da confissão em seu conjunto, ao invés de desestruturada e compartimentada, trazendo para esse campo os melhores elementos que presidem qualquer hermenêutica jurídica. Disso decorre que o juiz não poderá considerar a confissão senão dentro de seu conjunto, sendo-lhe vedado, em princípio (salvo quando houver justificativa que o apoie), utilizar-se dela até certo ponto e desconsiderá-la em outro. De outra parte, essa mesma ideia embasa a conclusão de que o adversário do confitente, aceitando como verdadeiros os fatos confessados que lhe interessam, haverá também, e ainda em princípio, de aceitar como verídicos os demais fatos objeto da confissão".

[391] DIDIER JÚNIOR, Fredie. *Curso de direito processual civil*, vol. 2, 11ª ed., Salvador: Jus Podivm, 2016, p. 190.

de prova pré-constituída, cuja função é de eternizar os atos e fatos jurídicos".[392]

Trata-se de fonte passiva de prova, ou seja, não há como se superar eventuais dificuldades de compreensão das informações, a exemplo do que pode ocorrer na prova testemunhal, mediante novos questionamentos, cuidando-se esta última de fonte ativa de prova.

8.2.3.1. Considerações gerais

Inicialmente, cumpre, na perspectiva processual civil, definir o que se compreende por *documento*.

No particular, objetivando o exame da questão, reporto-me, desde logo, ao conceito de Fredie Didier Júnior:[393] "Documento é toda coisa que, por força de atividade humana, 'seja capaz de representar um fato'.[394] Noutras palavras, é toda coisa na qual estejam inseridos símbolos que tenham aptidão para transmitir ideias ou demonstrar a ocorrência de fatos.[395] A referência que se faz a símbolos é ampla, alcançando 'letras, palavras e frases, algarismos e números, imagens ou sons gravados, e registros magnéticos em geral'".[396]

E o aludido autor sublinha: documento é coisa representativa de um fato por obra da atividade humana.[397]

Cassio Scarpinella Bueno, em seu turno, distingue o suporte que materializa o documento (sua representação material)[398] e o seu

---

[392] MARINONI, Luiz Guilherme; ARENHART, Sérgio Cruz; MITIDIERO, Daniel. *Novo curso de processo civil*, vol. 2: tutela dos direitos mediante procedimento comum, 2ª ed., São Paulo: Revista dos Tribunais, 2016, p. 362.
[393] *Curso de direito processual civil*, vol. 2, 11ª ed., Salvador: Jus Podivm, 2016, p. 183.
[394] CARNELUTTI, Francesco. *A prova civil*. 4ª ed. Campinas: Bookseller, 2005, p. 190, *apud* DIDIER JÚNIOR, Fredie. *Curso de direito processual civil*, vol. 2, 11ª ed., Salvador: Jus Podivm, 2016, p. 183.
[395] DINAMARCO, Cândido Rangel. *Instituições de direito processual civil*. 3ª ed. São Paulo: Malheiros, 2003, v. 3, p. 565, *apud* DIDIER JÚNIOR, Fredie. *Curso de direito processual civil*, vol. 2, 11ª ed., Salvador: Jus Podivm, 2016, p. 183.
[396] DINAMARCO, Cândido Rangel. *Instituições de direito processual civil*. 3ª ed. São Paulo: Malheiros, 2003, v. 3, p. 565, *apud* DIDIER JÚNIOR, Fredie. *Curso de direito processual civil*, vol. 2, 11ª ed., Salvador: Jus Podivm, 2016, p. 183.
[397] *Curso de direito processual civil*, vol. 2, 11ª ed., Salvador: Jus Podivm, 2016, p. 183-185. Ainda o aludido autor observa que, mesmo no caso dos documentos eletrônicos, continua pertinente a vinculação do documento a uma coisa: "Embora o documento eletrônico seja, a rigor, uma sequência de bits, o fato ou ideia nele representado precisará ficar armazenado em algum suporte, seja ele o disco rígido de um computador, tablet ou smartphone, uma mídia de CD ou DVD, um pen-drive, ou qualquer outro meio físico idôneo, e sempre se revelará aos sentidos humanos através de uma ferramenta (p. ex., o software, o computador etc.)" (ob. cit., p. 184-185).
[398] *Curso sistematizado de direito processual civil*, vol. 2, t. 1, São Paulo: Saraiva, 2007, p. 278: "O suporte que materializa o documento, isto é, sua representação material, que o corporifica, com

conteúdo (uma declaração, um fato, um ato, um acontecimento qualquer).[399]

É inerente, portanto, à noção de documento, de um lado, que ele derive de um ato humano, e, de outro lado, que a coisa em questão seja representativa de algum fato, porquanto, não representando fato algum, não mais seria considerada documento.[400]

Em tal perspectiva, a noção de documento não se confunde com a noção de prova escrita, restando mais ampla.[401]

No mesmo sentido Luiz Guilherme Marinoni, Sérgio Cruz Arenhart e Daniel Mitidiero: "A representação aludida, portanto, não se resume à mera escrituração de declarações. Ao contrário, abrange a reprodução de sons, imagens, estados de fato, ações e comportamentos, além dos documentos criados através das tecnologias modernas da informação e das comunicações, como os dados inseridos na memória do computador ou transmitidos através de uma rede de informática, e em geral os assim ditos documentos informáticos".[402]

Outra distinção fundamental dá-se entre documento e prova documental: "o documento é a fonte da prova; é de onde se pode extrair

---

efeito, não o afeta em sua substância, embora, para ser considerado como documento para o direito processual civil brasileiro, seja imprescindível que haja um suporte (materialização ou corporificação) independentemente da técnica utilizada para aquele fim: papel, madeira, pedra, metal, reprodução mecânica, reprodução eletrônica, disquete, 'cd', 'dvd' ou o próprio ambiente virtual da internet".

[399] Ainda BUENO, Cassio Scarpinella. *Curso sistematizado de direito processual civil*, vol. 2, t. 1, São Paulo: Saraiva, 2007, p. 278: "O conteúdo do documento pode ser uma declaração, um fato, um ato ou um acontecimento qualquer. Trata-se daquilo que o documento, como meio de prova, buscar elucidar ao juiz e é ele, o conteúdo do documento, que ensejará, uma vez interpretado, examinado, avaliado e sopesado inclusive com as demais provas – 'valorado', portanto –, que o juiz forme a sua convicção sobre o que se pretende provar".

[400] DIDIER JÚNIOR, Fredie. *Curso de direito processual civil*, vol. 2, 11ª ed., Salvador: Jus Podivm, 2016, p. 185. Apoiando-se em lição de Carnelutti (*A prova civil*. 4ª ed. Campinas: Bookseller, 2005, p. 133), ensina ainda o autor: "A existência, por si só, da coisa já é um fato da vida. Quando essa coisa registra a ocorrência de outro fato, diz-se que ela é um fato representativo e que o fato por ela documentado é o fato representado. Por exemplo: o instrumento de um contrato é um fato representativo do acordo de vontade das partes e dos termos da avença que firmaram (fato representado); a procuração outorgada por instrumento público é um fato representativo da outorga de poderes conferida pelo mandante ao mandatário à vista do oficial público" (p. 185). Também Humberto Theodoro Jr., *Curso de direito processual civil*, vol. I, 47ª ed., Rio de Janeiro: Forense, 2007, p. 504, ensina: "Entrevê-se no documento duplo aspecto: o fato representativo, que é o próprio documento em seu aspecto material; e o fato representado, que é o acontecimento nele reproduzido".

[401] Consoante observa Fredie Didier Jr., "há prova documental não escrita (p. ex., a fotografia) do mesmo modo que há prova escrita não documental (p. ex., o laudo pericial). A despeito disso, boa parte das regras relativas à prova documental fazem nítida associação da noção de documento à de prova escrita" (*Curso de direito processual civil*, vol. 2, 11ª ed., Salvador: Jus Podivm, 2016, p. 186).

[402] *Novo curso de processo civil*, vol. 2: tutela dos direitos mediante procedimento comum, 2ª ed., São Paulo: Revista dos Tribunais, 2016, p. 364.

a informação acerca do fato ou do ato nele representado. A prova documental é o veículo por meio do qual essa fonte vai ser levada ao processo para análise judicial; é a ponte entre o fato e a mente do juiz".[403]

A lei processual disciplina, de forma detalhada, a prova documental.

Cumpre, portanto, examinar a questão da autoria do documento. Ensinam Luiz Guilherme Marinoni, Sérgio Cruz Arenhart e Daniel Mitidiero: "Àquele que cria a prova documental (qualquer que seja ela) dá-se o nome de autor. Esse autor será tanto aquele que efetivamente realizou, materialmente, o suporte em que se contém a ideia transmitida pelo documento, como aquele que manda que o documento seja formado".[404]

Quanto à autoria, portanto, os documentos podem ser públicos ou particulares, "... conforme provenham de repartições públicas ou sejam elaborados pelas próprias partes".[405]

De outra parte, imprescindível a existência de efetiva demonstração da autoria, o que ocorre com a subscrição do documento, mediante a assinatura do seu autor.[406]

Como bem refere Cassio Scarpinella Bueno, "autênticos são os documentos em que se tem certeza quanto ao seu autor material, isto é, aquele que o confeccionou. Documentos não autênticos são aqueles em que não há condições de identificação de seu autor".[407]

---

[403] DIDIER JR., Fredie. *Curso de direito processual civil*, vol. 2, 11ª ed., Salvador: Jus Podivm, 2016, p. 187.

[404] *Novo curso de processo civil*, vol. 2: tutela dos direitos mediante procedimento comum, 2ª ed., São Paulo: Revista dos Tribunais, 2016, p. 372. Prosseguem os autores: "Nesse último caso, ter-se-ão dois autores do documento: um imediato (aquele que concretamente confecciona o documento) e um mediato (o que manda que a ideia seja registrada no suporte)" (ob. cit., p. 372). Ainda no que pertine à autoria, relevante a distinção entre documentos autógrafos e heterógrafos, conforme haja, ou não, coincidência entre aquele que confecciona o suporte do documento e o autor do seu conteúdo. No dizer de Cassio Scarpinella Bueno, "os documentos heterógrafos são aqueles em que não há essa coincidência: o autor material do documento não é o seu autor intelectual" (*Curso sistematizado de direito processual civil*, vol. 2, t. 1, São Paulo: Saraiva, 2007, p. 282).

[405] THEODORO JÚNIOR, Humberto. *Curso de direito processual civil*, vol. I, 47ª ed., Rio de Janeiro: Forense, 2007, p. 503. No dizer de Cassio Scarpinella Bueno (*Curso sistematizado de direito processual civil*, vol. 2, t. 1, São Paulo: Saraiva, 2007, p. 279), "serão públicos os documentos emanados de quaisquer autoridades públicas, independentemente da função por elas exercidas (administrativas, legislativas ou jurisdicionais). Serão privados os documentos cujo suporte tenha origem em pessoas particulares".

[406] Como bem referem Luiz Guilherme Marinoni, Sérgio Cruz Arenhart e Daniel Mitidiero, "a subscrição não só indica e prova a autoria do documento como também torna presumível que a declaração nele representada foi querida pelo autor do fato documentado" (*Novo curso de processo civil*, vol. 2: tutela dos direitos mediante procedimento comum, 2ª ed., São Paulo: Revista dos Tribunais, 2016, p. 373).

[407] *Curso sistematizado de direito processual civil*, vol. 2, t. 1, São Paulo: Saraiva, 2007, p. 281. O autor prossegue, com relevante advertência: a distinção entre documento autêntico e não-autêntico

Nos termos da lei (art. 411 do CPC), considera-se autêntico o documento quando: a) o tabelião reconhecer a firma dos signatários; b) a autoria estiver identificada por outro meio legal de certificação, a exemplo da assinatura eletrônica; c) não houver impugnação da parte contra a qual foi produzido o documento.

Em tais hipóteses, presume-se a autenticidade do documento, afastadas dúvidas quanto a sua autoria, ressalvada, evidentemente, a possibilidade de eventual impugnação pela parte interessada.

Quanto ao documento público, o art. 405 do CPC dispõe que "... faz prova não só da sua formação, mas também dos fatos que o escrivão, o chefe de secretaria, o tabelião ou o servidor declarar que ocorreram em sua presença", ou seja, a segurança do documento público tende a ser superior à do documento particular.[408]

E o documento particular cuja autenticidade não é objeto de dúvida faz prova de que o seu autor fez a declaração que lhe é atribuída (art. 412 do CPC).

Os arts. 417 a 421 do CPC disciplinam a admissibilidade dos livros empresariais e registros contábeis e os arts. 413 a 415, em seu turno, tratam das cartas, telegramas e outros meios de transmissão, e dos registros domésticos.

Os arts. 422 a 425 do CPC tratam da admissibilidade e da força probante de reproduções ou cópias de documentos, inclusive fotografias, filmagens e documentos eletrônicos, merecendo realce o art. 425, dispondo que fazem a mesma prova que os originais "as cópias reprográficas de peças do próprio processo judicial declaradas autênticas pelo advogado, sob sua responsabilidade pessoal" (inc. IV).

A prova documental, como é notório, deve ser produzida na fase postulatória, juntando o autor os seus documentos com a petição inicial e o réu apresentando a sua prova documental com a contestação (art. 434 do CPC).

Admite-se às partes, não obstante, a juntada posterior de documentos, nos termos do art. 435 do CPC: a) para fazer prova de fatos ocorridos depois daqueles até então articulados nos feitos; b) para contrapô-los a documentos apresentados pelo seu adversário; c) quando

---

não deve ser confundida com a diferenciação entre original e cópia. Explica o autor: "As 'cópias' dos documentos nada mais são do que reproduções do suporte original. Na medida em que as cópias sejam 'autenticadas', o documento, embora copiado, é autêntico porque a autenticação da cópia tem o condão de revelar que há coincidência entre o original e a cópia em todos os fins" (p. 281-282).

[408] No caso de documento público feito por oficial incompetente, ou sem a observância das formalidades legais, sendo subscrito pelas partes, a sua eficácia será a mesma de um documento particular, nos expressos termos do art. 407 do CPC.

formados apenas no curso do feito; d) quando se tornaram conhecidos, acessíveis ou disponíveis apenas no curso do feito, hipótese em que a parte deverá justificar e comprovar o motivo que inviabilizou a juntada anterior.[409]

O art. 436 do CPC dispõe que a parte, ao tomar ciência de qualquer documento, poderá: a) impugnar sua admissibilidade no feito; b) impugnar sua autenticidade; c) suscitar sua falsidade, com ou sem a instauração do incidente de falsidade; d) manifestar-se sobre o seu conteúdo.

Cumpre ao réu manifestar-se sobre os documentos do autor em sua contestação e incumbe ao autor manifestar-se a respeito da prova documental do réu em réplica (art. 437 do CPC).

No caso de novos documentos, caberá ao juiz assegurar prazo de quinze dias para a manifestação (§ 1º do art. 437 do CPC).

Com relação à valoração dos documentos, relevante o art. 406 do CPC, dispondo que "quando a lei exigir instrumento público como da substância do ato, nenhuma outra prova, por mais especial que seja, pode suprir-lhe a falta".

No que pertine, especificamente, ao documento particular, este deve ser considerado na sua integralidade, não se mostrando, de regra, divisível, não sendo permitido à parte, portanto, aceitar apenas os fatos favoráveis e recusar aqueles contrários aos seus interesses (art. 412, parágrafo único, do CPC), sem prejuízo da prova que possa ser produzida quanto à existência, ou à inexistência, dos fatos objeto do documento.

E o art. 408 do CPC refere, justamente, que as declarações do documento particular, ou seja, o seu conteúdo, seja ele escrito e assinado, ou apenas assinado, presumem-se verdadeiras em relação aos seus signatários.

Embora desnecessário, a lei refere que o documento particular prova a ciência quanto a determinado fato, mas não o fato em si, o que dependerá, conforme o caso, de demonstração pela parte interessada.

De outra parte, nos termos do art. 426 do CPC, existindo, eventualmente, em parte substancial do documento, entrelinhas (escritos

---

[409] Alexandre Freitas Câmara adota orientação mais liberal: "A prática forense, porém, tem sido flexível, e se tem admitido a produção da prova documental a qualquer tempo, desde que ainda seja possível ouvir-se a parte adversária e, com isso, respeitar-se a garantia constitucional do contraditório. A busca da verdade como fim último da prova e a firme convicção na instrumentalização do processo devem levar a que se aceite essa prática como legítima" (*Lições de direito processual civil*, 23ª ed., São Paulo: Atlas, 2012, p. 453).

entre linhas do documento), emendas, borrões ou cancelamentos, não ressalvados expressamente pelos interessados, caberá ao juiz avaliar, sempre fundamentando as suas conclusões, a credibilidade (a fé) do documento.

Havendo dúvida quanto à data do documento particular, a lei estabelece uma série de presunções para a superação da questão relativamente a terceiros interessados, nos termos do art. 409 do CPC, determinando que, relativamente às partes, havendo controvérsia, a questão deverá ser objeto de prova.

Finalmente, a fé do documento público ou particular cessa no caso de restar reconhecida judicialmente a sua falsidade (art. 427 do CPC).

Quanto ao documento particular, cessa também a sua fé se impugnada a sua autenticidade, enquanto não provada a veracidade; também cessa a sua fé se, assinado em branco, restar impugnado o respectivo conteúdo, sob a alegação de preenchimento abusivo (art. 428 do CPC).

8.2.3.2. Arguição de falsidade documental

Consoante o art. 427 do CPC, a falsidade consiste em formar documento não verdadeiro e/ou em alterar documento verdadeiro.

Ensina Humberto Theodoro Júnior que "... formar um documento não verdadeiro é criar um documento por inteiro, e alterar documento verdadeiro é apenas inserir novidade no documento para modificar o sentido da declaração nele contida".[410]

Na maioria dos casos, portanto, cogita-se, essencialmente, de vício na elaboração física do documento, não havendo interferência, propriamente, na vontade declarada, em situação que caracteriza a chamada falsidade material.

Por outro lado, quando há vício no conteúdo do documento, cogita-se, então, da chamada falsidade ideológica.

Na precisa definição de Moacyr Amaral Santos, "a falsidade ideológica diz respeito à substância do ato ou do fato representado no

---

[410] *Curso de direito processual civil*, vol. I, 47ª ed., Rio de Janeiro: Forense, 2007, p. 514. E prossegue: "Forma-se, materialmente, um documento falso quando, por exemplo, se utiliza papel assinado em branco e nele se lança uma declaração nunca formulada, nem desejada pelo signatário; ou quando se utiliza apenas a parte final de um texto, de onde se extrai a assinatura da parte para incluí-la num outro texto totalmente diverso do primeiro" (p. 513-514). E, ainda: "altera-se um instrumento quando não se cria um documento novo, mas apenas se modificam palavras, cláusulas ou termos de escrito preexistente" (p. 514).

documento. Materialmente o documento é perfeito; no entanto, traduz ideias, declarações, notícias, falsas".[411]

Predomina na doutrina a orientação de que apenas a falsidade material enseja o incidente, como se vê, entre outros, da lição de Cassio Scarpinella Bueno: "A doutrina amplamente vencedora sustenta que a argüição de falsidade só tem cabimento nos casos de falsidade material do documento, isto é, o suporte físico ou material do próprio documento ..., não nas hipóteses de falsidade ideológica, isto é, do próprio conteúdo do documento ..., cuja impugnação impõe a tomada de outras medidas ao longo do próprio processo ... e, até mesmo, se este for o caso, uma renovada provocação do Estado-juiz com vistas à prestação jurisdicional tendente à declaração de nulidade ou à desconstituição do ato jurídico corporificado no documento".[412]

De outro lado, a inexistência de falsidade material e de falsidade ideológica determinaria a idoneidade do documento. No dizer de Humberto Theodoro Júnior, "o documento é idôneo quando a declaração é verdadeira e a assinatura é autêntica. Em regra, estabelecida a autenticidade do documento, presume-se verdadeira a declaração nele contida".[413]

Na hipótese de apresentação de documento falso nos autos do processo compete ao interessado a arguição da respectiva falsidade, o que deve ser promovido na contestação (se o documento impugnado foi anexado com a petição inicial) ou na réplica (se o documento impugnado foi anexado com a contestação), nos termos do art. 430 do CPC.

---

[411] *Primeiras linhas de direito processual civil*, 2º vol., 23ª ed., revista e atualizada por Aricê Moacyr Amaral Santos, São Paulo: Saraiva, 2004, p. 424. Humberto Theodoro Júnior, em seu turno, ensina que "... quando a declaração, consciente ou inconscientemente, revela um fato inverídico, ocorre o que se chama falsidade ideológica, que corresponde ao fruto da simulação ou dos vícios de consentimento (erro, dolo e coação)" (*Curso de direito processual civil*, vol. I, 47ª ed., Rio de Janeiro: Forense, 2007, p. 513).

[412] *Curso sistematizado de direito processual civil*, vol. 2, t. 1, São Paulo: Saraiva, 2007, p. 287. No mesmo sentido Humberto Theodoro Júnior: "A falsidade ideológica enseja anulação do ato jurídico, mas isto só pode ser pretendido em ação própria (principal ou reconvencional) em que se busque uma sentença constitutiva. Para tanto, não se presta a simples impugnação em contestação, nem tampouco o incidente de falsidade, pois a primeira é simples resistência passiva do réu e o segundo é apenas o de função declaratória. Nem um nem o outro tem a força desconstituída capaz de desfazer o ato jurídico viciado ideologicamente" (*Curso de direito processual civil*, vol. I, 47ª ed., Rio de Janeiro: Forense, 2007, p. 513). Assim também Luiz Guilherme Marinoni, Sérgio Cruz Arenhart e Daniel Mitidiero: "De fato, se um documento, materialmente verdadeiro, reflete fato que efetivamente não ocorreu, ou então que ocorreu de forma diversa, normalmente a questão se resolverá em termos de prova (e contraprovas) produzidas no processo, sendo desnecessário recorrer à via desse incidente para solucionar a controvérsia" (*Novo curso de processo civil*, vol. 2: tutela dos direitos mediante procedimento comum, 2ª ed., São Paulo: Revista dos Tribunais, 2016, p. 393).

[413] *Curso de direito processual civil*, vol. I, 47ª ed., Rio de Janeiro: Forense, 2007, p. 512.

Nas demais situações, para documentos anexados posteriormente aos autos, a arguição de falsidade, ainda na esteira do mencionado dispositivo legal, deverá ser apresentada por petição avulsa do interessado, no prazo de 15 (quinze) dias, estes contados da intimação (ciência) da juntada do documento ao processo.

A parte que alega a falsidade de documento deve apresentar os motivos que justificam a sua afirmação e o respectivo pleito de reconhecimento da falsidade, indicando, também, os meios com que pretende fazer prova do alegado (art. 431 do CPC).

Nos termos do art. 429 do CPC, no caso de alegação de falsidade do documento, ou de preenchimento abusivo, o ônus da prova é de quem suscita o fato; no caso de impugnação à autenticidade do documento, o ônus de demonstrar a sua legítima autoria é da parte que produziu o documento.

O procedimento da arguição de falsidade é singelo.

Inicialmente, depois de suscitada a questão pelo interessado (em contestação, réplica ou em petição avulsa), o juízo deve assegurar o direito fundamental ao contraditório, possibilitando a manifestação da parte adversa (em especial, a manifestação daquele que juntou o documento supostamente falso), no prazo de quinze dias (art. 432 do CPC).

Superado o prazo, com ou sem manifestação do adversário, o juízo deve determinar a realização de prova técnica (exame pericial), para o esclarecimento da controvérsia (ainda nos termos do art. 432 do CPC).

A prova técnica, em princípio, é a única adequada à aferição da falsidade, ou não, do documento. Não se pode excluir, contudo, a eventual possibilidade de produção de outros meios de prova, desde que se demonstrem úteis e adequados nas condições do caso concreto.

A perícia não será realizada, contudo, se a parte que juntou o documento aos autos concordar em retirá-lo (parágrafo único do art. 432 do CPC), circunstância em que restará prejudicada a discussão quanto à suposta falsidade documental.

Em tal hipótese, convém salientar, não se pode presumir a falsidade do documento, tampouco a má-fé da parte que o juntou, a qual, diante da arguição de falsidade suscitada pelo adversário, poderá, conforme os seus interesses, e de acordo com a sua estratégia processual, simplesmente optar por não levar a discussão adiante (por exemplo, para evitar maior retardamento do feito, ou, ainda, para evitar a realização de novas despesas no processo), mesmo convencida, eventualmente, da autenticidade do seu documento.

Realizada a perícia, caberá ao juiz, diante dos elementos de ponderação disponíveis nos autos, em especial daqueles decorrentes da análise pericial, decidir quanto à falsidade, ou não, do documento, fundamentando, obviamente, as suas conclusões.

Consoante dispõe o art. 431 do CPC, o exame da falsidade, ou não, do documento, ocorrerá, de regra, como mera questão incidente ao processo, salvo se for objeto de pedido específico da parte, na petição inicial ou na reconvenção, nos termos do art. 19, inc. II, do CPC, hipótese em que o juízo se pronunciará em decisão de mérito, reconhecendo, ou não, a falsidade alegada, com a consequente produção de coisa julgada material (art. 433 do CPC).

De outra maneira, a apreciação da arguição de falsidade, de regra, dá-se como mera questão incidente ao processo (*incidenter tantum*), ainda que possa repercutir, posteriormente, no exame do mérito da lide, não ensejando, em tal condição, a produção de coisa julgada material.

Contudo, se houver pedido específico da parte a respeito, a questão deverá ser resolvida na via principal (*principaliter*), ou seja, em sentença, situação em que a decisão sobre a falsidade, ou não, do documento, ensejará, inclusive, a formação da coisa julgada material.

A matéria, contudo, suscita reflexão, considerado o disposto no art. 503, § 1º, do CPC, que determina que a questão prejudicial poderá fazer coisa julgada material, se presentes as condições indicadas: a) se dela depender o julgamento do mérito da causa; b) se houve contraditório efetivo a respeito; c) e se o juiz tiver competência para resolvê-la como questão principal.

Ao que parece, mesmo apreciada a falsidade como questão incidente, a decisão do juízo, em tese, nos termos do aludido art. 503 do CPC, poderá fazer coisa julgada.[414]

Seja como for, considerada a recente vigência do CPC, o deslinde da questão dependerá dos debates a serem travados em sede doutrinária e jurisprudencial.

---

[414] Assim a orientação de Luiz Guilherme Marinoni, Sérgio Cruz Arenhart e Daniel Mitidiero: "Ao que parece, sujeitar a situação em exame a um regime diferente de qualquer outra questão prejudicial seria um absoluto contrassenso. Da fato, nada justificaria que a apreciação de qualquer questão prejudicial pudesse estar acobertada pela coisa julgada, nos termos do art. 503, § 1º, do CPC, à exceção, apenas, da matéria da falsidade, ou da autenticidade de documento. Assim, parece que uma interpretação sistemática do código indica a conclusão de que a análise sobre a falsidade ou autenticidade de documento sempre se sujeitará à coisa julgada, independentemente de requerimento da parte, exceto quando não puderem ser observadas as condições do art. 503, §§ 1º e 2º" (*Novo curso de processo civil*, vol. 2: tutela dos direitos mediante procedimento comum, 2ª ed., São Paulo: Revista dos Tribunais, 2016, 392).

9.2.3.3. Ata notarial

O inc. III do art. 7º da Lei n. 8.935/1994 estabelece a competência dos tabeliões de notas para lavrar atas notariais.

Consoante Luiz Guilherme Marinoni, Sérgio Cruz Arenhart e Daniel Mitidiero, a ata notarial "... é o instrumento público por meio do qual o notário certifica – por meio da sua condição pública, e do decorrente dever de imparcialidade – a ocorrência de certo fato, por ele presenciado".[415]

Nos termos do art. 384 do CPC, "a existência e o modo de existir de algum fato podem ser atestados ou documentados, a requerimento do interessado, mediante ata lavrada por tabelião", o que abrange também a possibilidade de nela constarem dados representados por imagem ou som gravados em arquivos eletrônicos.

Inegável, portanto, a utilidade da ata notarial, documento público, passível de utilização em inúmeras circunstâncias.

Embora a fé pública do notário, o juízo deve apreciar com cautela a ata notarial, como bem adverte Fredie Didier Jr.: "Por se tratar de documento público, a ata notarial faz prova não só da sua formação, mas também dos fatos que o tabelião declarar que ocorreram em sua presença (art. 405, CPC). Quando utilizada em juízo, no entanto, é preciso ter em mente que se trata, normalmente, de meio de prova produzido unilateralmente. Por mais que o tabelião goze de fé pública, a documentação normalmente é feita sem a presença da parte contra quem o documento é produzido no processo – que, por isso mesmo, não pode interferir no procedimento probatório, tal como teria o direito (fundamental) de fazer caso a mesma diligência fosse realizada em juízo".[416]

---

[415] *Novo curso de processo civil*, vol. 2: tutela dos direitos mediante procedimento comum, 2ª ed., São Paulo: Revista dos Tribunais, 2016, p. 397. E prosseguem: "Distingue-se, comumente, a ata notarial e a escritura pública, na medida em que esta última se presta para a documentação de atos e negócios jurídicos, certificando a vontade das partes interessadas. Já a ata notarial tem por finalidade específica a descrição de um fato que foi presenciado pelo notário (...) O papel da ata notarial, portanto, é estritamente o de atestar a ocorrência de fato que, porque presenciado por autoridade dotada de fé pública, é capaz de produzir 'declaração' que goza de presunção de veracidade" (p. 398). Fredie Didier Jr. (*Curso de direito processual civil*, vol. 2, 11ª ed., Salvador: Jus Podivm, 2016, p. 218) exemplifica: "... pode-se pedir que o tabelião documente o estado de conservação de um bem, a divulgação de obra protegida por direito autoral sem a indicação precisa da autoria, o conteúdo de um determinado site da internet, a presença de uma certa pessoa em num determinado lugar, a opinião caluniosa, injuriosa ou difamatória proferida por alguém num site ou aplicativo de relacionamento, a perturbação da paz num condomínio residencial por força de uso indevido de aparelho sonoro, a contaminação de um ambiente por substância odorífera proveniente de atividade realizada por estabelecimento vizinho, o testemunho de determinada pessoa acerca de uma situação de fato, dentre tantas outras coisas".

[416] *Curso de direito processual civil*, vol. 2, 11ª ed., Salvador: Jus Podivm, 2016, p. 219.

Ainda assim, cuidando-se de documento público, resultam evidentes as vantagens da ata notarial, mesmo sujeitando-se ela à valoração pelo juízo e a eventuais impugnações da parte adversa.

8.2.3.4. Documentos eletrônicos

O documento eletrônico é aquele existente em formato digital, consistindo, portanto, em uma sequência de *bits*, a qual, traduzida por programas de computador, será representativa de um fato, não necessariamente registrando escritos, mas abrangendo também desenhos, vídeos, áudios, etc.[417]

A progressiva importância dos documentos eletrônicos na vida humana é fato notório, e o processo não poderia permanecer indiferente à circunstância, como bem refere Cassio Scarpinella Bueno: "... mesmo que houvesse qualquer alteração na lei processual civil ... não se poderia recusar a existência do chamado 'documento eletrônico', isto é, aquele confeccionado ou produzido por meios eletrônicos mais diversos (internet, *e-mail*, computadores) que pode ser apresentado em juízo e deve ser examinado (valorado) como qualquer outro documento. O ser 'eletrônico', destarte, relaciona-se unicamente com o suporte material do documento e não com o seu regime jurídico".[418]

Os documentos eletrônicos, portanto, também são admitidos como prova, determinando a lei que, no caso do processo convencional (não eletrônico), sejam os mesmos impressos, assegurada a verificação da sua autenticidade (art. 439).

Dispõe a lei que, se não convertido para a forma impressa, caberá ao juiz apreciar o valor probante do documento, depois de assegurado o acesso das partes ao seu teor (art. 440).[419]

A questão do documento eletrônico enseja particularidades na avaliação da sua autenticidade e integridade, advertindo Fredie Didier Jr. que "somente a certeza quanto a esses dados é que poderá garantir a eficácia probatória desses documentos".[420]

---

[417] Augusto Tavares Rosa Marcacini, O documento eletrônico como meio de prova, disponível em <www.advogado.com/internet/zip/tavares.htm>, *apud* Fredie Didier Jr., Curso de direito processual civil, ob. cit., p. 221.

[418] *Curso sistematizado de direito processual civil*, vol. 2, t. 1, São Paulo: Saraiva, 2007, p. 277.

[419] Consoante refere Fredie Didier Jr., "o documento eletrônico não-convertido em papel não perde, só por isso, a sua eficácia probatória. Seria esdrúxulo se assim fosse: o original do documento valeria menos que a sua cópia" (*Curso de direito processual civil*, vol. 2, 11ª ed., Salvador: Jus Podivm, 2016, p. 227).

[420] *Curso de direito processual civil*, vol. 2, 11ª ed., Salvador: Jus Podivm, 2016, p. 222.

Por isso mesmo, tanto as partes, como o órgão judicial, na criação do documento e na sua valoração, devem considerar as técnicas existentes quanto à segurança da autenticidade do documento (exemplificativamente, senhas digitais, assinatura digital, identificação biométrica, criptografia, etc.) e a sua integridade (proteção e armazenamento do documento).

8.2.3.5. Exibição de documentos

A exibição de documentos está disciplinada nos arts. 396 a 404 do CPC.

Como é notório, nem sempre dispõem as partes de todos os documentos pertinentes ao litígio, a serem apresentados no processo, os quais podem estar em poder, inclusive, do próprio adversário ou, eventualmente, de terceiros. Por vezes, aliás, tais documentos podem ser relevantes ao deslinde do feito.[421]

Em situações assim, resulta admissível o requerimento da parte, dirigido ao juiz, no sentido de que seja determinada a exibição do documento pretendido.[422]

Quando se cuida de pleito de exibição dirigido ao adversário, portanto à outra parte, o pedido de exibição constitui mero incidente processual, instaurado no âmbito do feito já em curso entre as partes; por isso mesmo, como se verá adiante, o adversário será intimado para se manifestar sobre a pretensão.

Não obstante, quando o pedido de exibição se dirige ao terceiro, assume tal postulação a natureza de ação, determinando a lei, como se verá, a citação do terceiro para oferecer resposta.

---

[421] Oportuna a lição de Araken de Assis: "A exibição incidental é meio probatório autônomo, no direito brasileiro, em virtude do já mencionado caráter compulsório da produção do documento e da coisa. Dispondo as partes da fonte de prova indispensável à prova das suas alegações de fato, ou dela se apropriando no âmbito da autonomia privada, as coisas em geral, e os documentos em particular, são adquiridos pelo processo por iniciativa voluntária de quem participa do processo. Ao invés, encontrando-se a fonte da prova, particularmente os documentos, na posse da contraparte, compreensivelmente relutante em cooperar com o adversário, e de terceiro, por qualquer motivo reticente, há que existir mecanismo de produção compulsória. A prova que surgirá da exibição compulsória da fonte consiste no conhecimento adquirido pelo juiz do conteúdo do documento ou da coisa" (*Processo civil brasileiro*, vol. III, em ebook, São Paulo: Revista dos Tribunais, 2015, item 1.891).

[422] Relevante, no tópico, a lição de Luiz Guilherme Marinoni, Sérgio Cruz Arenhart e Daniel Mitidiero: "A exibição constitui figura estranha na matéria de prova. Não porque seja inábil para aportar ao processo meios de prova, mas porque não constitui verdadeira prova, e sim mero mecanismo de obtenção de elementos de prova" (*Novo curso de processo civil*, vol. 2: tutela dos direitos mediante procedimento comum, 2ª ed., São Paulo: Revista dos Tribunais, 2016, p. 354).

Em tal contexto, o pedido de exibição é mero incidente processual, quando dirigido à parte, e ação judicial, quando dirigido ao terceiro.[423]

Consoante dispõe o art. 396 do CPC, o juiz pode ordenar que a parte exiba o documento que se encontre em seu poder.

Para tanto, compete ao requerente (da exibição do documento), formular o respectivo pedido, nos termos do art. 397 do CPC, atendendo aos requisitos legais: a) individualizar o máximo possível o documento; b) justificar a finalidade da prova, expondo os fatos relacionados ao documento pretendido; c) explicitar as circunstâncias indicativas de que o documento existe e está em poder do adversário (este último denominado de requerido).

Nos termos do art. 398 do CPC, o juízo deverá assegurar o contraditório, determinando a intimação do requerido,[424] que poderá se manifestar sobre o pedido de exibição no prazo de cinco dias.

Afirmando o adversário não possuir o documento, o juízo permitirá que o requerente prove, por qualquer meio, que a declaração do requerido não corresponde à verdade.

Admissível, de outra parte, que o juiz determine a exibição de documento por terceiro, hipótese em que este deverá ser citado, possuindo prazo de resposta de quinze dias (art. 401 do CPC).

Se o terceiro, em seu turno, negar o dever de exibição ou afirmar não possuir o documento, o juiz determinará a realização de audiência, permitindo a produção das provas e, após, decidindo a respeito.

---

[423] Assim a lição de Araken de Assis, referindo doutrina: "Em relação à contraparte, o interessado em produzir prova para atestar a veracidade das suas alegações formulará pedido (art. 397, *caput*; art. 400, *caput*), hipótese em que o juiz ordenará a intimação do 'requerido' para responder em cinco dias; no tocante ao terceiro, o juiz mandará citá-lo para responder em quinze dias (art. 401) e proferirá decisão. Parece significativa a modalidade da comunicação (intimação e citação). Assim, trata-se de incidente – ou melhor, procedimento probatório –, no caso de exibição contra a parte, e de pretensão autônoma ('ação') contra o terceiro. A exibição contra terceiro é 'pequena demanda, a ação ad exhibendum, dentro da outra, mas autônoma'. Não é aceitável atribuir natureza idêntica aos dois casos" (*Processo civil brasileiro*, vol. III, em *ebook*, São Paulo: RT, 2015, item 1.893). No mesmo sentido Luiz Guilherme Marinoni, Sérgio Cruz Arenhart e Daniel Mitidiero: "Dirigindo-se contra a parte, será mero incidente processual, que não culminará diretamente em decisão, mas, ao contrário, na exibição do documento ou na pena da admissão do fato probando na sentença final. De outro lado, havendo a determinação de exibição contra terceiro, existirá verdadeira ação incidental, que terá por ápice sentença em que o juiz determinará a exibição, liberará o terceiro desta imposição (por ter como legítima a recusa em fazê-lo) ou apenas declarará a satisfação da pretensão à exibição (porque esta ocorreu espontaneamente)" (*Novo curso de processo civil*, vol. 2: tutela dos direitos mediante procedimento comum, 2ª ed., São Paulo: RT, 2016, p. 357).

[424] Consoante adverte Fredie Didier Jr., no caso de inércia ou de recusa ilegítima da parte à exibição, o art. 400 do CPC prevê a possibilidade da presunção de veracidade do fato que se pretendia provar com o documento, contexto em que "... é necessário que conste do instrumento de intimação dirigido ao requerido a advertência quanto à possibilidade de sua imposição, acaso permaneça silente ou se recuse, ilegitimamente, a exibir o documento/coisa" (*Curso de direito processual civil*, vol. 2, 11ª ed., Salvador: Jus Podivm, 2016, p. 239).

A recusa à exibição, pela parte ou pelo terceiro, pode ser legítima ou ilegítima.

No que tange à parte, a recusa à exibição do documento não será admissível nos casos especificados no art. 399 do CPC: a) se o requerido tiver o dever legal de exibir o documento; b) se o requerido tiver feito referência ao documento no processo, com o intuito de constituir prova; c) se o documento, em razão do seu conteúdo, for comum às partes.

Em todos esses casos, portanto, é inadmissível a recusa do requerido, a quem compete a exibição do documento.

Por outro lado, tanto a parte como o terceiro podem recusar-se à exibição nas hipóteses previstas no art. 404 do CPC, não sendo, portanto, obrigados a exibir o documento: a) se concernente a negócios da própria vida da família; b) se a sua apresentação puder violar dever de honra; c) se a publicidade do documento redundar em desonra à parte ou ao terceiro, bem como a seus parentes consanguíneos ou afins até o terceiro grau, ou lhes representar perigo de ação penal; d) se sua exibição acarretar a divulgação de fatos a cujo respeito, por estado ou profissão, devam guardar segredo; e) se subsistirem outros motivos graves que, segundo a convicção judicial, justifiquem a recusa da exibição; e) se houver vedação legal à exibição.[425]

Cuida-se, aqui, de conceitos indeterminados, de modo que caberá ao juízo avaliar as circunstâncias concretas, de maneira a aferir se, no caso, efetivamente se desenha hipótese de legítima recusa à exibição.[426]

O parágrafo único do art. 404 do CPC, em seu turno, admite a exibição de apenas uma parte do documento quando as situações antes referidas estiverem relacionadas exclusivamente a uma fração do documento.

---

[425] Relevante a lição de Araken de Assis: "Os três primeiros incisos do art. 404 estão intimamente conexos. Tutelam-se, aí, a intimidade, a vida privada, a honra e a imagem da pessoa. Exemplos: (a) o valor do mútuo que permitiu ao marido adquirir a residência familiar; (b) o livro com dedicatória amorosa, ou de teor comprometedor, porque obscena, presenteado à antiga namorada; (c) a fotografia em que um dos parentes da parte ou do terceiro aparece em posição aviltante, mas que a provaria a presença de uma das partes em determinado lugar ou oportunidade" (*Processo civil brasileiro*, vol. III, em *ebook*, São Paulo: Revista dos Tribunais, 2015, item 1.902.1).

[426] Ensina Fredie Didier Jr.: "Trata-se de situação em que o magistrado tem que ponderar os interesses em jogo, valendo-se para tanto do postulado da proporcionalidade. Se a recusa se encaixar numa dessas hipóteses e o bem da vida em que ela se funda merecer, em caso concreto, maior proteção, mesmo em sacrifício de direito fundamental à prova da parte contrária ou do bem jurídico que com ela se buscava resguardar, o juiz a terá como legítima e dispensará a exibição" (*Curso de direito processual civil*, vol. 2, 11ª ed., Salvador: Jus Podivm, 2016, p. 237).

Nos termos do art. 400 do CPC, se o requerido não efetuar a exibição, nem fizer qualquer declaração no prazo de manifestação, ou se a sua recusa for considerada ilegítima, o juízo deverá admitir como verdadeiros os fatos que, por meio do documento, a parte requerente pretendia provar.

Trata-se de presunção relativa, cumprindo ao juízo avaliar a sua ocorrência por ocasião da sentença.[427]

Admite-se, não obstante, que o magistrado adote medidas coercitivas para a obtenção do documento (art. 400, parágrafo, único, do CPC).

Se o terceiro, sem justo motivo, recusar-se à exibição, o juiz ordenará o depósito do documento no prazo de cinco dias, respondendo o requerente pelas despesas respectivas (art. 403 do CPC).

No caso de descumprimento da ordem, o juízo determinará a expedição de mandado de apreensão, requisitando, se necessário, força policial, sem prejuízo de outras medidas coercitivas, além de apuração de responsabilidade por crime de desobediência.

8.2.4. Testemunhal

Juliana Leite Ribeiro do Valle

8.2.4.1. Generalidades

Nos povos primitivos, a *"palavra oral"* (por oposição a *escrita*) era o principal meio de expressão entre as pessoas, pois o *conhecimento* dos fatos se dava através da narração, mais ou menos fiel, que se transmitia de pessoa para pessoa. Assim é que a prova testemunhal, de início, era a mais usual para demonstração de fatos ou afirmações. Por razões diversas, a prova testemunhal sofreu restrições, desde o Direito Romano, mas sempre se reafirmou sua importância na atividade probatória das partes.[428]

---

[427] Merece referência a lição de Araken de Assis: "O provimento que acolher a pretensão à exibição incidental prescinde da aplicação ou da cominação, desde logo, da presunção de veracidade prevista no art. 400, *caput*. O juiz empregará a presunção, ou não, no julgamento da causa. Tal não significa omissão no provimento. O juiz resolverá as questões de fato (*v.g.*, definindo se o documento encontra-se, ou não, na posse da contraparte) e as questões de direito (*v.g.*, se existe, ou não, sigilo a ser preservado) porventura suscitadas e debatidas, declarando que o vencido submeter-se-á, *opportuno tempore*, ao efeito traçado no art. 400, *caput*". (*Processo civil brasileiro*, vol. III, em *ebook*, São Paulo: Revista dos Tribunais, 2015, item 1.905).

[428] Sobre o tema, ver a síntese de KIELMANOVICH, Jorge L. *Teoría de la prueba y médios probatorios*. 3. ed. Buenos Aires: Rubinzal-Culzoni Editores, 2004, p. 187-196.

Em que pese sempre haver "um certo coeficiente pessoal na percepção e na evocação mnemónica, que torna, necessariamente, incompleta a recordação",[429] a prova testemunhal "não é mais nem menos importante do que os outros meios probatórios, a não ser naqueles casos em que a lei exija a forma solene para reconhecer eficácia ao ato jurídico",[430] não havendo qualquer hierarquia entre os meios de prova, conforme disposição expressa do art. 369 do CPC/2015. Pelo contrário, há casos em que o juiz só terá a sua disposição a prova testemunhal para conhecer/convencer das alegações sobre os fatos deduzidas em juízo, sendo muito relevante, por exemplo, em ações de estado, de capacidade das pessoas, que discuta sobre alimentos, no caso de acidentes de trânsito e, ainda, exemplificativamente, nas ações possessórias.[431]

8.2.4.2. Conceito e Admissibilidade

A prova testemunhal é aquela na qual alguém declara em juízo, de forma desinteressada e imparcial, fatos ou circunstâncias que tenha presenciado. "A prova testemunhal pode definir-se como a declaração de ciência de um terceiro que não é parte na lide, que tem por objeto a narração sob juramento de um facto pretérito ou atual de que o declarante tem conhecimento direto ou indireto".[432]

A pessoa que presta essa declaração chama-se testemunha. Para Moacyr Amaral dos Santos, a testemunha é a "pessoa que declara em juízo acerca de um fato, ou suas circunstâncias, para provar-lhe a existência ou inexistência".[433]

Como regra, a prova testemunhal é sempre admissível (art. 442 do CPC/2015), salvo nos casos expressos em lei.

"O reconhecimento da existência de um direito constitucional à prova implica a adoção do critério da *máxima virtualidade e eficácia*, o qual procura admitir todas as provas que sejam hipoteticamente

---

[429] ALTAVILLA, Enrico. *Psicologia Judiciária*. V. II. Trad. Fernando de Miranda. 3. ed. Coimbra: Armênio Amado, 1982, p. 252. Sobre o tema, ver: PIRES DE SOUSA, Luís Filipe. *Prova testemunhal*. Almedina: Coimbra, 2013.

[430] THEODORO JÚNIOR, Humberto. *Curso de Direito Processual Civil*. V. I, 52. ed. Rio de Janeiro: Forense, 2011, p. 479.

[431] REINTEGRAÇÃO DE POSSE. REQUISITOS DO ART.927, CPC. PROVA. A prova da posse anterior, do esbulho e da perda da posse conduz à procedência da ação. Art. 927, CPC. Importância da prova testemunhal. Negaram provimento (Tribunal de Justiça do Estado do Rio Grande do Sul. APC 70037375839, 19ª CC, Rel. Des. Carlos Rafael dos Santos Júnior, 14/06/2011).

[432] PIRES DE SOUSA, Luís Filipe. *Prova testemunhal*. Almedina: Coimbra, 2013, p. 140.

[433] SANTOS, Moacyr Amaral. *Prova judiciária no cível e comercial*. v. 3. 4. ed. São Paulo: Saraiva, 1972. p. 44.

idôneas a trazer elementos cognitivos a respeito dos fatos da causa, dependentes de prova".[434] Assim, a prova inadmissível é aquela que não pode ingressar no processo, assim considerada, objetivamente, quando não for relevante, conforme art. 370, parágrafo único, do CPC/2015[435] ou quando há regra legal que restrinja a produção de determinada prova.

8.2.4.2.1. Inadmissibilidade da prova testemunhal

No que se refere à prova testemunhal, o art. 443 do CPC/2015 prevê que o juiz indeferirá a inquirição de testemunhas sobre fatos (i) já provados por documentos ou confissão da parte; e (ii) que só por documento ou por exame pericial puderem ser provados, sem que isso importe em cerceamento de defesa.

No inciso I do artigo 443 do CPC/2015, a dispensa da prova testemunhal se dá porque já há prova documental que demonstra a veracidade da alegação sobre o fato ou porque há confissão.

No que diz respeito ao fato provado pela confissão da parte, pode-se afirmar que o fato deixa de ser controverso e, considerando que deve ser objeto de prova somente as alegações sobre fatos controversos, não há motivo para a produção da prova testemunhal ou qualquer outro meio, respeitando-se, assim, o princípio da efetividade.[436]

O mesmo se pode concluir acerca da alegação já demonstrada por prova documental. Não se deve iniciar o longo caminho da instrução, com oitiva de testemunhas para provar uma alegação já demonstrada através da prova documental. No entanto, para que a prova testemunhal não seja admitida, é importante que se compreenda o momento em que a prova documental foi produzida, bem como a ausência de impugnação ou arguição de falsidade no momento oportuno. Assim, a prova documental *já* foi produzida pelo autor na petição inicial e pelo réu na contestação. Ademais, o réu já teve oportunidade de impugnar a prova documental produzida pelo autor quando contestou e o autor deve ter tido, na réplica, a oportunidade de impugnar a prova documental produzida pelo réu. Assim, não havendo qualquer impugnação ou mesmo arguição de falsidade, o juiz não deve deferir a

---

[434] CAMBI, Eduardo. *A prova civil. Admissibilidade e relevância*. São Paulo: Revista dos Tribunais, 2006, p. 35.

[435] Art. 370. Caberá ao juiz, de ofício ou a requerimento da parte, determinar as provas necessárias ao julgamento do mérito. Parágrafo único. O juiz indeferirá, em decisão fundamentada, as diligências inúteis ou meramente protelatórias.

[436] MARINONI, Luiz Guilherme; ARENHART, Sérgio Cruz. *Prova e Convicção*. De acordo com o CPC de 2015. 3. ed. São Paulo: Revista dos Tribunais, 2015, p. 792.

produção de prova testemunhal para comprovação daquela alegação já demonstrada através do documento.[437] *A contrario sensu*, se houver impugnação ou arguição de falsidade, deve-se admitir a prova testemunhal, não se admitindo o julgamento antecipado da lide.

O inciso II do art. 443 do CPC/2015 dispõe que a prova testemunhal não será admitida porque o ato ou negócio jurídico se instrumentaliza através do documento; o documento é da substância do ato. Trata-se de forma prescrita em lei, cuja solenidade não pode ser relevada pelas partes. Nos casos em que negócio jurídico deve ser realizado através de instrumento público (art. 108 do CC), o art. 406 do CPC/2015 estabelece que "nenhuma outra prova, por mais especial que seja, pode suprir-lhe a falta". O mesmo pode-se dizer dos contratos formais que devem ser realizados por meio de instrumento particular, como é o caso da fiança (art. 819 do CC). A prova testemunhal também não será admitida quando se pretende comprovar alegação sobre fato que dependa de conhecimento técnico especializado. Nesses casos, somente a prova pericial é capaz de demonstrar a veracidade da alegação, não sendo admitido que uma pessoa sem a necessária expertise demonstre a veracidade do fato.

8.2.4.2.2. Admissibilidade da prova testemunhal diante de início de prova por escrito

O artigo 444 do CPC/2015 diz que: "Nos casos em que a lei exigir prova escrita da obrigação, é admissível a prova testemunhal quando houver começo de prova por escrito, emanado da parte contra a qual se pretende produzir a prova". Trata-se de hipótese em que a parte apresenta um documento que não é suficiente para convencer o juiz quanto à existência do negócio jurídico solene, mas é capaz de permitir que o juiz avance na instrução do feito com a produção de prova testemunhal – ou outro meio de prova – capaz de complementar o "começo de prova documental".

Exemplo disso é o entendimento jurisprudencial consolidado no âmbito do Superior Tribunal de Justiça no sentido de que "é possível reconhecer o tempo de serviço rural anterior ao documento mais antigo apresentado, desde que amparado em convincente prova testemunhal colhida sob o contraditório".[438]

---

[437] ASSIS, Araken de. *Processo Civil Brasileiro*. Parte especial: procedimento comum (da demanda à coisa julgada). v. III. São Paulo: Revista dos Tribunais, 2015, p. 834.

[438] Súmula 577, Primeira Seção do STJ, julgado em 22/06/2016, DJe 27/06/2016. Ver, sobre o tema, o art. 55, § 3º, da Lei 8.213, de 24 de julho de 1991.

Importante ressaltar que esse começo de prova escrita deve ser emanado da parte contra qual se pretende produzir a prova, e não de um terceiro.[439]

8.2.4.2.3. Admissibilidade da prova exclusivamente testemunhal

O art. 445 do CPC/2015 admite a prova exclusivamente testemunhal quando a parte não tem condições de obter, moral ou materialmente, a prova escrita da obrigação, exemplificando com os casos de parentesco, de depósito necessário ou de hospedagem em hotel ou em razão das práticas comerciais do local onde contraída a obrigação. As hipóteses descritas no dispositivo referem-se a operações tradicionalmente celebradas de forma oral, sem formalidades.

Sobre negócios entre familiares (caso de parentesco), a Terceira Turma do Superior Tribunal de Justiça decidiu que, em "ação de despejo cumulada com rescisão de contrato agrário, configura cerceamento de defesa a negativa do direito de produção de prova exclusivamente testemunhal para fins de comprovar a existência de benfeitorias indenizáveis [...], sobretudo quando da impossibilidade de prova documental, no caso de negócio entre familiares (mãe e filho) marcados pela informalidade (arts. 401, 402, II, do CPC c/c art. 92, § 8º, do Estatuto da Terra)", indicando com precedentes os seguintes julgamentos: REsp 260.903-ES, DJ 1º/9/2003; REsp 423.680-PR, DJ 10/3/2003, e REsp 303.546-MT, DJ 13/5/2002" (REsp 651.315-MT, Rel. Min. Castro Filho, julgado em 9/8/2005).[440]

Também no âmbito do Superior Tribunal de Justiça, há forte jurisprudência no sentido de que "para a concessão de pensão por morte, é possível a comprovação da união estável por meio de prova exclusivamente testemunhal".[441]

Os negócios relativos à hospedagem em hotel e depósito necessário (arts. 647 ss. do Código Civil) também são de marcada informalidade, sendo que legislação civil, para o caso de depósito necessário em razão de calamidade, indica que o depósito se prova por qualquer meio (art. 648, parágrafo único, do Código Civil).

---

[439] MARINONI, Luiz Guilherme; ARENHART, Sergio Cruz; MITIDIEIRO, Daniel. *Novo Código de Processo Civil comentado*. 2. ed. São Paulo: Revista dos Tribunais, 2016, p. 535.

[440] Informativo de Jurisprudência do Superior Tribunal de Justiça, n. 0255, 8 a 12 de agosto de 2005, disponível em http://www.stj.jus.br.

[441] AR 3.905-PE, Rel. Min. Campos Marques (Desembargador convocado do TJ-PR), julgado em 26/6/2013. No mesmo sentido: REsp 778.384-GO, Quinta Turma, DJ 18/9/2006; e REsp 783.697-GO, Sexta Turma, DJ 9/10/2006.

A novidade do CPC/2015 aparece na parte final do dispositivo, quando diz que a prova exclusivamente testemunhal também serve para comprovar práticas comerciais do local onde contraída a obrigação.

A origem do Direito Comercial é justamente baseada na *prática mercantil* o que determinou para que constasse "como fonte do Direito Comercial os usos e práticas comerciais, assim entendidos aqueles assentados no Registro Público de Empresas Mercantis e Atividades Afins, na forma do art. 8º, VI, da Lei 8.934/1994",[442] o que também é corroborado pela disposição do art. 113 do Código Civil, que diz que "os negócios jurídicos devem ser interpretados conforme a boa-fé e os usos do lugar de sua celebração".[443] O que o CPC/2015 prevê, em linhas gerais, é a possibilidade de provar tais práticas através da prova exclusivamente testemunhal.

O Superior Tribunal de Justiça, em ação de cobrança interposta por empresa de transporte na qual pleiteou, entre outros pedidos, o pagamento das despesas de sobre-estadia pagas aos motoristas de caminhão pelo tempo excedente da permanência para descarga no porto de entrega, entendeu possível a *produção de prova exclusivamente testemunhal para demonstrar a existência do costume comercial no qual caberia ao contratante do transporte responder pelas custas oriundas da referida sobre-estadia*. A Terceira Turma do Superior Tribunal de Justiça, neste julgamento, entendeu que exigir a existência de um assentamento dos usos e práticas mercantis no Registro Público de Empresas Mercantis e, consequentemente, prova documental, como condição para a defesa de direito, com base no uso mercantil, ignora o lento processo de desenvolvimento social de norma consuetudinária que é a ela inerente. Disse a Min. Nancy Andrighi que costume comercial estará assentado antes que surja uma oportunidade para que seja invocado em juízo, pois seu uso nasce na prática comercial, para depois se popularizar nas praças comerciais para, então, chegar ao ponto de merecer registro pela junta comercial, hoje o órgão competente para proceder ao assentamento dos usos e práticas comerciais (art. 8º, VI, da Lei n. 8.934/1994) (REsp 877.074-RJ, Rel. Min. Nancy Andrighi, julgado em 12/5/2009).[444]

---

[442] VERÇOSA, Haroldo Malheiros Duclerc. *Direito Comercial. Teoria Geral*. 4. ed. São Paulo: Revista dos Tribunais, 2014, p. 58.

[443] Sobre boa-fé, ver: MENEZES CORDEIRO, Antonio Manuel da Rocha e. *Da Boa Fé no Direito Civil*. 3ª. Reimpressão. Coimbra: Almedina, 2007.

[444] Informativo de Jurisprudência do Superior Tribunal de Justiça, n. 0394, 11 a 15 de maio de 20095, disponível em <http://www.stj.jus.br>.

O CPC/2015, no art. 446, prevê que "é lícito à parte provar com testemunhas (I) nos contratos simulados, a divergência entre a vontade real e a vontade declarada; e (II) nos contratos em geral, os vícios de consentimento".

O Código Civil, no art. 167, § 1º, dispõe que haverá simulação nos negócios jurídicos quando (I) aparentarem conferir ou transmitir direitos a pessoas diversas daquelas às quais realmente se conferem, ou transmitem; (II) contiverem declaração, confissão, condição ou cláusula não verdadeira; e (III) os instrumentos particulares forem antedatados, ou pós-datados.

Em que pese o CPC/2015 referir "contratos", não se pode ter dúvidas de que a simulação pode ocorrer em outros negócios jurídicos. Também deve ser considerada simulada, e, ao que parece, aplicável a regra probatória em comento, "a disposição feita aparentemente em benefício da pessoa designada no testamento, mas que na realidade, e por acordo com essa pessoa, vise beneficiar outra".[445]

8.2.4.3. Quem pode depor como testemunha

8.2.4.3.1. Capacidade para testemunhar e informante

É dever de todos "colaborar com o Poder Judiciário para o descobrimento da verdade" (art. 378, CPC/2015), sendo certo que o depoimento testemunhal é um dever: incumbe ao terceiro, em relação a qualquer causa, informar ao juiz os fatos e as circunstâncias de que tenha conhecimento (art. 380, I, do CPC/2015). Em caso de negativa em prestar depoimento, pode o juiz "determinar, além da imposição de multa, outras medidas indutivas, coercitivas, mandamentais ou sub-rogatórias" (art. 380, parágrafo único, do CPC/2015).[446]

---

[445] ASCENSÃO, José de Oliveira. *Direito Civil. Teoria Geral. Ações e Fatos Jurídicos.* 3. ed. São Paulo: Saraiva, 2010, p. 186. Sobre o tema, ver PRETTO, Cristiano. *Autonomia Privada e Testamento.* Liberdade e limite no direito de testar no Código Civil de 2002. Porto Alegre: Fabris, 2015.

[446] No julgamento HC 2000.01.00.139102-0, 3ª Turma do Tribunal Federal da 1ª Região, Rel. Des. Fed. Olindo Menezes, 13.03.2001, resume-se a questão da seguinte forma: "Ao receber a intimação, tenho que deveria (e deverá) impetrante comparecer perante a autoridade e ali dizer o que sabe a respeito do que lhe fosse perguntado, ou mesmo dizer que nada sabia sobre os fatos que constituem objeto do inquérito. O que não pode ser aceito é a justificativa, dada unilateralmente, de que não dispõe de conhecimentos a respeito das atividades pretéritas do órgão que dirige" [...] Não está a requerente obrigada a dizer o que não sabe, mas isso não obstaculiza o seu comparecimento perante a autoridade". O Superior Tribunal de Justiça também já proclamou que "as partes, e, com elas, os seus procuradores e advogados, tem o dever de colaborar com o magistrado e seus auxiliares na realização do direito positivo, finalidade do processo, na apuração da verdade e no andamento regular dos feitos" (REsp 4835/SP, Rel. Min. Waldemar Zveiter, 3ª Turma do STJ, DJU 17.12.1990, p. 15374) e que "não pode o terceiro, injustificadamente, recusar sua colaboração para esclarecer fatos necessário ao julgamento da causa" (RHC 8.448/PR, Rel. Min. Eduardo Ribeiro, 3ª Turma do STJ, DJU 21.6.1999, p. 148).

Partindo da premissa de que todos devem prestar depoimento quando chamados a isso, a legislação processual faz algumas restrições, prevendo que "podem depor como testemunhas todas as pessoas, *exceto* as incapazes, impedidas ou suspeitas" (art. 447 do CPC/2015). A medida tem como objetivo evitar que depoimento testemunhal seja prestado de forma viciada, isto é, afastando-se daquilo que exatamente aconteceu, seja porque não tem capacidade, como é o caso de interditado, seja porque tem algum interesse ou, constrangimento em depor. Tenta-se promover um testemunho "capaz" e "imparcial".

A capacidade está ligada à possibilidade de manifestar a vontade sem restrições de ordem psicológica (como aqueles que são acometidos por enfermidade ou deficiência mental que impedem a correta ou completa compreensão dos fatos ou enfermidades que impedem a transmissão das suas percepções), à idade (os menores de dezesseis anos) ou ausência de algum sentido (audição ou visão) quando a ciência do fato depender dos sentidos que lhes faltam. Mas isso não significa que essas pessoas não podem contribuir para a solução do conflito, salvo aqueles acometidos por enfermidade ou deficiência mental, que não prestam depoimento, pois seria inútil.

O mesmo ocorre com a ideia de imparcialidade, que, como se sabe, "é normalmente a exceção e não a regra".[447] Isso só ocorre quando os eventos ocorrem em locais públicos, quando as testemunhas, em tese, não terão nenhuma relação com os atores envolvidos. No mais, as testemunhas terão algum tipo de relação com as partes. "A multiplicidade de tendências, interesses e afetos que se cruzam nas relações humanas faz com seja quase impossível conseguir um estado de neutralidade quimicamente puro na testemunha".[448]

Por isso que "a tendência dos ordenamentos jurídicos modernos é não restringir o depoimento das pessoas que podem declarar como testemunhas, deferindo ao juiz uma maior extensão de poder para a valoração da prova testemunhal".[449]

O CPC/2015 segue essa diretriz quando prevê que, *se necessário*, o juiz poderá admitir o depoimento das testemunhas menores, impedidas ou suspeitas, sendo que estes depoimentos serão prestados independentemente de compromisso, e o juiz lhes atribuirá o valor que possam merecer (art. 447, §§ 4ª e 5º, do CPC/2015). A regra é semelhante ao descrito no Código Civil, que elenca quem não pode

---

[447] PIRES DE SOUSA, Luís Filipe. *Prova testemunhal*. Coimbra: Almedina, 2013, p. 212.
[448] Idem, p. 213.
[449] MARINONI, Luiz Guilherme; ARENHART, Sérgio Cruz. *Prova e Convicção*. De acordo com o CPC de 2015. 3. ed. São Paulo: Revista dos Tribunais, 2015, p. 804.

ser admitido como testemunha, mas prevê que o juiz pode admitir os seus depoimentos "para a prova de fatos que só elas conheçam" (art. 228 e § 1º, do Código Civil). Da leitura conjunta dos dispositivos (art. 447, § 4º, do CPC/2015 e art. 228, § 1º, do Código Civil) tem-se que, objetivamente, em duas situações, o juiz pode admitir a oitiva daqueles que "não podem ser testemunhas": quando for necessário ou em relação a fatos que só eles tenham conhecimento.

Em síntese, para alcançar a *verdade*, ao que tudo indica, é necessário que a narrativa dos fatos construída pelo juiz esteja dotada de uma justificativa racional válida, confirmada pela análise crítica de todas as provas disponíveis,[450] o que fundamenta a oitiva de pessoas que, de regra, não poderiam ser ouvidas.

O Superior Tribunal de Justiça, em sede de recurso especial que pretendia declarar erro de julgamento em razão da consideração de depoimento de testemunhas que eram amigos íntimos da parte, declarou que "o fato da amizade existente entre testemunha e vítima não pode, por si só, desqualificar o depoimento, nem, no caso, o depoimento da testemunha contraditada foi o apoio exclusivo da sentença para impor a condenação".[451] Em casos que envolvem relações familiares, também já se afirmou que "a valoração da prova é do julgador, destinatário dos atos probatórios do processo, e a circunstância de haver grau de intimidade entre testemunhas e as partes é usual em ações em que se busca demonstrar a existência, ou não, de união estável, pois são as pessoas de convivência mais estreita que podem descrever como se dava o cotidiano do relacionamento em questão".[452]

Assim, mesmo no caso de pessoas que, em tese, seriam incapazes, impedidas ou suspeitas, tendo em vista a faculdade do art. 447, § 4º, do CPC/2015 (e também a regra do art. 228, § 1º, do Código Civil), poderão ser ouvidos na condição de *informantes*, que é a denominação consagrada para designar as pessoas que depõem sem prestar compromisso, ou seja, não são testemunhas, tecnicamente. O

---

[450] TARUFFO, Michele. *Uma simples verdade. O juiz e a construção dos fatos*. Trad. Vitor de Paula Ramos. Madri: Marcial Pons, 2012, p. 278.

[451] REsp 695.000/RJ, 3ª Turma do STJ, Rel. Min. Carlos Alberto Menezes Direito, RSTJ, a. 20, n. 209, jan./mar. 2008, p. 263/276.

[452] APC 70067042895, 8ª CCTJRS, Rel. Des. Luiz Felipe Brasil Santos, 18/02/2016. No mesmo sentido: Ressalta-se que não prospera a alegação do apelante de que não produziu prova testemunhal em virtude de relacionamento de amizade havido entre suas testemunhas, haja vista que em especial no Direito de Família, as testemunhas são da intimidade das partes, pois só elas é que podem fornecer dados sobre a vida íntima e social delas (APC 70002072346, 2ª CECTJRS, Rel. Des. Marilene Bonzanini, 06/11/2001. Já se afirmou, inclusive, que em se tratando de investigação de paternidade, é mais idôneo o testemunho de pessoas amigas do que de desconhecidos (APC 595030693, 8ª CCTJRS, Rel. Des. João Andrades Carvalho, 06/04/1995).

informante, a toda evidência, não está autorizado a alterar a realidade dos fatos, embora não preste compromisso de testemunha (art. 458 do CPC/2015).

8.2.4.3.2. Incapacidade, impedimento e suspeição

O CPC/2015, art. 447, § 1º, considera *incapazes* de prestar depoimento (I) o interdito por enfermidade ou deficiência mental; (II) o que, acometido por enfermidade ou retardamento mental, ao tempo em que ocorreram os fatos, não podia discerni-los, ou, ao tempo em que deve depor, não está habilitado a transmitir as percepções; (III) o que tiver menos de dezesseis anos; e (IV) o cego e o surdo, quando a ciência do fato depender dos sentidos que lhes faltam.

No ponto, importa referir que o art. 228, I, do Código Civil também prevê que o menor de dezesseis anos não pode ser admitido como testemunha. As outras hipóteses relativas à incapacidade para ser testemunha na Lei Civil (o enfermo ou deficiente mental, o cego e o surdo) foram revogadas pela Lei 13.146/2015, que institui o Estatuto da Pessoa com Deficiência.

O Estatuto da Pessoa com Deficiência ainda acrescentou o § 2º ao art. 228 do Código Civil, segundo o qual "a pessoa com deficiência poderá testemunhar em igualdade de condições com as demais pessoas, sendo-lhe assegurados todos os recursos de tecnologia assistiva".

Assim, da leitura conjunta das regras, tem-se que não serão ouvidos aqueles acometidos por enfermidade ou retardamento mental ao tempo dos fatos, pois seu depoimento seria inútil, bem como aqueles que perderam a capacidade de retenção, ou seja, ao tempo dos fatos, compreenderam a situação e poderiam explanar sobre ela, mas ao tempo do depoimento, perderam a capacidade de transmitir, o que pode ocorrer por razões variadas, v. g., mal de Alzheimer, o que também torna seu depoimento inútil. O surdo e o mudo podem depor relativamente a fatos que a sua incapacidade não prejudica, isto é, o surdo pode depor sobre o que viu, o cego pode falar sobre o que ouviu (art. 162, III, do CPC/2015 e art. 228, § 2º, do Código Civil). No que se refere ao menor, o juiz terá a faculdade de identificar sua real capacidade, sendo sempre possível colher o depoimento do menor na condição de informante (art. 447, § 4º, do CPC/2015).

Além dos considerados pela Lei Processual como incapazes, há os *impedidos*, ou seja, aqueles que têm plena capacidade para depor mas que a Lei presume que tenham algum interesse no processo, o que tornaria seus depoimentos parciais e sem utilidade.

O art. 447, § 2º, I, do CPC/2015 considera *impedidos* de prestar depoimento o cônjuge, o companheiro, o ascendente e o descendente em qualquer grau e o colateral, até o terceiro grau, de alguma das partes, por consanguinidade ou afinidade,[453] pois presume a Lei que seus depoimentos seriam parciais, considerando os vínculos familiares entre os envolvidos. O art. 228, V, do Código Civil tem previsão idêntica. Vale referir que tal impedimento poderá ser arguido em relação às uniões homossexuais, tendo em vista que o Supremo Tribunal Federal já definiu que a união homossexual, ao lado do casamento, da união estável, é entidade familiar.[454]

Assim, o tio de alguma das partes é impedido, pois é parente em terceiro grau,[455] na linha colateral, mas o primo, parente em quatro grau, não está impedido de depor na condição de testemunha.

A parte final do inciso I do art. 447, § 2º, do CPC/2015 ainda prevê duas exceções para admissão da oitiva das pessoas referidas como impedidas, quais sejam: (a) quando assim exigir o interesse público ou, (b) tratando-se de causa relativa ao estado da pessoa, não se puder obter de outro modo a prova que o juiz repute necessária ao julgamento do mérito.

No que se refere ao interesse público, certo que não se está tratando de causas nas quais haja participação de pessoa jurídica de direito público. Trata-se, isso sim, de causas que expressem um interesse da sociedade, o que acontece, por exemplo, no acertamento da sucessão,[456] processos que se refiram à grande sociedade empresária, que afetam, muitas vezes, o direito antitruste, direito do consumidor

---

[453] Afinidade é o vínculo que une um dos cônjuges ou companheiro aos parentes do outro. O vínculo de afinidade em linha reta é perpétuo, não se extinguindo com a dissolução da sociedade conjugal ou da união estável (art. 1.595, § 2º, do Código Civil).

[454] ADI n. 4277 e a ADPF n. 132, Tribunal Pleno, Rel. Min. Ayres Brito, j. em 05.05.2011). De forma muito sintética, pode-se dizer que decidiu o Pleno do Supremo Tribunal Federal, acompanhando o entendimento do relator, que o artigo 1.723 do Código Civil não impede o reconhecimento da união entre pessoas do mesmo sexo como entidade familiar, além das outras entidades familiares já consagradas no ordenamento. Segundo o voto do Ministro Ayres Britto: (...) "dou ao art. 1.723 do Código Civil interpretação conforme à Constituição para dele excluir qualquer significado que impeça o reconhecimento da união contínua, pública e duradoura entre pessoas do mesmo sexo como 'entidade familiar', entendida esta como sinônimo perfeito de *família*".

[455] Tio é testemunha impedida, parente em terceiro grau de uma das partes (AI 26788, 3ª CC-TARS, Rel. Des. Ernani Graeff, 25/11/1981).

[456] A regularização dos bens deixados pelo *de cujus* constitui também interesse público [...] (APC 70068018340, 7ª CCTJRS, Rel. Des. Jorge Luís Dall'Agnol, 24/02/2016). Ainda: Protesto de herdeiro contra nomeação de inventariante. [...] o inventário um processo necessário, pois há um interesse público no acertamento da sucessão *causa mortis* (APC 2003 03 1 017657-4, 5ª TCTJDF, Rel. Des. Romeu Gonzaga Neiva, 09/05/2005).

e direito ambiental, isto é, a "regulamentação externa dos interesses envolvidos pela grande empresa",[457] entre outras situações que determinem *interesse público*.

A outra exceção é relativa às ações de estado de pessoa (que criam, modificam ou extinguem estado da pessoa), quando não houver outro modo para obter a prova que o juiz entenda necessária ao julgamento. Se houver interesse público, mesmo sendo possível a prova de outro modo, deve-se admitir o depoimento. Além disso, tais pessoas poderão depor para prova de fatos que só elas conheçam em qualquer causa, tendo em vista a já comentada regra do art. 228, § 1º, do Código Civil.

Finalmente, há impedimento daquele que é parte na causa (inciso II do art. 447, § 2º, do CPC/2015), pois as partes prestam depoimento pessoal (art. 385 ss. do CPC/2015) e também daqueles que intervêm em nome de uma parte, como o tutor, o representante legal da pessoa jurídica, o juiz, o advogado e outros que assistam ou tenham assistido as partes (art. 447, § 2º, III, do CPC/2015).

Anote-se, por fim, que o Superior Tribunal de Justiça já decidiu que "não configura cerceamento de defesa o julgamento da causa sem a oitiva de testemunha impedida quando não é evidente a estrita necessidade de seu depoimento".[458]

Tanto os *impedidos* quanto os *suspeitos* são pessoas que, de regra, poderiam prestar depoimento na condição de testemunha, mas a legislação cria a vedação. Não há, objetivamente, diferença conceitual entre os que são impedidos e os que são suspeitos: ambos são pessoas capazes e que, em tese, poderiam atuar como testemunhas.

O CPC/73 fazia a diferenciação, e o CPC/2015 manteve a nomenclatura para determinar que são *suspeitos* (I) o inimigo da parte ou o seu amigo íntimo e (II) aquele que tiver interesse no litígio (art. 447, § 3º, do CPC/2015). O art. 228, IV, do Código Civil, refere que não pode prestar depoimento como testemunha o interessado no litígio, o amigo íntimo ou o inimigo capital das partes. A diferença é a expressão "inimigo capital", pois o adjetivo "capital" não aparece na redação da lei processual.

Em comparação ao CPC/73, o CPC/2015 exclui dos suspeitos: o condenado por crime de falso testemunho e o que, por seus costumes,

---

[457] SALOMÃO FILHO, Calixto. Sociedade Anônima: interesse público e privado. Revista de Direito Mercantil, São Paulo, n. 127, p. 7-20, 2002. Ainda: GARRIGUES y DÍAZ-CANÃBATE, Joaquín. Problemas atuais das sociedades anônimas. Tradução, prefácio e notas do prof. Norberto da Costa Caruso MacDonald. Porto Alegre: Sergio Antonio Fabris Editor, 1982.

[458] AgRg no REsp 1335306, 4ª Turma do STJ, Rel. Min. Luis Felipe Salomão, DJe 16/03/2015.

não era digno de fé. Esses eram os suspeitos "por falta de boa fama", nos quais se incluíam, "os condenados por crime de falsidade, estelionato, furto, ou crime contra a honra, as meretrizes e os que as exploram, o ébrio habitual, o jogador profissional".[459]

Objetivamente, a testemunha não pode ter interesse no desfecho do processo. Assim, aquele que, comprovadamente, tiver interesse, for amigo e/ou inimigo de alguma das partes deixa de ser isento, e, por isso, não deve prestar compromisso na qualidade de testemunha. O grau de comprometimento em relação ao interesse, à amizade ou inimizade, que torna a pessoa *suspeita*, só pode ser verificado no caso concreto. Por isso se diz, por exemplo, que o simples fato de a testemunha ser empregada de umas das partes não a torna suspeita.[460]

Nos casos de incapacidade, impedimento e/ou suspeição, a parte poderá contraditar a testemunha, isto é, requerer ao juiz que indefira o depoimento de determinada pessoa na condição de testemunha (art. 457, § 1º, do CPC/2015), conforme será visto quando da análise do procedimento para produção da prova testemunhal.

8.2.4.4. Fatos sobre os quais a testemunha não está obrigada a depor

Como é sabido, é dever informar ao juiz os fatos e circunstâncias que se tenha conhecimento (art. 380, I, do CPC/2015), mas o art. 448 do CPC/2015 ressalva que a testemunha não estará obrigada a depor sobre fatos (I) que lhe acarretarem grave dano, bem como ao seu cônjuge ou companheiro e aos seus parentes consanguíneos ou afins, em linha reta ou colateral, até o terceiro grau e (II) a cujo respeito, por estado ou profissão, deve guardar sigilo.

---

[459] SANTOS, Moacyr Amaral. *Prova Judiciária no Cível e Comercial*. v. III. 4. ed. São Paulo: Max Limonad, 1972, p. 195-196.

O Superior Tribunal de Justiça reverteu decisão que não havia admitido o depoimento de um homossexual, em razão do "modo de vida" que levava. No julgamento, afirmou o Min. Rel. Luiz Vicente Cernicchiaro: "A história das provas orais evidencia evolução, no sentido de superar preconceito com algumas pessoas. Durante muito tempo, recusou-se credibilidade ao escravo, estrangeiro, preso, prostituta. Projeção, sem dúvida, de distinção social. Os romanos distinguiam – patrícios e plebeus. A economia rural, entre o senhor do engenho e o cortador da cana, o proprietário da fazenda de café e quem se encarregasse da colheita. Os Direitos Humanos buscam afastar distinção. O Poder Judiciário precisa ficar atento para não transformar essas distinções em coisa julgada. O requisito moderno para uma pessoa ser testemunha é não evidenciar interesse no desfecho do processo. Isenção, pois. O homossexual, nessa linha, não pode receber restrições. Tem o direito-dever de ser testemunha. E mais: sua palavra merecer o mesmo crédito do heterossexual. Assim se concretiza o princípio da igualdade, registrado na Constituição da República e no Pacto de San Jose de Costa Rica" (REsp 154857/DF, 6ª Turma do STJ, Rel. Min. Luiz Vicente Cernicchiaro, DJ 26/10/1998 p. 169 e também RT 763/537).

[460] APC 70054187687, 19ª CCTJRS, Rel. Des. Voltaire de Lima Moraes, 17/12/2013; APC 70012462032, 15ª CCTJRS, Rel. Des. Vicente Barrôco de Vasconcellos, 14/12/2005; APC 70064339708, 19ª CCTJRS, Rel. Des. Mylene Maria Michel, 25/02/2016.

No primeiro caso, *grave dano* "é uma expressão genérica que abrange tanto o privilégio contra não autoincriminação (direito constitucional ao silêncio), quanto qualquer outra situação constrangedora que venha a comprometer os direitos fundamentais da testemunha".[461] Isto é, a testemunha está autorizada a não se manifestar sobre fatos que lhe tragam constrangimento, humilhação ou temor (ou a seu familiar) e sobre fatos que possam incriminá-la.[462]

No que se refere aos fatos sobre os quais deve guardar sigilo, a legislação trata daquelas pessoas que, em razão da profissão (v.g. médico, advogado) ou estado (por exemplo, o padre), recebem informações ou lhes são revelados segredos justamente sob a confiança de que não serão revelados.

Sobre o tema, já se decidiu que "é prerrogativa do advogado definir quais fatos devem ser protegidos pelo sigilo profissional, uma vez que deles conhece em razão do exercício da advocacia. Optando por não depor, merece respeito sua decisão",[463] sendo certo que o advogado que trair seu dever profissional poderá praticar o crime de patrocínio infiel (art. 355 do Código Penal).

Em síntese, poderão escusar-se em depor todos aqueles que, depondo, poderão praticar crime de violação do segredo profissional, considerado a prática segundo a qual se revela a alguém, "sem justa causa, segredo, de que tem ciência em razão de função, ministério, ofício ou profissão, e cuja revelação possa produzir dano a outrem" (art. 154 do Código Penal).

8.2.4.5. Lugar da oitiva da testemunha

A regra é que as testemunhas são ouvidas na sede do juízo da causa, em especial para fomentar o contato direto das mesmas com o juiz que irá proferir a sentença (art. 449 do CPC/2015).

---

[461] CAMBI, Eduardo. *Curso de Direito Probatório*. Curitiba: Juruá, 2014, p. 503.

[462] "O privilégio contra a auto-incriminação traduz direito público subjetivo assegurado a qualquer pessoa, que, na condição de testemunha, de indiciado ou de réu, deva prestar depoimento perante órgãos do Poder Legislativo, do Poder Executivo ou do Poder Judiciário. [...] O direito ao silêncio – enquanto poder jurídico reconhecido a qualquer pessoa relativamente a perguntas cujas respostas possam incriminá-la (nemo tenetur se detegere) – impede, quando concretamente exercido, que aquele que o invocou venha, por tal específica razão, a ser preso, ou ameaçado de prisão, pelos agentes ou pelas autoridades do Estado" (HC 79812/SP, Tribunal Pleno do Supremo Tribunal Federal, Rel. Min. Celso de Mello, DJ 16/02/2001, p. 00021).

[463] AgRg no HC 48843/MS, 6ª Turma do STJ, Rel. Min. Nilson Naves, DJ 11/02/2008 p. 1. No mesmo sentido: AgRg na APn 206/RJ, Corte Especial, STJ, Rel. Min. Cesar Asfor Rocha, DJ 04/08/2003 p. 202.

Quando a testemunha, "por enfermidade ou por outro motivo relevante, estiver impossibilitada de comparecer à audiência para sua oitiva, mas não de prestar depoimento, o juiz designará, conforme as circunstâncias, dia, hora e lugar para inquiri-la" (art. 449, parágrafo único, do CPC/2015). Assim, também as testemunhas que por doença ou outro motivo relevante não podem comparecer à audiência serão ouvidas pelo juiz da causa. Da mesma forma, as autoridades indicadas no art. 454 do CPC/2015 também devem ser ouvidas pelo juiz da causa, sempre que isso for possível. Finalmente, as testemunhas ouvidas antecipadamente (art. 453, I, do CPC/2015)[464] devem ser ouvidas pelo juiz da causa. Diferentemente, as testemunhas ouvidas por carta (art. 453, II, do CPC/2015) serão ouvidas por outro juiz.

Visando sempre à proximidade do juiz da causa com as testemunhas, o CPC/2015 prevê que "a oitiva de testemunha que residir em comarca, seção ou subseção judiciária diversa daquela onde tramita o processo poderá ser realizada por meio de videoconferência ou outro recurso tecnológico de transmissão e recepção de sons e imagens em tempo real, o que poderá ocorrer, inclusive, durante a audiência de instrução e julgamento" (art. 453, § 1º) e ordena que "os juízos deverão manter equipamento para a transmissão e recepção de sons e imagens" (art. 453, § 2º) para tal finalidade.

Enquanto estiverem nos cargos ou viger seus mandatos, serão ouvidos em suas residências ou onde exercerem suas funções o presidente e o vice-presidente da República, os ministros de Estado, os ministros do Supremo Tribunal Federal, os conselheiros do Conselho Nacional de Justiça e os ministros do Superior Tribunal de Justiça, do Superior Tribunal Militar, do Tribunal Superior Eleitoral, do Tribunal Superior do Trabalho e do Tribunal de Contas da União, o procurador-geral da República e os conselheiros do Conselho Nacional do Ministério Público, o advogado-geral da União, o procurador-geral do Estado, o procurador-geral do Município, o defensor público-geral federal e o defensor público-geral do Estado, os senadores e os deputados federais, os governadores dos Estados e do Distrito Federal, o prefeito, os deputados estaduais e distritais, os desembargadores dos Tribunais de Justiça, dos Tribunais Regionais Federais, dos Tribunais Regionais do Trabalho e dos Tribunais Regionais Eleitorais e os conselheiros dos Tribunais de Contas dos Estados e do Distrito Federal, o procurador-geral de justiça e o embaixador de país que, por lei ou

---

[464] O CPC/73 previa a produção antecipada de provas como *ação cautelar*. Esse regramento foi alterado pelo CPC/2015, que prevê a antecipação da prova como o procedimento no qual *"o requerente apresentará as razões que justificam a necessidade de antecipação da prova e mencionará com precisão os fatos sobre os quais a prova há de recair"* (art. 382, do CPC/2015).

tratado, concede idêntica prerrogativa a agente diplomático do Brasil (art. 454 do CPC/2015). Além dessas autoridades, há outras que têm o mesmo direito, por exemplo, os magistrados (conforme art. 33, I, da Lei Complementar n. 35, de 14 de março de 1979) e os membros do Ministério Público (conforme art. 18, II, g, da Lei Complementar n. 75, de 20 de maio de 1993).

Nesses casos, o juiz solicitará à autoridade que indique dia, hora e local para que seja ouvida, remetendo-lhe cópia da petição inicial ou da defesa oferecida pela parte que a arrolou como testemunha (art. 454, § 1º, do CPC/2015).

Se depois de um mês da solicitação do magistrado a autoridade ainda não tiver se manifestado, o juiz designará dia, hora e local para o depoimento, preferencialmente na sede do juízo (art. 454, § 2º, do CPC/2015), e isso também acontecerá quando a autoridade não comparecer, injustificadamente, à sessão agendada para a colheita de seu testemunho no dia, hora e local por ela mesma indicados.

8.2.4.6. Produção da prova testemunhal

8.2.4.6.1. O rol de testemunhas: prazo, número de testemunhas e informações necessárias

O autor deve requerer expressamente a produção de prova testemunhal na petição inicial (art. 319, VI, do CPC/2015), e o réu, na contestação (art. 336 do CPC/2015. Não ocorrendo a conciliação entre as partes, tampouco sendo caso de julgamento antecipado do mérito (arts. 355 e 356 do CPC/2015), o juiz deverá sanear e organizar o processo, segundo o art. 357 do CPC, cabendo-lhe: " I – resolver as questões processuais pendentes, se houver; II – delimitar as questões de fato sobre as quais recairá a atividade probatória, especificando os meios de prova admitidos; III – definir a distribuição do ônus da prova, observado o art. 373; IV – delimitar as questões de direito relevantes para a decisão do mérito; V – designar, se necessário, audiência de instrução e julgamento".

A partir do momento em que o juiz determina a produção da prova testemunhal, as partes devem apresentar a lista das pessoas que ela pretende sejam ouvidas pelo juiz, ou seja, o *rol de testemunhas.* Apesar do CPC/2015 referir que *às partes,* entende-se que "podem requerer a ouvida de testemunhas os litisconsortes, todos aqueles que recebem a designação de parte, o assistente simples, o Ministério Público e o próprio juiz, no uso de seus poderes instrutórios".[465]

Via de regra, o saneamento é realizado em decisão escrita. Nessa hipótese, caso o juiz tenha determinado a realização de prova testemunhal, fixará prazo, não superior a 15 dias, para que as partes apresentem o rol de testemunhas (art. 357, § 4º, do CPC/2015). Em razão da complexidade da matéria de fato ou de direito, o juiz poderá realizar o saneamento do processo em audiência em cooperação das partes. Nessa hipótese, as partes deverão levar para a audiência o rol de testemunhas (art. 357, § 5º, do CPC/2015).[466]

É de se pensar o motivo da apresentação do rol de testemunhas com antecedência. Numa visão não cooperativa do processo, parece mais astuto apresentar as testemunhas somente no momento de sua inquirição, evitando que a parte contrária tenha tempo de inibir, constranger ou até mesmo intimidar a testemunha antes de seu depoimento. No entanto, a apresentação prévia do rol de testemunha tem duas funções importantes: i) a partir da apresentação do rol de testemunhas, elas deverão ser intimadas para a audiência. Assim, faz-se necessária a nomeação prévia para que a testemunha receba a convocação para depor em juízo; ii) no mais, nomear com a antecedência as pessoas que serão ouvidas pelo juiz, permite à contraparte preparar a sua futura contradita, podendo investigar "(a) o que realmente sabem, (b) como adquiriram tal conhecimento e (c) quais seus costumes, ou seja, as relações entretidas com o adversário ou com o objeto da causa".[467]

O CPC/2015 estabelece que o número de testemunhas para cada uma das partes não pode ser superior a 10 (dez), sendo 3 (três), no máximo, para a prova de cada fato (art. 357, § 6º, do CPC), podendo o juiz limitar o número de testemunhas levando em conta a complexidade da causa e dos fatos individualmente considerados (art. 357, § 7º, do CPC).[468]

---

[465] MARINONI, Luiz Guilherme; ARENHART, Sérgio Cruz. *Prova e Convicção*. De acordo com o CPC de 2015. 3. ed. São Paulo: Revista dos Tribunais, 2015, p. 821.

[466] Importante notar que o prazo para apresentação do rol de testemunhas não está mais vinculado à data da audiência, como ocorria no CPC/1973. Segundo o artigo 407 do Código revogado, o juiz designava a audiência de instrução e o rol de testemunhas deveria ser apresentado até 10 (dez) dias antes da audiência.

[467] ASSIS, Araken de. *Processo Civil Brasileiro. Parte especial: procedimento comum (da demanda à coisa julgada)*. v. III. São Paulo: Revista dos Tribunais, 2015, p. 889. No mesmo sentido: MARINONI, Luiz Guilherme; ARENHART, Sergio Cruz; MITIDIEIRO, Daniel. *Novo Código de Processo Civil comentado*. 2 ed. São Paulo: Revista dos Tribunais, 2016, p. 540.

[468] O número de testemunhas previsto no artigo 357 do CPC/2015 é o mesmo previsto no código revogado. Assim, permanece atual a posição do STJ sobre o tema, ainda que a decisão tenha sido proferida sob a égide do CPC/73: "PROCESSUAL CIVIL. QUEBRA DE SIGILO BANCÁRIO, FISCAL E COMERCIAL. DECISÃO QUE A DETERMINA. FUNDAMENTAÇÃO. NECESSIDA-

Ao apresentar o rol, as partes devem apresentar o máximo de informações sobre as testemunhas. O art. 450 do CPC/2015 apresenta as informações que as partes, *sempre que possível*, devem apresentar: o nome, a profissão, o estado civil, a idade, o número de inscrição no Cadastro de Pessoas Físicas, o número de registro de identidade e o endereço completo da residência e do local de trabalho. Importante referir que esses dados devem ser apresentados para que a pessoa que deporá em juízo possa ser identificada. Nesse sentido, a falta de algum dado que não impeça a identificação da testemunha, não pode ser suficiente para tornar ineficaz o arrolamento.

A partir do momento em que a parte arrola a testemunha, todos os sujeitos do processo têm direito de ouvi-la. "A testemunha importa para o descobrimento da 'verdade', e assim não se constitui em fonte que pode servir apenas a uma parte".[469] Em razão disso, uma vez apresentado o rol de testemunhas, ele não pode ser alterado, salvo nas hipóteses do art. 451 do CPC/2015. Após o arrolamento da testemunha, ela só não será ouvida se todos os interessados desistirem da sua oitiva, inclusive o juiz.

8.2.4.6.2. Substituição das testemunhas já arroladas

Estabelece o art. 451 do CPC/2015 que a parte só pode substituir a testemunha "I – que falecer; II – que, por enfermidade, não estiver

---

DE. PROVA. TESTEMUNHAS. ARROLAMENTO. LIMITES. 1. A proteção ao sigilo fiscal não é direito absoluto, podendo ser quebrado quando houver a prevalência do direito público sobre o privado, na apuração de fatos delituosos, desde que a decisão esteja adequadamente fundamentada na necessidade da medida. 2. Nos termos do parágrafo único do art. 407 do CPC, cada parte poderá arrolar um máximo de 10 testemunhas, sendo possível a oitiva de até 03 para cada fato a ser provado, individualmente considerado. Havendo número excessivo de fatos, caberá ao Juiz, com base em seu prudente arbítrio, averiguar a necessidade de depoimentos para além desse limite, determinando, se entender imprescindível à formação do seu convencimento, a convocação de outras pessoas como testemunhas do juízo, com supedâneo no art. 130 do CPC. 3. Nada impede a parte de arrolar mais de 03 testemunhas – até o limite de 10 – para um mesmo fato, cabendo ao Juiz dispensar a oitiva daquelas que ultrapassarem o teto legal. Há de se considerar que a testemunha pode não comprovar o fato da forma pretendida pela parte, hipótese em que esta terá à sua disposição outras testemunhas para serem ouvidas, até que se complete o limite de 03 relativas a um mesmo fato. Deve-se estabelecer a diferença entre o limite de testemunhas que podem ser ouvidas acerca de um mesmo fato (03) e o limite de testemunhas que podem ser arroladas por cada parte (10). 4. Não há como admitir que as partes tenham a liberdade de oferecer uma quantidade indeterminada de testemunhas, conforme o número de fatos que pretendam demonstrar. A estipulação de um número máximo de testemunhas por parte evita tumulto e desequilíbrio na relação processual, preservando o seu regular andamento e, por conseguinte, a sua razoável duração, erigida à condição de garantia constitucional pela EC nº 45/04. 5. Recurso especial a que se nega provimento". REsp 1028315 / BA, Rel. Ministra Nancy Andrighi, Terceira Turma, DJU 24.06.2011.

[469] MARINONI, Luiz Guilherme; ARENHART, Sérgio Cruz. *Prova e Convicção*. De acordo com o CPC de 2015. 3. ed. São Paulo: Revista dos Tribunais, 2015, p. 824.

em condições de depor; III – que, tendo mudado de residência ou de local de trabalho, não for encontrada".

Importante atentar-se para o inciso I que prevê a hipótese da testemunha falecer após ser arrolada e não a hipótese na qual a parte arrola testemunha já falecida.

O inciso II pode parecer em contradição com o parágrafo único do art. 449 do CPC/2015 (que prevê que "quando a parte ou a testemunha, por enfermidade ou por outro motivo relevante, estiver impossibilitada de comparecer, mas não de prestar depoimento, o juiz designará, conforme as circunstâncias, dia, hora e lugar para inquiri-la"), mas não está. A possibilidade de alteração da testemunha se dá quando a testemunha, em razão da enfermidade, não estiver em condições de *depor* na data aprazada para a audiência. Se a testemunha puder testemunhar antes, será o caso de produção antecipada de prova, antecipando-se, assim, a oitiva daquela testemunha que pode depor imediatamente. Não se pode substituir uma testemunha que, podendo depor, não puder *comparecer a audiência*. Essa é a situação contemplada pelo parágrafo único do art. 449 do CPC/2015.

Quanto ao inciso III, está-se diante da hipótese da testemunha que se mudou e em razão disso impossível a sua intimação para depor em juízo. Se a testemunha mudar o endereço, e a parte tiver o seu atual endereço, deve comunicá-lo, possibilitando a sua intimação e não pedir a sua substituição como testemunha.

8.2.4.6.3. O juiz da causa arrolado como testemunha

Se o juiz da causa for arrolado como testemunha, segundo o artigo 452 do CPC, ele deverá "I – declarar-se-á impedido, se tiver conhecimento de fatos que possam influir na decisão, caso em que será vedado à parte que o incluiu no rol desistir de seu depoimento; II – se nada souber, mandará excluir o seu nome".

É possível que o juiz tenha conhecimento sobre veracidade das declarações sobre os fatos realizadas pelas partes. Assim, se ele for arrolado como testemunha, tem obrigação de declarar-se impedido para que possa prestar o seu depoimento, mantendo-se a imparcialidade. A regra do inciso I do art. 452 do CPC/2015 estabelece, ainda, que a parte que arrolou o juiz da causa como testemunha não pode desistir do seu depoimento. Isso para que a parte não utilize dessa estratégia para afastar o juiz da causa, bem como deixar as alegações que poderiam ser comprovadas com o seu depoimento sem esclarecimento.

O juiz que não souber nada sobre fatos mandará que o seu nome seja excluído do rol apresentado, conforme inciso II.

8.2.4.6.4. A intimação das testemunhas

No que tange à intimação das testemunhas para depor em juízo, o CPC/2015 inova em relação ao CPC/1973.

Segundo regra do art. 455 do CPC/2015: "Cabe ao advogado da parte informar ou intimar a testemunha por ele arrolada do dia, da hora e do local da audiência designada, dispensando-se a intimação do juízo". Assim, a responsabilidade inicial da intimação da testemunha que era do juízo na sistemática do CPC/1973, passou a ser do advogado.

A intimação deverá ser realizada *por carta com aviso de recebimento*, cabendo ao advogado juntar aos autos cópia da correspondência e do comprovante de recebimento, com antecedência de pelo menos 3 (três) dias da data da audiência (art. 455, § 1º, do CPC/2015). Caso o advogado não realize a intimação da testemunha, entende-se pela desistência da inquirição da mesma (art. 455, § 3º, do CPC/2015).

A lei processual não traz nenhuma forma especial prescrita para a carta de intimação a ser enviada pelo advogado. Caberá ao advogado desenvolver formulário "próprio e neutro para esse propósito, vedando-se a insinuação sobre o conteúdo do futuro depoimento. Assim, o dia e a hora do depoimento receberiam destaque em negrito e letras de maior corpo".[470] Além disso, importante constar "(a) endereço da sede do juízo; (b) andar do prédio; e (c) número da sala e, se for o caso, do corredor".[471]

Nota-se que o advogado deve juntar aos autos cópia da correspondência e do aviso de recebimento, permitindo-se que o juiz tenha conhecimento do teor da correspondência.

A parte pode, também, em vez de intimar a testemunha por carta, comprometer-se a levá-la à audiência independentemente de intimação. Se a testemunha não comparecer, no entanto, presume-se que a parte desistiu de sua inquirição (art. 455, § 2º, do CPC/2015). A presunção é relativa, admitindo-se à parte comprovar que a testemunha não compareceu por justo motivo.[472]

---

[470] ASSIS, Araken de. *Processo Civil Brasileiro*. Parte especial: procedimento comum (da demanda à coisa julgada). v. III. São Paulo: Revista dos Tribunais, 2015, p. 903.
[471] Idem, p. 903
[472] MARINONI, Luiz Guilherme; ARENHART, Sérgio Cruz. *Prova e Convicção*. De acordo com o CPC de 2015. 3. ed. São Paulo: Revista dos Tribunais, 2015, p. 832

A lei prevê, também, a possibilidade de a intimação da testemunha ser feita pela via judicial nas hipóteses do art. 455, § 4º, do CPC/2015. Na hipótese do inciso I, se a intimação realizada pelo advogado por carta com aviso de recebimento for frustrada (por exemplo por recusa do recebimento, recebimento por terceiro, etc.), a intimação deve ser realizada via judicial, mediante diligência a ser cumprida pelo oficial de justiça. A lei processual não deixa clara essa questão, mas não parece ter qualquer sentido o envio de nova carta, uma vez que essa tentativa já restou infrutífera.[473] A testemunha também pode ser intimada pela via judicial se a parte demonstrar necessidade ao juiz (inciso II), se for servidor público ou militar (inciso III), se houver sido arrolada pelo Ministério Público ou pela Defensoria Pública (inciso IV) ou se for uma das pessoas previstas no artigo 454 do CPC/2015.

Se a testemunha intimada pelo advogado ou pela via judicial não comparecer para depor, sem apresentar motivo justificado, será conduzida a depor e deverá arcar com as despesas do adiamento (art. 455, § 5º, do CPC).

8.2.4.6.5. Inquirição das testemunhas

As testemunhas serão inquiridas de forma separada e sucessivamente, sendo que primeiro serão inquiridas as testemunhas do autor e depois as do réu. Ademais, o juiz providenciará para que uma não ouça o depoimento das outras (art. 465 do CPC/2015).[474] O parágrafo único desse artigo permite que o juiz altere a ordem estabelecida no *caput* se as partes concordarem.

O objetivo de inquirir as testemunhas de forma separada, providenciando para que uma não ouça o depoimento da outra, é evitar que as testemunhas se influenciem pelo depoimento umas das outras.

Antes de prestar o depoimento propriamente dito, as testemunhas são submetidas ao *"interrogatório prévio"*,[475] que tem como objetivo identificar o depoente, bem como colher informações sobre suas relações de parentesco, amizade ou inimizade com as partes ou interesse no processo (art. 457 do CPC/2015).

---

[473] FLACH, Daisson. p 353

[474] Mesmo antes de adentrar na grande alteração proposta pelo CPC/2015 para inquirição das testemunhas, faz-se mister ressaltar que a redação do art. 465/2015 contradiz com a nova regra que permite a inquirição direta da testemunha pelo advogado, sem intermediação do juiz. Apesar da falha, essa norma visa estabelecer apenas que as testemunhas devem ser inquiridas de forma separada e sucessiva, bem como estabelecer a ordem para oitiva das testemunhas, qual seja, primeiro as do autor, depois as do réu. Não se trata de regra que determina como devem ser inquiridas as testemunhas.

[475] Tal expressão está expressa no art. 460 do Código de Processo Civil português de 2013.

O *interrogatório prévio* é fundamental para que se possa verificar eventual incapacidade, impedimento ou suspeição da testemunha. O juiz precisa decidir se a testemunha tem capacidade para depor e, em caso positivo, se colherá o seu depoimento como testemunha ou como informante.

Feita, essa qualificação inicial e antes de a testemunha prestar o compromisso e iniciar o depoimento, é lícito à parte que não arrolou a testemunha contraditá-la, arguindo a incapacidade, o impedimento ou a suspeição da testemunha (art. 457, § 1º, do CPC/2015).[476] "A contradita de testemunhas deve ocorrer após a sua qualificação e antes de estas prestarem compromisso, sob pena de preclusão. Afigura-se inoportuna a insurgência oferecida durante o depoimento da testemunha".[477]

Se a testemunha negar os fatos que lhe são imputados, a lei permite que a parte que apresentou a contradita realize prova com documentos e testemunhas (no máximo três) que deverão ser apresentadas no ato e inquiridas em separado.

Apresentada a contradita, ouvida a testemunha e, caso necessário, produzida a prova, o juiz deve decidir se dispensará a testemunha ou colherá o seu depoimento como informante (art. 457, § 2º, do CPC/2015).

É facultado à testemunha requerer ao juiz que a escuse de depor, alegando as hipóteses previstas no artigo 448 do CPC/2015.[478]

Segundo a regra do artigo 458 do CPC/2015, ao início da inquirição, a testemunha deve prestar o compromisso de dizer a verdade e será advertida, pelo juiz, que incorre em sanção penal quem faz afirmação falsa, cala ou oculta a verdade (parágrafo único do art. 458 do CPC/2015). Se o juiz tiver deferido a oitiva da testemunha apenas como informante, ela não prestará esse compromisso.[479]

---

[476] PROCESSUAL CIVIL. VIOLAÇÃO DO ART. 535 DO CPC. NÃO-OCORRÊNCIA. NEGATIVA DE VIGÊNCIA AO ART. 414, § 1º, DO CPC. OFENSA NÃO-CONFIGURADA. TESTEMUNHA. CONTRADITA. MOMENTO OPORTUNO. 1. Não há por por que falar em violação do art. 535 do CPC quando o acórdão recorrido, integrado pelo julgado proferido nos embargos de declaração, dirime, de forma expressa, congruente e motivada, as questões suscitadas nas razões recursais. 2. O momento oportuno da contradita da testemunha arrolada pela parte contrária é aquele entre a qualificação desta e o início de seu depoimento. 3. Recurso especial não-conhecido. RESP 735756/BA, Rel. Ministro João Otávio Noronha, DJU 18/02/2010.

[477] APC nº 70050708304, Quinta Câmara Cível, Tribunal de Justiça do RS, Relator: Isabel Dias Almeida, Julgado em 31/10/2012.

[478] A análise pormenorizada das hipóteses em que a testemunha não é obrigada a depor foi realizada no item 4.

[479] Sobre a valoração do depoimento do informante, ver REICHELT, Luis Alberto. *A prova no direito processual civil*. Porto Alegre: Livraria do Advogado, 2009, p. 248-250.

A grande novidade trazida pelo CPC/2015 no que diz respeito à inquirição das testemunhas está no art. 459 do CPC que estabelece que as perguntas serão formuladas às testemunhas *diretamente pelas partes*,[480] aproximando-se, assim, dos procedimentos norte-americanos conhecidos por *direct examination* (ou apenas *direct* ou, ainda, *examination-in-chief*) e *cross-examination*. Na sistemática do CPC/1973, as perguntas das partes eram dirigidas aos juízes, que as repassavam para as testemunhas. Existia, assim, um "risco de o juiz formular outra pergunta, *no sentido de pergunta diversa*, à testemunha".[481] Nesse sentido, entende-se como um avanço a alteração da regra. "É a parte quem melhor tem conhecimento dos fatos e a quem incumbe o ônus da prova. Por isso, é natural que lhe caiba a tarefa primordial de inquirição das testemunhas".[482]

Segundo o *Black's Law Dictionary*, compreende-se por *direct examination* "the first questioning of a witness in a trial or other proceeding, conducted by the party who called the witness to testify"[483] e por *cross-examination* "*the questioning of a witness at a trial or hearing by the party opposed to the party who called the witness to testify*".[484]

Assim, como as partes realizarão diretamente seus questionamentos às testemunhas, entende-se que quando a parte que arrolou a testemunha lhe fizer as perguntas, estaremos diante daquilo que os países anglo-saxões conhecem como *direct examination*, e quando a parte contrária inquirir a testemunha, estaremos diante do *cross-examination*.

A questão colocada dessa forma denota efetiva semelhança entre a nova estrutura proposta pelo CPC/2015 e a estrutura estadunidense. No entanto, compreendendo-se os mecanismos específicos da inquirição das testemunhas em ambos os ordenamentos, especialmente

---

[480] A título de curiosidade, desde 2008, o art. 212 do Código de Processo Penal foi alterado para permitir que as partes formulassem as perguntas diretamente às testemunhas. (Art. 212. As perguntas serão formuladas pelas partes diretamente à testemunha, não admitindo o juiz aquelas que puderem induzir a resposta, não tiverem relação com a causa ou importarem na repetição de outra já respondida). A doutrina já vinha defendendo a possibilidade de cogitar a "sua extensão também ao processo civil". CAMBI, Eduardo. *Curso de Direito Probatório*. Curitiba: Juruá, 2014, p. 522.

[481] MARINONI, Luiz Guilherme; ARENHART, Sérgio Cruz. *Prova e Convicção*. De acordo com o CPC de 2015. 3. ed. São Paulo: Revista dos Tribunais, 2015, p. 835.

[482] CAMBI, Eduardo. *Curso de Direito Probatório*. Curitiba: Juruá, 2014, p. 523.

[483] GARNER, Bryan A. (Ed.). *Black's Law Dictionary*. 8. ed. St. Paul: Thomson West, 2004, p. 492. Numa tradução livre: "a primeira inquirição da testemunha em audiência ou em outro procedimento, conduzida pela parte que a arrolou para depor".

[484] GARNER, Bryan A. (Ed.). *Black's Law Dictionary*. 8. ed. St. Paul: Thomson West, 2004, p. 405. Numa tradução livre: "a inquirição da testemunha, em audiência, pela parte contrária à que arrolou a testemunha para depor".

os mecanismos existentes no ordenamento norte-americano e a ausência desses mecanismos no ordenamento jurídico brasileiro, pode-se concluir que existem consideráveis diferenças. A mais marcante delas está no fato de que no ordenamento estadunidense existem diversos mecanismos à disposição das partes para interferirem no processo de inquirição. Ao contrário, apesar de permitir que as partes interroguem diretamente a testemunha, o ordenamento jurídico brasileiro silenciou acerca da interferência da parte que não está inquirindo, limitando-se, assim, a sua participação e possibilidade de controle, não podendo interferir no deferimento ou indeferimento da pergunta. Para minimizar essa fragilidade, é importante que o juiz se atente aos dispositivos dos arts. 6º, 7º e 8º do CPC/2015.

A regra do artigo 459 do CPC/2015 estabelece que o juiz indeferirá as perguntas que puderem induzir a resposta, não tiverem relação com as questões de fato objeto da atividade probatória ou importarem repetição de outra já respondida. Importante referir que as perguntas que foram indeferidas pelo juiz serão transcritas no termo a pedido da parte (art. 459, § 3º, do CPC/2015) e poderão ser objeto de impugnação na apelação (não sendo cabível agravo).

A regra segundo a qual a testemunha deve ser tratada com urbanidade, não podendo ser submetida a perguntas ou considerações impertinentes, capciosas ou vexatórias não apresenta grande novidade. Mesmo na sistemática anterior, na qual a testemunha era inquirida pelo juiz, o mesmo tratamento respeitoso lhe era garantido (art. 416, § 1º, do CPC/1973).

Não pode olvidar que, ainda que as partes tenham ganhado relevante protagonismo na inquirição das testemunhas, o juiz também poderá inquiri-las, tanto antes quanto depois da inquirição feita pelas partes (art. 459, § 1º, do CPC).[485]

8.2.4.7. Registro do depoimento

O registro do depoimento das testemunhas deve ocorrer por qualquer meio idôneo (pode ser digitado, registrado por taquigrafia, estenotipia ou outros meios disponíveis), mas o CPC/2015 dá prefe-

---

[485] Há crítica quanto à possibilidade de o juiz inquirir as testemunhas antes ou depois das partes. Estariam as partes sujeitas a um procedimento a ser arbitrado pelo juiz, sem saberem, antes de entrarem em audiência, como se dará a inquirição das testemunhas. "Infelizmente, esta redação, longe de se apresentar como um avanço, mostra-se um retrocesso, pois, violando centenária doutrina brasileira, torna a presença do juiz não mais em uma garantia ou direito da testemunha, mas em motivo de insegurança às partes litigantes de como se dará a audiência de instrução". SANTOS, Guilherme Luis Quaresma Batista. A colheita de depoimentos no processo civil brasileiro. *Revista de Processo*. Ano 37, n. 213, novembro de 212, p. 80.

rência à documentação por meio de gravação (art. 460 do CPC/2015). Quando o depoimento for digitado ou registrado por taquigrafia, estenotipia ou outro método idôneo de documentação, o depoimento será assinado pelo juiz, pelo depoente e pelos procuradores (art. 460, § 1º, do CPC/2015).

Se o depoimento for gravado e houver recurso em processo que tramitem em meio físico (processo não eletrônico), o depoimento somente será digitado quando for impossível o envio de sua documentação eletrônica (art. 460, § 2º, do CPC/2015), razão pela qual fica evidente que a lei processual fomenta o uso de outros meios, que não a digitação, mas também não obriga o Tribunal a acessar os depoimentos em outros meios que não o digitado. Tudo, na verdade, visa a facilitar o acesso aos depoimentos.

Quando o processo é eletrônico, serão observadas as regras do art. 209, §§ 1º e 2º, do CPC/2015 e a legislação específica sobre a prática eletrônica de atos processuais (art. 460, § 3º, do CPC/2015).

Objetivamente, o registro deve ser idôneo e deverá manter-se hígido até o julgamento final do processo, podendo ser acessado pelas partes e julgadores sempre que necessário. Se for impossível acessar os depoimentos, por qualquer motivo, o ato deverá ser renovado, sob pena de nulidade.[486]

8.2.4.8. *Testemunhas referidas e acareação*

As providências previstas no art. 461 do CPC/2015 (inquirição de testemunha referida e acareação), em que pese poderem ser requeridas pela parte salientam o que se convencionou chamar de *poderes instrutórios do juiz* (art. 370 do CPC/2015), no ponto, ligados à produção da prova testemunhal.

Com efeito, prevê o art. 461, I, do CPC/2015 que o juiz pode ordenar, de ofício ou a requerimento da parte, a inquirição de *testemunhas referidas* nas declarações da parte ou das testemunhas, isto é, determi-

---

[486] Veja-se, por exemplo, caso em que ocorreu falha na mídia digital (CD ROM) que ocasionou a desconstituição da sentença: [...]. Ação de reparação de danos morais. Audiência de instrução e julgamento gravada em CD. [...] Coleta de prova testemunhal em audiência mediante registro fonográfico, por meio de gravação em disco compacto (CD). Desnecessidade de degravação em primeira instância. Falha da mídia digital (CD ROM). Ausência de captação do áudio. Backup da rede com defeito. Necessidade de renovação do ato processual. Inviabilizado o acesso aos depoimentos colhidos na audiência de instrução e julgamento, cujo respectivo CD não possui áudio, impõe-se desconstituir a r. sentença prolatada no feito para que se renove a instrução processual. Anulado o processo a partir da audiência de instrução, inclusive.[...]. (APC 70057044380, 9ª CC-TJRS, Rel. Des. Miguel Ângelo da Silva, 30/04/2014).

nar a oitiva de pessoa estranha ao processo que foi mencionada no depoimento de outra testemunha ou no depoimento pessoal da parte.

Trata-se de medida excepcional, considerando que não é possível conferir à parte uma oportunidade extra para incluir testemunhas que, de início, não tinham sido apresentadas. Assim, a "parte, ao requerer a ouvida de testemunha referida, deve demonstrar o trecho em que o depoimento prestado alude à testemunha referida, e que o fato em questão é pertinente e ainda não foi devidamente esclarecido".[487]

Provado que o fato a ser provado pela testemunha referida é pertinente, é possível afirmar que "o juiz tem o dever de determinar a intimação da testemunha referida".[488] No entanto, há forte compreensão no sentido de que o deferimento constitui mera faculdade do juiz, que deverá avaliar a necessidade ou não de sua produção.[489]

Em síntese, determinada a oitiva da testemunha referida, ela será ouvida em audiência a ser designada para tal finalidade, sujeitando-se às mesmas formalidades dos depoimentos das outras testemunhas, inclusive no que se refere à arguição de incapacidade, impedimento ou suspeição.

A testemunha referida deverá responder, de regra, apenas sobre o fato que, segundo o depoimento da testemunha que a referiu, ela tem conhecimento.

Já o art. 461, II, do CPC/2015 diz que o juiz pode ordenar, de ofício ou a requerimento da parte, a acareação de duas ou mais testemunhas ou de alguma delas com a parte, quando, sobre fato determinado que possa influir na decisão da causa, divergirem as suas declarações. Os acareados serão reperguntados para que expliquem os pontos de divergência, reduzindo-se a termo o ato de acareação (art. 461, § 1º, do

---

[487] MARINONI, Luiz Guilherme; ARENHART, Sérgio Cruz. *Prova e Convicção.* De acordo com o CPC de 2015. 3. ed. São Paulo: Revista dos Tribunais, 2015, p. 841.
[488] MARINONI, Luiz Guilherme; ARENHART, Sergio Cruz; MITIDIEIRO, Daniel. *Novo Código de Processo Civil comentado.* 2 ed. São Paulo: Revista dos Tribunais, 2016, p. 584.
[489] Segundo a melhor exegese do art. 418 do CPC, a oitiva de testemunhas referidas constitui faculdade do juiz, não havendo direito subjetivo da parte em sua oitiva, já que ultrapassado o prazo para arrolá-las. [...] (AI 70026696278, 18ª CCTJRS, Rel. Des. Pedro Celso Dal Pra, 23/10/2008); Segundo o art. 418, inciso I, do CPC, é facultada ao juiz a inquirição de testemunha referida em audiência, não caracterizando cerceamento de defesa o indeferimento da prova, considerada pelo magistrado não essencial ao deslinde do feito. [...] (APC 70021235999, 10ª CCTJRS, Rel. Des. Paulo Roberto Lessa Franz, 11/10/2007); A ouvida de tal testemunha referida só se fará se a necessidade de pronto se apresentar, já que a regra é a da excepcionalidade da oitiva de testemunha referida (CPC, art. 418, I), pois, de outra forma, se estaria conferindo à parte adversa uma oportunidade para emendar a prova que, de início e no prazo permitido na lei processual, não foi postulada. Eventual negligência da parte não pode ser obsequiada em prejuízo do contraditório, e com ofensa ao devido processo legal. [...] (AI 70009722968, 10ª CCTJRS, Rel. Des. Paulo Antônio Kretzmann, 02/12/2004).

CPC/2015). A acareação pode ser realizada por videoconferência ou por outro recurso tecnológico de transmissão de sons e imagens em tempo real (art. 461, § 2º, do CPC/2015).

Importa esclarecer que "a acareação consiste em promover o confronto pessoal, numa só audiência, das pessoas que prestaram depoimentos contraditórios. É cabível também entre testemunhas e parte, mas não entre as duas partes",[490] mas só ocorrerá se o fato – declarado de forma contraditória – puder influenciar na decisão, ou seja, se for necessariamente útil a acareação.[491]

8.2.4.9. Depoimento de testemunha como serviço público

O depoimento prestado em juízo é considerando serviço público (art. 463, do CPC/2015), pois a testemunha colabora com a realização da justiça, que é de interesse público. Assim sendo, se a testemunha estiver sujeita ao regime da legislação trabalhista, não pode sofrer, por comparecer à audiência, perda de salário nem desconto no tempo de serviço (art. 463, parágrafo único, do CPC/2015).

8.2.4.10. Reembolso de despesas da testemunha

Considerando que a testemunha presta um serviço público, ela poderá requerer ao juiz o pagamento das despesas que efetuar para comparecimento à audiência (art. 462 do CPC/2015). A parte deverá pagar as despesas logo que arbitradas ou depositá-las em cartório no prazo de três dias.

Sobre o tema, importa esclarecer que o reembolso das despesas da testemunha será realizado pela parte que a arrolou, ou pelo autor se arrolada pelo Ministério Público ou quando a inquirição for determinada de ofício pelo juiz.

Preferencialmente, a testemunha deverá comprovar as despesas que teve, mas, ao que parece, a legislação processual permite o arbitramento, o que será feito em quantia razoável, sem prejuízo de que,

---

[490] THEODORO JÚNIOR, Humberto. *Novo Código de Processo Civil Anotado*. 20. ed. Rio de Janeiro: Forense, 2016, p. 528.

[491] 1. Embora seja prerrogativa do magistrado da causa deliberar sobre as provas necessárias à instrução do processo, nos termos do art. 130 do CPC, o questionamento debatido na demanda (partilha, alimentos, direito real de habitação) enseja a plena produção de provas, razão por que deve ser reaberta a fase instrutória, especialmente porque a recorrente não foi oportunamente intimada de seu encerramento. 2. Não obstante isso, não se justifica o aprazamento de audiência para acareação dos filhos, cujos depoimentos foram contraditórios, competindo ao julgador a livre valoração das provas para formação de seu convencimento (art. 131 do CPC). [...] (AI 70064659352, 8ª CCTJRS, Rel. Des. Ricardo Moreira Lins Pastl, 18/06/2015).

no próprio depoimento da testemunha, o juiz questione sobre o valor das despesas.

8.2.5. Pericial

João Paulo Kulczynski Forster

Prosseguindo no estudo dos meios probatórios, apresenta-se, a partir do art. 464 do CPC/2015, o regramento acerca da prova pericial. Este meio probatório evoca polêmica, por conta da evolução dos meios científicos e de como pode o julgador, admitindo a complexidade do tema, deixar de se vincular às conclusões apresentadas pelo perito. Some-se a isso a também possível complexidade subjetiva da prova, com a participação, além do perito, de dois ou mais assistentes técnicos indicados pelas partes (autor, réu e eventuais litisconsortes) e está justificada a dificuldade que o tema apresenta.

8.2.5.1. Conceito

A prova pericial consiste no meio probatório requerido pelas partes ou determina de ofício pelo julgador quando o tema a ser examinado no processo exija conhecimento especializado (art. 156). Nem o julgador, nem o júri (nos processos sob sua competência) possuem conhecimento sobre todos os temas que são tratados no Judiciário.[492] Isso não é um problema. É, na realidade, uma opção da ampla maioria dos sistemas judiciários ao determinar que os processos sejam conduzidos por *experts* em Direito, e não nos fatos que são judicialmente debatidos. Some-se a isso o progresso científico acelerado ao qual toda a sociedade está exposta (e também o Judiciário), e se percebe que os processos judiciais ganharam muito em complexidade quando se examinam os temas neles tratados.

Progressivamente, os tribunais são apresentados a uma nova realidade, de cientificização da discussão fática nos processos[493], por conta dos "permanentes avanços da investigação e da ciência".[494] Nes-

---

[492] TARUFFO, Michele. *La Prueba*. Madrid: Marcial Pons, 2008, p. 90. É uma opção da ampla maioria dos ordenamentos jurídicos, cf. AROCA, Juan Montero. *La Prueba em el Proceso Civil*. 6ª ed. Madrid: Civitas, 2011, p. 332.

[493] DAMASKA, Mirjan R. *Evidence Law Adrift*. New Haven: Yale University Press, 1997, p. 143.

[494] Refere ainda o mesmo autor: "as novas tecnologias permitiram o acesso a conhecimentos e o domínio de instrumentos que modificaram as constelações tradicionais e tornaram os quadros normativos pouco aptos para acompanhar a evolução". Tudo cf. GASPAR, António Henriques. A Justiça nas incertezas da sociedade contemporânea. *Julgar*. Coimbra: Coimbra Editora, nº 1, jan./abr.2007, p. 24.

ses casos, o senso comum e os meios convencionais de resolução dos problemas de ordem fática competem com provas altamente especializadas, às vezes até contraintuitivas, que requerem pessoas com conhecimento *especializado, técnico ou científico* do assunto para compreendê-las. Em outras palavras, quanto mais complexo for o caso, do ponto de vista científico, mais difícil será elucidá-lo na perspectiva tradicional.[495]

Sabendo que o julgador não pode se valer de seu conhecimento privado, ressalvadas as máximas de experiência (comuns ou técnicas), é indispensável que, quando se apresentem fatos demasiadamente complexos, valha-se do auxílio de perito. Reitere-se: a complexidade aqui mencionada não é jurídica, à qual o magistrado é afeito. A complexidade deriva da carência de conhecimento técnico especializado. Por exemplo, em uma ação indenizatória em que se alegue a existência de erro médico, a participação do *expert* poderá ser fundamental, dependendo do emaranhado técnico que envolva a questão.[496] Pode haver erro médico flagrante, que dispense a produção de prova especializada, todavia, determinados casos exigirão a participação de um profissional médico. Enfim, todas as áreas do conhecimento científico podem ser esclarecidas em juízo através de um perito, seja ele engenheiro, contador, médico, arquiteto, cirurgião dentista, dentre outros. O que importa é que se trate, como logo mais se verá, de conhecimento efetivamente científico (e não charlatanismo) e dependente de atuação de profissional especializado e devidamente certificado (art. 464, § 1º, CPC/2015).

8.2.5.2. Espécies de perícia

A perícia consiste em exame, vistoria ou avaliação (art. 464, CPC/2015). O exame é a mais abrangente atividade pericial e consiste

---

[495] DAMASKA, Mirjan R. *Evidence Law Adrift*. New Haven: Yale University Press, 1997, p. 144 e 147.

[496] Mesmo em situações de revelia, o julgador pode determinar a produção da prova pericial: "AGRAVO DE INSTRUMENTO. RESPONSABILIDADE CIVIL. AÇÃO INDENIZATÓRIA POR DANOS MATERIAIS, MORAIS E ESTÉTICOS. CIRURGIA PLÁSTICA. ERRO MÉDICO. REVELIA. REQUERIMENTO DE REALIZAÇÃO DE PROVA PERICIAL E ORAL. NECESSIDADE PARA A ADEQUADA SOLUÇÃO DA DEMANDA. 1. Ainda que decretada a revelia, havendo o réu constituído advogado, deve ser-lhe assegurada a ampla defesa e o contraditório, assumindo, no entanto, o processo na fase em que se encontrava (art. 322, parágrafo único, do CPC/73). 2. Questão controvertida que diz com responsabilidade por suposto erro médico na realização de cirurgia plástica reparadora, o que guarda a complexidade, inclusive de ordem técnica, não havendo outro modo senão a realização da prova técnica e de eventual prova oral para que o réu tente comprovar alguma das excludentes da responsabilidade civil. Caso, portanto, que demanda dilação probatória para adequada solução. AGRAVO DE INSTRUMENTO PROVIDO". RIO GRANDE DO SUL. TJRS. Agravo de Instrumento nº 70068737360, Relator Des. Carlos Eduardo Richinitti, Julgado em 08/06/2016.

na perícia que pode recair sobre pessoas, documentos, semoventes, móveis, dentre outros.[497] A vistoria, de seu turno, se realiza sobre bens imóveis.[498] Assim, diz-se que a perícia se realiza por exame quando é necessário, por exemplo, verificar o procedimento de uma cirurgia através do exame do paciente, ou quando se realiza um exame de DNA. A atividade de vistoria pode se apresentar em uma ação demarcatória, para verificar os limites de cada propriedade.

O termo "avaliação" é o substituto do termo anteriormente usado na lei, de arbitramento. Nesse tópico, utiliza-se com frequência a classificação oferecida por Moacyr Amaral Santos, de que o arbitramento serve para estimativa de valor de coisas, direitos ou obrigações, enquanto a avaliação objetiva determinar o preço justo de algo para fins de execução ou partilha.[499] Na realidade, não rende utilidade prática diferir arbitramento de avaliação, já que essas atividades são extremamente próximas, ainda que alguns doutrinadores procedam à distinção.[500]

Todas as espécies de perícia exigem conhecimento especializado de alguma sorte, que escapa das denominadas máximas de experiência. Fosse o caso, o julgador poderia fazer uso das mesmas a fim de verificar alegações sobre fatos, mas não: a complexidade dos fatos impõe a consulta a especialista, a um *expert*. Nem todas, contudo, exigem conhecimento *científico*. A avaliação de um imóvel para fins de estabelecimento de valor de venda não exige o desenvolvimento de uma ciência, mas de uma prática que exige o conhecimento de mercado e as possibilidades imobiliárias relacionadas ao imóvel em questão. Diferente natureza possui o exame da adequação estrutural desse mesmo imóvel, para verificar se foi adequadamente construído, se as rachaduras dele constantes comprometem a edificação etc.

Portanto, embora todas as espécies de perícia revelem conhecimentos ao julgador que não lhe são próprios, há de se verificar que existem perícias mais complexas e outras menos complexas. A vistoria pode simplesmente registrar a existência de um buraco no local do acidente, enquanto o exame pode periciar o automóvel e marcas de frenagem para determinar a velocidade que o veículo se encontrava na hora do acidente. A primeira verificação, executada diretamen-

---

[497] MARINONI, Luiz Guilherme, ARENHART, Sérgio Cruz. *Prova*. 2ª ed. São Paulo: RT, 2011. p. 796.
[498] LOPES, João Batista. *A Prova no Direito Processual Civil*. 3ª ed. São Paulo: RT, 2007, p. 131.
[499] SANTOS, Moacyr Amaral. *Comentários ao Código de Processo Civil*. Vol. 4. Rio de Janeiro: Forense, 1976, p. 311.
[500] DIDIER JR., Fredie, BRAGA, Paula Sarno, OLIVEIRA, Rafael Alexandria de. *Curso de Direito Processual Civil*. Vol. 2. 10ª ed. Salvador: Juspodivm, 2015, p. 263.

te pelos sentidos e facilmente transmissível ao julgador diferente em complexidade da segunda, que exige conhecimento científico.

Lembre-se que a realização desse meio de prova depende da necessidade de conhecimento técnico específico. Em não sendo necessário o domínio de tal conteúdo, a prova será indeferida (art. 464, § 1º, I). O mesmo destino se impõe quando outras provas produzidas no processo já esclareçam os fatos complexos apresentados (art. 464, § 1º, II – como estudos científicos publicados na forma de artigos, trechos de livros especializados, laudos de perícias realizadas anteriormente ao processo, dentre outros) ou quando a verificação for impraticável (art. 464, § 1º, III). Essa última situação se apresenta em casos nos quais já não existe mais objeto a ser periciado (exame a ser realizado em um automóvel que foi roubado, avaliação por engenheiro de obra que já foi demolida).

O Novo Código de Processo Civil inovou e, em seu artigo 464, § 2º, abriu a possibilidade de "prova técnica simplificada" em situações de menor complexidade. Essa espécie consiste em "inquirição de especialista, pelo juiz, sobre ponto controvertido da causa que demande especial conhecimento científico ou técnico" (§ 3º). O art. 464, § 4º, refere "arguição" do perito, e o § 3º refere "inquirição pelo juiz". Não resta dúvida de que, determinando o julgador ser esta a modalidade pericial a ser adotada no caso concreto, deverá franquear às partes acesso ao *expert*, na mesma ocasião em que inquirido pelo magistrado. Agir de forma diversa seria lesar, simultaneamente, o direito fundamental ao contraditório (enquanto direito de influência) e o direito fundamental à prova (enquanto direito à adequada produção probatória) das partes.

8.2.5.3. *O perito e os assistentes técnicos*

O perito é figura central na atividade pericial. Na ampla maioria dos sistemas jurídicos, detecta-se a existência desse meio de prova, do qual o julgador se vale do perito para ter a capacidade de valorar dados técnicos distantes de seu conhecimento jurídico. Para exercer tal função, o perito deve preencher uma série de requisitos, quais sejam: a) imparcialidade; b) profissional com registro técnico ou órgão técnico; c) formação acadêmica na área objeto da perícia; d) cumprimento do encargo atribuído e dos prazos aplicáveis.

Primeiramente, registra-se que o perito está submetido às mesmas causas de suspeição e impedimento que o juiz (arts. 144 e 145 do CPC/2015), pois é auxiliar da justiça (art. 148, II), sendo dele exigida a mesma imparcialidade que se espera do julgador. Ele também pode se escusar de executar a perícia, por motivo reservado (sem motivo específico), como determina o art. 467 do Código. Será, em caso de escusa ou de verificação de suspeição ou impedimento, nomeado novo perito.

O perito deverá figurar como profissional habilitado legalmente (ou seja, exerce profissão legalmente regulamente) ou "órgãos técnicos ou científicos, devidamente inscritos em cadastro mantido pelo tribunal ao qual o juiz está vinculado" (art. 156, § 1º). A lei ainda refere que os cadastros devem se constituir através de consulta pública e também de consulta direta "a universidades, a conselhos de classe, ao Ministério Público, à Defensoria Pública e à Ordem dos Advogados do Brasil, para a indicação de profissionais ou de órgãos técnicos interessados" (art. 156, § 2º). Quanto maior a publicidade, maior a idoneidade do próprio cadastro, já que a confiança no exercício da atividade pericial se constrói a partir da qualificação técnica do perito, e não por laços de amizade entre ele e o magistrado.

Fundamental seja o perito especializado na área que será objeto da perícia. A lei diz mais, exige "formação acadêmica" e também refere que o perito deverá apresentar junto a com a proposta de honorários "comprovante de especialização" (art. 465, § 2º, CPC/2015). Não se imagina que se trate de especialização no mesmo sentido de "Pós-Graduação *Lato Sensu*", mas sim de graduação universitária e atuação na área exigida. Por exemplo: não basta, para periciar uma ponte que caiu logo após a entrega da obra, que o perito seja engenheiro civil. Ele deve ter, *além da formação acadêmica*, atuação específica nessa área, pois o conhecimento técnico se torna cada vez mais e mais específico.[501] A ausência do conhecimento exigido pode acarretar sua substituição (art. 468, I).

Tradicionalmente, portanto, o perito é escolhido pelo próprio julgador, a partir do cadastro mencionado, ou, se na localidade não houver profissional cadastrado, haverá livre escolha pelo juiz, ainda exigindo-se formação na área objeto da perícia (art. 156, § 5º). Mas o Código inovou e apresentou a possibilidade de escolha *consensual* do

---

[501] No julgamento do Recurso Especial nº 1.145.728/MG, discutiu-se a condenação havida no Tribunal de Justiça do Estado de Minas Gerais, pois recortara trechos de perícia técnica inconclusiva que havia sido elaborada por médica que não era da especialidade de pediatria. O tema da demanda envolvia pedido de indenização em função de possível erro médico ocorrido no parto de criança que, horas após, teve convulsões e apresentou paralisia cerebral. Como restou consignado no voto do Relator Ministro João Otávio de Noronha: "A causa de pedir está assentada na imperícia médica: obstetra não tem competência para realizar os primeiros procedimentos no nascituro. Por esse viés de pensamento, há de se pressupor que um médico não especializado seja inapto para desenvolver uma perícia que tem por fim a apuração de danos de ordem neurológica". BRASIL. Superior Tribunal de Justiça. Rel. Ministro João Otávio De Noronha, Rel. p/ Acórdão Ministro Luis Felipe Salomão, Quarta Turma, julgado em 28/06/2011, DJe 08/09/2011.

perito, o que representa negócio processual elaborado pelas partes. Essa escolha não vincula necessariamente o julgador, pois não participa dessa escolha, podendo homologá-la ou nomear perito, se tiver receio de que aquele indicado pelas partes pode "comprometer a sua atividade"[502] enquanto juiz. Em qualquer das situações, o perito encara uma "dupla" responsabilidade: perante o julgador e as partes, regulada pelo diploma processual civil, e perante seu conselho profissional (art. 468, § 1º).

O perito atua de forma mais próxima ao julgador, mas também interage com as partes no desenvolvimento de sua atividade. As partes, de seu turno, podem se valer de assistentes técnicos (art. 465, II). Esses profissionais também devem possuir conhecimento na área objeto da perícia. Eles podem acompanhar todos os atos desempenhados pelo perito, e podem elaborar pareceres a serem examinados em conjunto com o laudo apresentado pelo perito. Os assistentes técnicos são contratados diretamente por cada uma das partes e não se submetem a impedimento ou suspeição. Isso não os exime, contudo, de responsabilidade perante seus respectivos órgãos de classe na violação de deveres legalmente previstos.

Deve-se valorizar a participação dos assistentes no processo, sendo inadequada por inteiro a convicção arraigada de que o laudo produzido pelo perito é superior às conclusões apresentadas pelos assistentes técnicos simplesmente porque aquele auxiliar da justiça é de confiança do juízo. O julgador há que efetivamente examinar a qualidade técnica dos envolvidos e, dada sua participação ativa permitida pelo art. 370 combinada com o art. 479, ambos do CPC/2015, deve sempre questionar as conclusões do perito à luz dos outros meios probatórios à disposição.

8.2.5.4. Procedimento

Como se viu, a perícia pode seguir procedimento tradicional, ou aquele de prova técnica simplificada (art. 464, § 2º). Neste segundo caso, o julgador determina a produção da prova na forma de inquirição de especialista, em audiência, anterior à oitiva de eventuais testemunhas. As conclusões apresentadas devem ser reduzidas a termo para que constem dos autos, bem como os questionamentos realizados, sendo franqueada a palavra também às partes em tal inquirição. A prova pericial também pode ser extrajudicial (art. 472) e tem como

---

[502] MARINONI, Luiz Guilherme, ARENHART, Sérgio Cruz, MITIDIERO, Daniel. *Novo Curso de Processo Civil*. Vol. 2. São Paulo: RT, 2015, p. 399.

ponto de partida pareceres ou documentos elucidativos da perícia que se pretendia realizar em juízo. Trata-se de *faculdade* do juízo se valer desses elementos, podendo, ainda que na presença de perícia extrajudicial, determinar a realização de perícia judicial.

No viés tradicional ou formal, o juiz procede à nomeação do perito e desde logo fixa prazo para a entrega do laudo (art. 465). Essa nomeação, que se dá na via de despacho, abre prazo para as partes: a) arguirem suspeição ou impedimento do perito; b) indicarem assistente técnico; c) apresentarem quesitos. Ao receber a nomeação, o perito pode recusá-la, sem apresentar motivo específico (art. 467), ao que o magistrado procederá à indicação de outro *expert*. O perito ainda poderá ser substituído (art. 468) se carecer do conhecimento técnico ou científico necessário e quando deixar de cumprir, sem motivo legítimo, a incumbência no prazo assinado.

Aceitando a nomeação, o perito deve apresentar sua proposta de honorários, que será submetida à manifestação das partes, já que caberá a uma ou a ambas o custeio desse meio de prova.[503] Caberá ao juiz arbitrar o valor adequado, à luz das considerações efetuadas pelas partes, autorizando o pagamento de até cinquenta por cento dos honorários no início dos trabalhos, relegando o pagamento restante à entrega do laudo e prestação de todos os esclarecimentos necessários. O valor arbitrado poderá ser reduzido diante de perícia inconclusiva ou deficiente (art. 465, § 5º).

Todos os atos praticados pelo perito, salvo a própria elaboração do laudo a ser apresentado, devem ser comunicados às partes e/ou aos respectivos assistentes técnicos, para acompanhamento das diligências, sob pena de ofensa ao contraditório (art. 466, § 2º, e art. 474). Assim, por exemplo, se o perito designa a realização de exame no autor de uma demanda que versa sobre erro médico, no intuito de verificar as consequências do ato cirúrgico, o réu, ou seu assistente técnico, deverá ser intimado de tal evento.

Encerrada a atividade do *expert*, ele passa à produção do laudo (vide próximo item), que conterá a resposta a todos os quesitos formulados pelas partes e pelo próprio magistrado, salvo aqueles indeferidos pelo juiz (art. 470). Às partes também é facultada a apresentação de quesitos complementares, seja durante a diligência (art. 469), seja após a entrega do laudo (art. 477, § 3º), no intuito de providenciar maiores esclarecimentos.

---

[503] Art. 95, CPC/2015. "Cada parte adiantará a remuneração do assistente técnico que houver indicado, sendo a do perito adiantada pela parte que houver requerido a perícia ou rateada quando a perícia for determinada de ofício ou requerida por ambas as partes".

Entregue o laudo, com antecedência de vinte dias à audiência de instrução e julgamento, as partes serão intimadas para se manifestarem em prazo comum e, nesse mesmo ato, se desejarem, apresentarem o parecer formulado pelos seus respectivos assistentes técnicos. As partes podem exigir esclarecimentos do perito, a partir de divergências ou dúvidas apresentadas pelas próprias partes, pelo juiz ou pelo Ministério Público. Em sendo necessário, o perito poderá ser convocado a prestar esclarecimentos e responder quesitos complementares em audiência de instrução, antes da oitiva de eventuais testemunhas.

Existe, ainda, a possibilidade de que seja nomeado mais de um perito por conta da complexidade da matéria apresentada (art. 475), o que também assegura à parte a nomeação de mais de um assistente técnico. No evento de os pontos suscitados para esclarecimentos periciais não estarem inteiramente resolvidos, poderá ser determinada pelo juiz, de ofício ou a requerimento da parte, segunda perícia (art. 480).[504] Essa perícia não substituirá a primeira realizada (art. 480, § 3º), mas será considerada como meio de prova adicional e devidamente sopesada em conjunto com a primeira perícia e demais meios probatórios constantes dos autos, conforme preconiza o art. 371 do CPC/2015.

8.2.5.5. Laudo e valoração

O laudo pericial é o resultado da atividade conduzida pelo *expert* e sempre se apresenta por escrito. A prova técnica simplificada que consiste na inquirição do perito pelo juiz em audiência e seu resultado, a redução a termo das opiniões *técnicas* do perito, equipara-se a laudo como meio de prova, ressalvadas as peculiaridades de sua produção.

O art. 473 contém os requisitos indispensáveis ao laudo pericial. São eles: a) exposição do objeto da perícia; b) análise técnica ou cientí-

---

[504] Justamente porque a prova tem o intuito de fornecer o esclarecimento necessário ao juízo e, restando inconclusiva ou contraditória, há de ser determinada segunda perícia. Assim: "APELAÇÃO CÍVEL. ACIDENTE DO TRABALHO. INSS. PROVA TÉCNICA. LAUDO PERICIAL INCONCLUSIVO. REALIZAÇÃO DE SEGUNDA PERÍCIA POR FACULTATIVO ESPECIALISTA NA ÁREA DE OFTALMOLOGIA. SENTENÇA DESCONSTITUÍDA. A prova técnica visa fornecer melhores elementos para o juízo formar o seu livre convencimento motivado, devendo, por isso, ser realizada por *expert*, ou seja, profissional detentor de conhecimento técnico específico da matéria ou assunto sobre o qual é chamado a opinar. Quando o laudo pericial é inconclusivo ou contraditório, nada impede o julgador de determinar a realização de segunda perícia por facultativo especializado na área objeto de averiguação. Desconstituição da sentença. Necessidade de reabrir a instrução processual. AGRAVO RETIDO PROVIDO. SENTENÇA DESCONSTITUÍDA. APELO PREJUDICADO". RIO GRANDE DO SUL. TJRS. Apelação Cível Nº 70069332823, Nona Câmara Cível, Relator Des. Miguel Ângelo da Silva, Julgado em 23/11/2016.

fica realizada pelo perito; c) indicação do método utilizado; d) resposta conclusiva a todos os quesitos apresentados.

A exposição do objeto da perícia é elementar para que se verifique se a perícia se deu sobre a coisa ou pessoa corretas. Esse início do laudo demonstra que as respostas que virão depois dos quesitos formulados pelas partes e talvez pelo juiz estão conectadas com a questão cerne do processo. O enfrentamento técnico é justamente o que se espera do *expert*, que não pode preencher o laudo meramente com sua opinião pessoal. O que se busca através deste meio de prova é o esclarecimento *especializado*, e não a atuação do perito como uma testemunha. Por essa razão, essa análise deve vir acompanhada de extensa e analítica fundamentação técnica.

Nessa linha, exige-se igualmente a indicação do método utilizado "esclarecendo-o e demonstrando ser predominantemente aceito pelos especialistas da área do conhecimento da qual se originou". O legislador, neste ponto, denotou preocupação especial com a denominada *junk science*, ou "ciência lixo", em tradução literal ao português. Em outras palavras, apenas conhecimento científico sólido pode servir para a elaboração de um laudo pericial, evitando-se, de um lado, a apresentação de uma simples opinião pessoal e, de outro, que o caso *sub judice* seja afetado pela opinião de um charlatão. O embasamento do laudo deve advir de fontes seguras, indicando o perito, além do próprio método, se for o caso, quais foram os aparelhos utilizados para a realização de seu trabalho.[505]

A produção do laudo exige a presença de método *científico*. A fórmula adotada pelo art. 473, III, pode ser remontada à decisão proferida no caso Frye,[506] julgado pela Suprema Corte estadunidense. O caso é da década de 20, e tem como ponto de partida um homicídio imputado a James Alphonso Frye. Naquela ocasião, a defesa do réu queria usar um teste inovador para provar sua inocência, baseado em uma das primeiras versões de um detector de mentiras. O meio de prova apresentado pela defesa não foi aceito, por se entender que não se tratava de um método cientificamente seguro, pois, no campo de origem em que projetado o tal "detector de mentiras", havia enorme dissenso acerca de sua confiabilidade.[507] Em havendo discordância, não pode

---

[505] RÍOS, Eva Isabel Sanjurjo. *La prueba pericial civil. Procedimiento y valoración*. Madrid: REUS, 2013. p. 267/268.
[506] Para melhor compreensão do caso, vide ainda o precedente *Daubert v. Merrel Dow Pharmaceuticals*. EUA. Suprema Corte. 509 U.S. 579, 113 S.Ct. 2786, 1993. Disponível em: <https://www.law.cornell.edu/ supct/html/92-102.ZS.html>.
[507] EUA. Suprema Corte. *Frye v. United States* (54 App. D.C., 293, 1923). Disponível em: <http://www.law.ufl.edu/faculty/little/ topic8.pdf>.

esse "conhecimento" que ainda não se denomina científico ou ao menos geralmente aceito influenciar o Judiciário em suas decisões.

Finaliza o dispositivo legal exigindo, ainda, a resposta a todos os quesitos apresentados. As respostas necessitam de extensa fundamentação. Não basta que o *expert* responda singelamente "sim" ou "não", devendo ou remeter à análise técnica empreendida em outra porção do laudo ou, então, seguir profundo esclarecimento acerca do tema. Imagine-se, por exemplo, se o perito é questionado acerca da frequência de lesões na cabeça oriundas de partos com fórceps e responde simplesmente que a média de lesões é na ordem de 1% dos partos que fazem uso de tal técnica. Indaga-se: 1% no Brasil? No Rio Grande do Sul? Na rede pública ou privada? Em condições pré-natais adequadas ou com alguma situação de risco? Verifica-se que a resposta fornecida deve ser completa, não deixando dúvidas ainda a serem sanadas.

Apresentado o laudo e superada eventual manifestação das partes, após encerrada a instrução, caberá ao magistrado a valoração do referido laudo. Apresenta-se, aqui, um paradoxo: como pode o juiz deixar de acompanhar o perito que nomeou justamente quando reconheceu que os fatos eram complexos e necessitavam do esclarecimento de um especialista? Poderia o magistrado dar maior valor à prova testemunhal do que às conclusões do *expert*?

Surge aqui a máxima *iudex peritus peritorum*: o juiz é o perito dos peritos. Diga-se, de início, que se o juiz não pudesse valorar criticamente o trabalho pericial, ele seria um mero *custos peritorum*, ou seja, fiscal da atividade do perito. Nessa perspectiva, o exame dos fatos caberia ao perito, devendo o magistrado apenas aplicar a lei. Esta visão é equivocada por inteiro.

Não se pode exigir do julgador conhecimento enciclopédico para que aprecie o resultado da prova pericial.[508] Aquele que não tem profundo conhecimento de uma determinada área não é impossibilitado de criticar o resultado apresentado por um especialista. O Novo CPC oferece, agora, de forma que o CPC/73 antes não oferecia, diversos instrumentos para a valoração do laudo pericial. A qualificação técnica do perito é um primeiro passo, permitindo que o julgador dê maior relevância para o parecer do assistente técnico, se este apresentar credenciais mais convincentes e também um trabalho mais apurado, em sintonia com os ditames do art. 473. Mas não apenas isto.

---

[508] RIVELLO, Pier Paolo. *La Prova Scientifica*. Milano: Giuffrè, 2014. p. 174. Assinala: "Outras perplexidades subsistem na hipótese em que existam respostas dos peritos em sentidos opostos, enquanto na medida em que entre os peritos se apresenta uma série divergência de opiniões, o juiz, para poder decidir esse contraste, deveria possuir mais conhecimentos técnicos que os próprios peritos". Idem, ibid., p. 175.

O julgador tem a liberdade que lhe assegura o art. 479 para valorar o material probatório apresentado no processo. Documentos que tenham sido juntados pelas partes, como estudos e artigos científicos podem oferecer profundo esclarecimento sobre temas nebulosos e que, com a produção do laudo, puderam ser esclarecidos. O magistrado também pode verificar que o laudo carece de adequação técnica, nos casos em que estiver desacompanhado de literatura especializada.

De fato, a prova pericial é um dos meios probatórios que mais sofreu alterações no Novo CPC, e que agora instrumenta mais adequadamente o magistrado para sua compreensão e devida valoração.

8.2.6. Inspeção judicial

A inspeção judicial permite ao julgador contato *direto* do julgador, através de sua percepção pessoal e dos sentidos que lhe são próprios, com uma pessoa ou coisa a fim de determinar-lhe as características e circunstâncias. Podem também ser objeto de inspeção fenômenos da natureza e circunstâncias específicas, como, por exemplo, o barulho produzido por uma casa noturna ou por mau uso da propriedade.[509] O fundamental é que o objeto, pessoa ou fenômeno possa ter suas qualidades captadas pelos sentidos do julgador. A inspeção é mais frequentemente utilizada em ações de interdição,[510] e mais raramente em outros casos, embora seja um dos mais acurados meios de prova à disposição das partes e do julgador. Oportuno registrar que o pedido de sua produção está sujeito ao juízo de admissibilidade a ser realizado pelo magistrado, de forma que seu indeferimento não acarreta, necessariamente, cerceio de defesa.[511]

---

[509] Vide, nesse sentido: BRASIL. TJRS. Apelação Cível nº 70024334781, Décima Oitava Câmara Cível, Relatora Des. Nara Leonor Castro Garcia, Julgado em 12/06/2008.

[510] "APELAÇÃO CÍVEL. CURATELA. IMPOSSIBILIDADE DE SUPRESSÃO DE ATOS PROCESSUAIS QUE REPRESENTEM UM MEIO DE DEFESA DA PESSOA SUPOSTAMENTE SUJEITA À CURATELA. REALIZAÇÃO DE PERÍCIA MÉDICA E DE AUDIÊNCIA DE INTERROGATÓRIO OU INSPEÇÃO JUDICIAL, SE FOR O CASO. IMPRESCINDIBILIDADE. CASSAÇÃO DA SENTENÇA. É de ser cassada a sentença que, em sede de 'ação de curatela', julga procedente o pedido, decretando a interdição da requerida, declarando a sua incapacidade para gerir e administrar sua pessoa e seus bens, sem que tenha sido procedida à perícia médica da demandada, tampouco realizado o interrogatório, ou inspeção judicial, nos moldes previstos na lei processual civil – atos processuais que representam um meio de defesa da pessoa supostamente sujeita à curatela. Ademais, tendo em vista a entrada em vigor da Lei n.º 13.146/2015, o Estatuto da Pessoa com Deficiência, a condução do feito deverá se dar sob a nova ótica dada ao instituto da curatela pelo referido estatuto, que inclusive restringiu as hipóteses de sujeição à curatela. DERAM PROVIMENTO. UNÂNIME". BRASIL. TJRS. Apelação Cível nº 70068532464, Oitava Câmara Cível, Relator Des. Luiz Felipe Brasil Santos, Julgado em 19/05/2016.

[511] "RESPONSABILIDADE CIVIL. ACIDENTE DE VEÍCULO. INDENIZAÇÃO POR DANOS MATERIAIS. PROCEDÊNCIA DA AÇÃO. 1. Agravo retido reiterado em sede de apelação. Alega-

Como bem determina o art. 481 do CPC/2015, a inspeção judicial poderá ser requerida pelas partes ou determinada de ofício, pelo próprio juiz. A realização poderá ocorrer em qualquer fase do processo, até mesmo em segundo grau. A inspeção deve estar conectada a fato da causa, não se admitindo inspeção para "satisfazer curiosidade pessoais ou instintos de perseguição em torno dos envolvidos no processo. O seu objeto deve ser precisamente definido, não podendo ser genérico e indeterminado, sob pena de ofensa ao contraditório, além de configurar-se abuso de poder".[512]

É possível que o pedido de inspeção judicial recaia sobre pessoa que não seja parte. Em sendo parte, indiscutível a aplicabilidade do dever de cooperar com o adequado andamento processual, sob pena de sua conduta ser reputada como litigância de má-fé, por opor resistência injustificada ao andamento processual. De outro lado, há de se permitir à parte a possibilidade de recusar a submissão à inspeção nos casos previstos no art. 388 do CPC/2015, que regulamenta os casos em que a parte não é obrigada a prestar depoimento. Não ocorrendo nenhuma das hipóteses de exclusão, a recusa da parte, além da litigância de má-fé, poderá também se apresentar como indício "que fundamente a presunção judicial do fato que se queria provar".[513] Os terceiros também não podem se furtar de colaborar com o Poder Judiciário para a descoberta da verdade, nos termos do art. 378 do CPC/2015.

Não se confunde a inspeção judicial com a prova pericial, ainda que o julgador possa ser assistido por um ou mais peritos (art. 482). A lei processual deixa claro que esse meio de prova é realizado *diretamente* pelo julgador, e não através de nenhum outro auxiliar do juízo. Assim, a participação de *experts* só se dá no intuito de auxiliar o magistrado, mas não de lhe substituir a presença na realização da inspeção.

Ainda que seja um dos mais precisos meios de prova, por ser direta, não se furta o magistrado de assegurar às partes o efetivo contraditório, em sua perspectiva *forte*, como determina o parágrafo único do art. 483: "As partes têm sempre direito a assistir à inspeção, prestando esclarecimentos e fazendo observações que considerem de interesse

---

ção de cerceamento de defesa por recusa de diligências do juízo para realização de inspeção judicial no local dos fatos. O juízo não está obrigado a acatar todas as diligências requeridas pelas partes. Cerceamento de defesa não caracterizado. (...)." (SÃO PAULO. TJSP. APL 0012015-66.2008.8.26.0019; Ac. 6537171; Rel. Des. Vanderci Álvares; Julg. 27/02/2013; DJESP 12/03/2013.

[512] DIDIER JR., Fredie, BRAGA, Paula Sarno, OLIVEIRA, Rafael Alexandria de. *Curso de Direito Processual Civil.* Vol. 2. 10ª ed. Salvador: Juspodivm, 2015, p. 297.

[513] Idem, p. 299.

para a causa". A participação não é meramente passiva, mas ativa, assegurando-se o direito de influência sobre as impressões colhidas pelo magistrado. Ao fim da inspeção, o julgador mandará lavrar auto descritivo, contendo tudo que for 'útil ao julgamento da causa' (art. 484). O laudo não é sentença, assim, ele é efetivamente *descritivo*, e não *prescritivo*. Ele contém narrativa daquilo que foi experimentado através dos sentidos, reservando-se o julgador a apresentar suas conclusões quando for efetivamente *decidir* pedido formulado por alguma das partes, seja em decisão interlocutória, seja em sentença. No entanto, antes de proferir sua decisão, deve ser facultado às partes o direito de manifestação sobre o referido laudo.

9. Sentença

Luís Alberto Reichelt
Guilherme Puchalski

9.1. Conceito de sentença

O termo *sentença* é muitas vezes utilizado em um sentido amplo, entendido como sinônimo de decisão judicial, singular ou colegiada, proferida em primeiro grau, pelo relator em grau de recurso ou por órgão de Tribunal. Exemplificativamente, os capítulos do Código de Processo Civil que tratam sobre a *liquidação da sentença* ou do *cumprimento da sentença* compreendam a liquidação e o cumprimento da decisão judicial, a qual não necessariamente será uma sentença. São exemplos de comandos legais que lançam mão do conceito amplo de sentença pelo legislador (*lato sensu*), aplicando-se tanto para acórdãos (decisões colegiadas) como para decisões singulares, os artigos 85 (a sentença condenará o vencido em honorários), 316 (a extinção do processo dar-se-á por sentença), 489 (elementos da sentença), 494 (hipóteses de alteração da sentença posteriormente a sua publicação), 504 (motivos e verdade dos fatos não fazem coisa julgada), 509 a 512 (liquidação da sentença), 513 a 538 (cumprimento da sentença) e 960 a 965 (homologação de sentença estrangeira).

Outras tantas vezes, o termo *sentença* é empregado em sentido estrito. Podem ser considerados exemplos da utilização do conceito restrito de sentença pelo legislador os artigos 203 (espécies de pronunciamentos do juiz), 226 (o juiz preferirá sentença em 30 dias), 355 (julgamento antecipado por decisão do juiz), 485, § 5º (desistência da ação até a sentença), 776 (responsabilidade do exequente quando a sentença declarar inexistente a obrigação constante do título) e 1009 (da sentença cabe apelação).

Para que se possa compreender o significado da noção de sentença em sentido estrito, impõe-se refletir a respeito da proposta de sistematização dos pronunciamentos judiciais projetada pelo legislador. Nesse sentido, o CPC manteve no seu art. 203 a divisão clássica dos pronunciamentos proferidos pelo juiz (visto como órgão jurisdicional monocrático) entre (i) *despacho,* como pronunciamento desprovido de conteúdo decisório, (ii) *decisão interlocutória,* como decisão que não se enquadra no conceito de sentença – seu conceito, portanto, é residual e (iii) *sentença (stricto sensu)* – adiante conceituada. Ao lado destes, o legislador inseriu ainda os pronunciamentos proferidos pelos órgãos jurisdicionais colegiados (Câmaras, Turmas, Seções, Grupos, Tribunal Pleno) no âmbito de sua competência originária e recursal. Nesse segundo rol estão inseridos (i) *despachos* de mero expediente, sem conteúdo decisório, como em primeiro grau de jurisdição, (ii) *acórdãos* (decisões construídas a partir da combinação dos votos proferidos pelos membros de um órgão colegiado – art. 204 do CPC) e (iii) *decisões singulares* ou *monocráticas,* proferidas pelo relator, na forma do art. 932 do CPC. Tanto os acórdãos como as decisões singulares serão dotados de conteúdo decisório, de mérito ou não.

Nesse panorama, refira-se que o art. 203, § 1º, do CPC define como *sentença* o pronunciamento do juiz de primeiro grau que, com fundamento em uma das hipóteses do art. 485 (decisões que não importam em julgamento de mérito) ou do art. 487 (decisões que têm por conteúdo o julgamento de mérito), põe fim à fase de conhecimento do procedimento comum ou extingue a execução. Nesse conceito destacam-se duas grandes marcas,[514] a saber: (i) a sentença é decisão que veicula determinados fundamentos (existência ou não de resolução de mérito, na forma dos artigos 485 e 487 do CPC), e, ao mesmo tempo, (ii) a sentença é decisão que põe fim à atividade processual de conhecimento ou ao processo como um todo.[515]

Essas reflexões são importantes do ponto de vista prático. Em primeiro lugar, porque não apenas *sentenças,* mas *decisões interlocutórias* e *acórdãos* também poderão decidir questões de mérito ou veicular comandos sem que isso importe em julgamento de mérito. De outro

---

[514] Nas palavras de Fernando da Fonseca Gajardoni, "o CPC/2015, sensível à crítica da doutrina, mescla os critérios do conteúdo e do efeito do ato (...)" (In GAJARDONI, Fernando da Fonseca, DELLORE, Luiz, ROQUE, André Vasconcelos e OLIVEIRA JR., Zulmar Duarte de. *Teoria Geral do Processo: Comentários ao CPC de 2015: Parte geral.* São Paulo: Forense, 2015. p. 663).

[515] Vale lembrar, contudo, que a associação entre o conceito de sentença e o final de processo é criticada em sede doutrinária. Sobre o ponto, ver MARINONI, Luiz Guilherme; ARENHART, Sérgio Cruz; MITIDIERO, Daniel. *Novo Curso de Processo Civil.* Vol. 2. São Paulo: Revista dos Tribunais, 2015. p. 407, que anotam que "tendencialmente, o processo termina com a obtenção da concretização do direito da parte". Da mesma forma, apontam DIDIER JR., Fredie, BRAGA, Paula Sarno e OLIVEIRA, Rafael Alexandria de. *Curso de Direito Processual Civil.* Vol. 2. 10ª edição. Salvador: JusPODIVM, 2015. p. 306. Sobre essa última perspectiva, em visão crítica, ver REICHELT, Luis Alberto. *Sobre a densificação conceitual do direito fundamental à intangibilidade da coisa julgada no novo Código de Processo Civil.* In: REICHELT, Luis Alberto; RUBIN, Fernando. *Grandes Temas do Novo Código de Processo Civil.* vol. 2. Porto Alegre: Livraria do Advogado, 2016. p. 85-96, especialmente p. 94.

lado, é de se observar que o legislador não chamou de sentença a decisão que encerra a fase de *liquidação de sentença*. Neste caso, adotou ao critério do recurso cabível, em sintonia com o art. 1015, parágrafo único, visto que das decisões proferidas nesta *fase* do procedimento comum caberá agravo de instrumento. De outro lado, no âmbito dos procedimentos especiais ressalvados pelo § 1º do art. 203 do CPC será possível observar a presença de mais de uma sentença ao longo da fase de conhecimento. É o que ocorre, por exemplo, no procedimento de demarcação de terras (arts. 581 e 587) e na ação de exigir contas (arts. 550 e 552).

De tudo isso, exsurge que o que identifica uma sentença como tal não é *apenas* o seu *conteúdo* – se resolve ou não a questão de mérito – mas sim o efeito de encerrar o debate processual em sede de atividade de conhecimento ou de atividade processual executiva. Ressalte-se, contudo, que o art. 316 do CPC em nada contribuiu, por si só, para clarificar o conceito de sentença, ao prever a superada expressão de que a "extinção do processo dar-se-á por sentença". Basta pensar, nesse sentido, que é possível o surgimento de novo debate destinado ao cumprimento da sentença proferida em um processo, o que faria com que este tivesse continuidade mesmo após "extinto".[516]

9.1.1. A sentença como ato de aplicação de normas jurídicas

Ao avocar para si a tutela dos direitos, o Estado assume a obrigação de entregar uma resposta ao jurisdicionado, aplicando a lei ao caso concreto. Nas palavras de Pontes de Miranda, a sentença "é emitida como prestação do Estado, em virtude da obrigação assumida na relação jurídico-processual (processo), quando a parte ou as partes vierem a juízo, isto é, exercerem a pretensão à tutela jurídica".[517]

Ao prolatar sentença, o julgador aplica uma norma jurídica concreta, individual e específica ao caso concreto, a qual se torna imutável e indiscutível, em um momento posterior, por força da presença de coisa julgada.[518] É essa norma que se pretende, da mesma forma,

---

[516] Assim também pensam DIDIER JR., Fredie; BRAGA, Paula Sarno; OLIVEIRA, Rafael Alexandria de. *Curso de Direito Processual Civil*. Vol. 2. Op. cit., p. 306.

[517] PONTES DE MIRANDA, Francisco Cavalcanti. *Comentários ao Código de Processo Civil*. Rio de Janeiro: Forense, 1974, v. V, p. 395.

[518] "Daí dizer que a sentença é um ato jurídico do qual decorre uma norma jurídica individualizada, ou simplesmente norma individual, que se diferencia das demais normas jurídicas (leis, por exemplo) em razão da possibilidade de tornar-se indiscutível pela coisa julgada". (DIDIER JR., Fredie; BRAGA, Paula Sarno; ALEXANDRIA DE OLIVEIRA, Rafael. *Curso de direito processual civil*: teoria da prova, direito probatório, ações probatórias, decisão, precedente, coisa julgada e antecipação dos efeitos da tutela. 10ª ed. Salvador: JusPodivm, 2015, p. 309).

seja objeto da atividade de cumprimento da sentença caso não seja espontaneamente respeitada de imediato pelas partes. Tomada sob essa ótica, é corrente a assertiva no sentido de que *a sentença faz lei entre as partes*.

Deverá o julgador bem compreender as particularidades e a prova dos autos, buscando encontrar uma solução em conformidade com o sistema normativo, a partir da Constituição Federal e dos direitos fundamentais nela assegurados, compreendendo toda a legislação infraconstitucional aplicável. Não se trata de tarefa que envolva a simples indicação de um direito já preestabelecido, mas, antes, é uma atividade intelectual complexa, de natureza criativa[519] resultante da interpretação do texto legal em consonância com a prova e com os termos da questão trazida para debate nos autos, que se submete, ainda, ao controle de constitucionalidade exercido por todo e qualquer magistrado em nosso sistema jurídico.[520]

9.1.2. A sentença como ato único. A teoria dos capítulos da sentença

Como regra geral, a sentença é usualmente proferida sob a forma de um pronunciamento judicial formalmente único, produzido em um único instante, mediante a prática de um único ato jurídico. Isso não impede, contudo, que esse mesmo ato único possa conter mais de uma decisão, de modo a ofertar solução a mais de uma questão. Nesse sentido, há o estabelecimento de capítulos da sentença, os quais podem solucionar tanto questões de mérito como também outras de natureza puramente processual. O reconhecimento dos chamados *capítulos* da sentença veio expresso no CPC, como se percebe dos artigos 966, § 1º, 1.009, § 3º, 1.013, §§ 1º e § 5º e 1.034, parágrafo único.

O raciocínio é lógico. Imagine-se uma petição inicial que elenque três questões distintas a serem julgadas (solicitação de declaração da rescisão do contrato, pleito de condenação do réu ao pagamento de dano material e pedido de condenação do réu ao pagamento de dano moral), a cada qual delas correspondendo um pedido do autor. Em tal contexto, a sentença deverá manifestar-se sobre cada um dos pedidos,

---

[519] A esse respeito, ver as palavras de ALVARO DE OLIVEIRA, Carlos Alberto. *Do Formalismo no Processo Civil*. 3ª ed. São Paulo: Saraiva, 2009. p. 223, enfatizando que "o juiz não é uma máquina silogística nem o processo, como fenômeno cultural, presta-se a soluções de matemática exatidão. Impõe-se rejeitar a tese da mecanicista aplicação do direito".

[520] Refletindo sobre o fato de a sentença contemplar um ato de inteligência (de razão) e de vontade (que é a do ordenamento jurídico) ver THEODORO JR., Humberto. *Curso de Direito Processual Civil*. Vol. I. 56ª ed. Rio de Janeiro: Forense, 2015. p. 1.037-1.038.

fracionando-se em três capítulos. Sob essa ótica, é possível a prolação de uma sentença que julgue procedente a ação para declarar a rescisão do contrato, julgue improcedente o pedido de indenização de danos morais por ausência de prova e julgue procedente o pedido relativo à condenação do réu ao pagamento de danos materiais. Da mesma forma, poderia a sentença concluir no sentido da extinção do processo sem resolução do mérito em relação a uma das questões mencionadas, de modo a conter um capítulo da sentença tratando sobre *questão eminentemente processual*. Assim ocorreria, exemplificativamente, em se tratando de sentença que afirmasse o não atendimento a uma das condições da ação, ou dispusesse sobre a presença de litispendência, de coisa julgada, ou, ainda, que afirmasse o não atendimento a outro pressuposto processual.

A possibilidade e a utilidade de fracionar-se a sentença em *capítulos* repercute e desdobra-se sobre o processo de inúmeras maneiras.[521] Essa fórmula produz impacto, por exemplo, no que se refere aos critérios de distribuição dos ônus sucumbenciais, ou, ainda, à delimitação da extensão efeito devolutivo em matéria recursal (recurso parcial e recurso total). Da mesma forma, é possível observar que a propositura de ação rescisória poderá ter como objeto apenas um ou alguns capítulos da sentença, a teor do constante do art. 966, § 3º, do CPC.[522]

Rompendo com a lógica da sentença como ato único, mas coerente com a teoria dos capítulos da sentença, estabeleceu o legislador a possibilidade de prolação de sentenças parciais. Nesse sentido, nos termos do disposto no art. 356 do CPC, poderá o magistrado proferir decisão em relação a um ou alguns dos pedidos formulados pelas partes se incontroversos, ou, ainda, em caso de desnecessidade de produção de maior dilação probatória. Presente alguma das hipóteses acima elencadas, o processo prossegue em relação à necessária produção de provas em relação aos demais pedidos ainda não julgados.[523]

---

[521] A possibilidade de fracionamento da sentença em capítulos e os desdobramentos daí decorrentes é questão tormentosa desde muito à doutrina e jurisprudência. Observou-se, inclusive, mudança da jurisprudência dominante do Superior Tribunal de Justiça sobre o tema. A esse respeito, consultar TEIXEIRA, Guilherme Puchalski. Sentenças objetivamente complexas: impossibilidade do trânsito em julgado parcial. *Revista de Processo*. vol. 162. p. 228. São Paulo: RT, ago. 2008.

[522] Em referência à evolução jurisprudencial que desencadeou a redação do art. 966, § 3º, ver as ponderações feitas por Rodrigo Barioni. In: WAMBIER, Teresa Arruda Alvim; DIDIER JR, Fredie; TALAMINI, Eduardo; DANTAS, Bruno (org.). *Breves Comentários ao Novo Código de Processo Civil*. São Paulo: Revista dos Tribunais, 2015. p. 2149.

[523] Em sentido contrário, tratando a decisão proferida na forma do art. 356 como decisão interlocutória, ver Ricardo Alexandre da Silva. In: WAMBIER, Teresa Arruda Alvim; DIDIER JR, Fredie; TALAMINI, Eduardo; DANTAS, Bruno (org.). *Breves Comentários ao Novo Código de Processo Civil*. Op. cit., p. 963.

9.1.3. A sentença e o tempo do processo. Sentença final. Sentença liminar. Sentença em sede de julgamento antecipado do mérito

Como regra, a sentença é decisão que encerra o debate processual como um todo, colocando fim ao procedimento pautado pelo respeito ao contraditório. Nesse sentido, fala-se em sentença final. A rigor, o encerramento do debate como um todo pode-se dar mediante a prolação de decisões em sete circunstâncias, a saber: a) a sentença que conclui pelo indeferimento da petição inicial (art. 330, combinado com o art. 485, ambos do CPC), b) a sentença que conclui pela improcedência liminar, na forma do art. 332, combinado com o art. 487, I ou II, ambos do CPC, c) a sentença que, em sede de julgamento conforme o estado do processo, extingue o processo sem resolução do mérito (art. 354, combinado com o art. 485, ambos do CPC), d) a sentença que, em sede de julgamento conforme o estado do processo, extingue o processo com resolução do mérito (art. 354, combinado com o art. 487, II ou III, todos do CPC), e) a sentença proferida em sede de julgamento antecipado do mérito (art. 355, combinado com art. 485, I, ambos do CPC), f) a sentença que encerra o debate em sede de processo de conhecimento após a produção de provas (art. 203, § 1º, combinado com os arts. 485 ou 487, todos do CPC), ou, ainda, g) a sentença que encerra a atividade de cumprimento da sentença ou de execução de título executivo extrajudicial (art. 203, § 1º, combinado com os arts. 924 e 925, todos do CPC).

Especificamente em relação às sentenças que concluem pela improcedência liminar do pedido (art. 332), pelo julgamento antecipado do mérito (art. 355) e pelo julgamento parcial do mérito (art. 356), cumpre observar que são elas ótimos exemplos de técnicas processuais criadas pelo legislador com vistas a fazer com que seja respeitado o direito fundamental à duração razoável do processo, consagrado no art. 5º, LXXVIII, da Constituição Federal.

No que se refere à sentença de improcedência liminar, destacam-se as seguintes características: a) há pronunciamento final – e não provisório – de mérito; b) é proferida *in limine litis* (isto é, logo no início do debate), sem que se estabeleça a oitiva da parte contrária (*inaudita altera parte*); e c) pode ser proferida independentemente da observância da ordem cronológica de julgamento dos processos, a teor do constante do art. 12, § 1º, I, do CPC. Sua prolação pressupõe obrigatoriamente a observância da autoridade dos pronunciamentos judiciais considerados vinculantes elencados no art. 927 do CPC. Na forma do *caput* do art. 332 do CPC, é possível ao juiz proferir sentença de improcedência liminar nos casos em que, não havendo a necessidade de produção de provas ulteriores, o pedido do autor contrariar a) enunciado de súmula do Supremo Tribunal Federal ou do Superior Tribunal de Justiça (art. 332, I, do CPC), b) acórdão proferido pelo Supremo Tribunal Federal ou pelo Superior Tribunal de Justiça em julgamento de recursos repetitivos (art. 332, II, do CPC), c) entendimento firmado em incidente de resolução de demandas repetitivas ou de assunção de competência (art. 332, III, do CPC), ou d) enunciado de súmula de tribunal de justiça sobre direito local (art. 332, IV do CPC). Essa correlação entre o constante dos artigos 332 e 927 expressa a vocação da fórmula legislativa ora comentada com vistas à solução de conflitos em sede de litigiosidade de massa,[524] bem como para a construção de decisões pautadas nos direitos fundamentais à segurança jurídica e à tutela jurisdicional isonômica.

Também é possível prolação de sentença de improcedência liminar nos casos em que o juiz reconheça a ocorrência de prescrição ou decadência (art. 332, § 1º, do CPC). Em tal caso, dispensar-se-á, excepcionalmente, a oitiva da parte-autora (art. 487, parágrafo único, do CPC), ao contrário do que sói acontecer em se tratando de hipóteses de reconhecimento de prescrição e decadência em sentenças prolatadas em outras circunstâncias.

As sentenças que são proferidas em sede de julgamento antecipado do mérito, na forma do art. 355 do CPC, também pressupõem a existência de cognição exauriente, solucionando de maneira definitiva a questão a ser julgada. A existência de cognição exauriente pode ser vista a partir da análise dos pressupostos a serem atendidos para a prolação dessa decisão, a saber, a) a desnecessidade de produção de provas ulteriores, bastando aquelas já constantes dos autos para formar o convencimento do juiz (art. 355, I, do CPC), ou, alternativamente, b) a presença de presunção de veracidade em relação às alegações sobre fatos formuladas pelo autor, decorrente da verificação de revelia, somada à ausência de requerimento de provas pelo réu revel (art. 355, II, combinado com o art. 344, ambos do CPC).

Em relação à sentença que implementa o julgamento antecipado do mérito, tem-se que tal decisão será combatida mediante apelação. No que se refere à decisão que estabelece o julgamento parcial do mérito (art. 356), nela é possível observar o julgamento de apenas uma parcela ou capítulo da sentença. A decisão, no entanto, será impugnável por agravo de instrumento (art. 356, § 5º), uma vez que o processo

---

[524] Assim também pensa THEODORO JR., Humberto. *Curso de Direito Processual Civil*. Vol. I. Op. cit., p. 759.

terá prosseguimento em primeiro grau para a produção da prova necessária e julgamento dos pedidos que não puderam ser antecipados.

9.2. Sentenças terminativas e sentenças definitivas

São *sentenças terminativas* aquelas proferidas nos casos elencados pelo art. 485 do CPC. Em tais casos, o juiz proferirá decisão que encerra o debate processual, sem, contudo, resolver a questão de mérito. Deixa-se o Autor sem resposta em relação aos seus pedidos em virtude de que não estavam satisfeitos todos os requisitos legais e/ou processuais para obter do Estado uma solução de mérito.[525]

As sentenças terminativas serão proferidas nas seguintes hipóteses: a) quando do indeferimento da petição inicial (art. 485, I, combinado com o art. 330, ambos do CPC); b) quando o processo ficar parado durante mais de 1 (um) ano por negligência das partes (art. 485, II); c) quando o autor abandonar a causa por mais de 30 (trinta) dias, por não promover os atos e as diligências que lhe incumbir (art. 485, III); d) quando verificada a ausência de pressupostos de constituição e de desenvolvimento válido e regular do processo (art. 485, IV); e) quando reconhecida a existência de perempção, de litispendência ou de coisa julgada (art. 485, V); f) quando verificada ausência de legitimidade ou de interesse processual (art. 485, VI); g) quando acolhida a alegação de existência de convenção de arbitragem ou quando o juízo arbitral reconhecer sua competência (art. 485, VII); h) quando homologada a desistência da ação (art. 485, VIII); i) se, em caso de morte da parte, a ação for considerada intransmissível por disposição legal. Da leitura do constante do *caput* e dos §§ 1º e 2º do art. 486 do CPC, observa-se que a propositura de nova ação idêntica é possível em tais casos, desde que não se façam novamente presentes os defeitos constantes dos incisos I, IV, V, VI e VII do art. 485 do CPC e que seja provado o pagamento das custas e dos honorários devidos no processo anteriormente extinto.

Sentenças definitivas, por sua vez, serão as sentenças que resolvem questão de mérito. São prolatadas nas seguintes hipóteses: a) no caso de a decisão acolher ou rejeitar o pedido formulado na ação ou na reconvenção (art. 487, I, do CPC); b) no caso de existência de decisão, de ofício ou a requerimento, sobre a ocorrência de decadência ou prescrição (art. 487, II, do CPC); c) no caso de a decisão homologar o reconhecimento, pelo réu, quanto à procedência do pedido formulado

---

[525] THEODORO JR., Humberto. *Curso de direito processual civil.* v. I. 56ª ed. Rio de Janeiro: Forense, 2015, p. 1.012.

na ação ou na reconvenção (art. 487, III, "a", do CPC); d) no caso de a decisão homologar a transação firmada pelas partes, tenha ela ocorrido ou não em juízo (art. 487, III, "b", do CPC); ou, ainda, e) no caso de a decisão homologar a renúncia, pelo autor, à pretensão formulada na ação ou na reconvenção (art. 487, III, "c", do CPC).

Perceba-se que, diversamente das *sentenças terminativas*, as *sentenças definitivas* decidem sobre o pedido do autor, acolhendo-o ou rejeitando-o, ainda que se restrinja a homologar ato das próprias partes. Dá-se, portanto, uma solução à lide, desaparecendo o conflito.

Vale lembrar que a prolação de sentenças que não resolvem a questão de mérito deve sempre ser vista de maneira subsidiária, tendo em vista a primazia da resolução do mérito, na forma do constante dos artigos 317 e 488 do CPC.[526]

9.3. Elementos essenciais da sentença

Os elementos que deverão compor a estrutura da sentença são aqueles previstos no art. 489 do CPC, quais sejam: a) o relatório, b) os fundamentos ou a motivação que justificam a conclusão expressa na decisão, e c) o dispositivo ou *decisum*.

9.3.1. Relatório

No *relatório*, cumpre ao juiz narrar os principais aspectos da questão discutida, em matéria de fato e de direito, bem como efetuar um relato dos atos processuais praticados ao longo do processo. Exige-se, com isso, que demonstre domínio aparente do processo que irá julgar.

O art. 38 da Lei nº 9.099/95 dispensa, no âmbito dos Juizados Especiais Cíveis, o requisito do relatório nas sentenças. A lógica do comando é aceitável, já que a *oralidade* e a *informalidade* de tal procedimento especial, somada à *sumariedade* que lhe é própria, faz com que a ata de audiência encerre relato de boa parte do que se passou ao longo do debate dos autos.

Convém contextualizar que o CPC, ao primar pela unidade do direito e consequente valorização dos precedentes, vinculantes (art. 927) ou persuasivos, estimula um cuidado maior com o relatório, pois serão estes fatos relevantes que irão aproximar ou afastar a aplicação

---

[526] Indo além, falando na "anormalidade" de sentenças que extinguem o processo sem resolução do mérito, ver ABELHA, Marcelo. *Manual de Direito Processual Civil*. 6ª ed. Rio de Janeiro: Forense, 2016. p. 640.

do precedente. Essa nova perspectiva em relação à aplicação de precedentes tende a atenuar até mesmo exceções como a vigente no âmbito dos Juizados Especiais Cíveis.[527]

9.3.2. Fundamentação

A *fundamentação* ou *motivação* é, nada menos, do que aquilo que condiciona e justifica a interferência estatal, algo intrínseco ao Estado de Direito. A ausência de fundamentação é exigência própria de um Estado Democrático de Direito, e sua exigência vem expressa no art. 93, IV, da Constituição Federal. As partes possuem o direito fundamental à motivação das decisões judiciais, o qual é parte integrante do devido processo legal, aplicando-se a toda e qualquer decisão, monocrática ou coletiva.

A exigência de fundamentação também cumpre uma *função endoprocessual*, revelando as razões do convencimento do julgador. Permite às partes e seus procuradores a compreensão das razões de decisão e um consequente controle do julgado pela via recursal.[528] Por fim, viabiliza o aprimoramento da decisão pelo próprio Poder Judiciário, mediante a atuação dos juízes e dos órgãos de instância superior.

Exige-se que a motivação da decisão atenda à exigência de racionalidade. O julgador – e sua decisão – deverão projetar-se sobre a normatividade existente, sobre os fatos da causa e a prova produzida, analisando tais premissas e construindo conclusões de forma lógica e justificada.

A qualidade da motivação será fundamental para que a decisão possa servir como precedente, persuasivo ou vinculante nas hipóteses do art. 927.[529] Para além da solução do litígio entre as partes, as decisões judiciais projetam-se à sociedade, contribuindo para a estabilidade, previsibilidade e unidade do direito.[530] Atribui-se, nesse sentido, função *extraprocessual* à motivação das decisões.

O CPC trouxe importantes contribuições no que se refere ao reforço ao dever de fundamentação das decisões judiciais. O art. 489, § 1º, elenca diversas hipóteses nas quais a decisão *não* será conside-

---

[527] Assim também pensa José Roberto dos Santos Bedaque, in WAMBIER, Teresa Arruda Alvim, DIDIER JR, Fredie, TALAMINI, Eduardo; DANTAS, Bruno (org.). *Breves Comentários ao Novo Código de Processo Civil*. Op. cit., p. 1.229.

[528] TARUFFO, Michelle. *La motivazione dela sentenza*. Padova: CEDAM, 1975, p. 125 e ss.

[529] MITIDIERO, Daniel. Fundamentação e precedente – dois discursos a partir da decisão judicial. *Revista de Processo*. São Paulo: RT. 2012, n. 206.

[530] DIDIER JR., Fredie; BRAGA, Paula Sarno; ALEXANDRIA DE OLIVEIRA, Rafael. *Curso de direito processual civil*. Op. cit. p. 315.

rada fundamentada, deixando claro que não basta a apresentação de qualquer pretensa justificativa para que a decisão possa ser considerada efetivamente motivada. Por via transversa e de forma não exaustiva, o Código traça os contornos mínimos do que seria uma decisão suficientemente motivada.

Nos termos do citado comando, não se considera fundamentada ou *suficientemente* fundamentada toda e qualquer decisão que:

I – se limitar à indicação, à reprodução ou à paráfrase de ato normativo, sem explicar sua relação com a causa ou a questão decidida;

É fundamental que o julgador justifique as razões para a aplicação do dispositivo legal escolhido, não sendo suficiente a sua mera indicação ou reprodução.

II – empregar conceitos jurídicos indeterminados, sem explicar o motivo concreto de sua incidência no caso;

A utilização de conceitos indeterminados é técnica legislativa cada vez mais usual. Exemplos como *boa-fé*, *função social*, *abuso de direito*, *dignidade* são típicos exemplos desta vagueza, que permite ser preenchida com as particularidades do caso concreto, adequando-se à realidade e constante mutação social. Conceitos vagos apresentam dinâmica para adaptar-se à transformação das relações sociais. Ao explicitar o motivo da sua incidência no caso concreto, afasta-se a *arbitrariedade* no emprego destes conceitos pelo órgão jurisdicional, permite-se sua compreensão e viabiliza-se o seu controle via recurso.

III – invocar motivos que se prestariam a justificar qualquer outra decisão;

Coíbem-se *decisões padrão*, distanciadas de qualquer circunstância que a aproxime do caso concreto.

IV – não enfrentar todos os argumentos deduzidos no processo capazes de, em tese, infirmar a conclusão adotada pelo julgador;

Não se trata de manifestar sobre *todas* as questões suscitadas, e sim *àquelas* com aptidão para influir sobre o julgamento e levar à conclusão diversa. Vê-se que não basta uma fundamentação parcial, deverá ela ser completa em relação a todos os fatos e fundamentos capazes de "infirmar a conclusão adotada pelo julgador".

V – se limitar a invocar precedente ou enunciado de súmula, sem identificar seus fundamentos determinantes nem demonstrar que o caso sob julgamento se ajusta àqueles fundamentos;

Impõe-se ao julgador bem demonstrar a pertinência da aplicação do precedente ao caso concreto, aproximando a moldura fática dos julgados, bem como identificando os seus fundamentos determinantes.

VI – deixar de seguir enunciado de súmula, jurisprudência ou precedente invocado pela parte, sem demonstrar a existência de distinção no caso em julgamento ou a superação do entendimento.

O CPC/2015 pretende atingir o objeto último de gerar unidade, estabilidade e previsibilidade do Direito, impondo ao julgador a obrigação de demonstrar a distinção ou a superação de entendimento sempre que o caso ajustar-se à possível aplicação de enunciado de súmula, jurisprudência ou precedente.

Vale referir que a relação de hipóteses trazidas pelo legislador é meramente exemplificativa. De acordo com o CPC, a *deficiência* de fundamentação equivale à *ausência* de fundamentação, tratando-se de vício que invalida o ato decisório. Não se trata, entretanto, de decisão *inexistente*, pois inegavelmente haverá uma decisão. O caso é de decisão anulável, em face da qual poderá a parte manejar recurso ou, após o trânsito em julgado, propor ação rescisória, a fim de que, em ambos os casos, seja prolatada outra decisão suficientemente fundamentada em seu lugar.

9.3.3. Dispositivo

No *dispositivo*, o julgador, de acordo com a fundamentação adotada na decisão, estabelecerá o comando a ser observado pelas partes, em caso de decisão com resolução da questão de mérito. Nos casos em que a decisão extinguir o processo sem resolução do mérito, o dispositivo limitar-se-á à determinação quanto ao final do debate processual, não indicando a solução a ser observada em relação à questão de mérito.

9.4. Eficácias da sentença. Eficácia principal da sentença. Eficácias reflexas da sentença. Eficácias anexas da sentença

A sentença veicula um comando, o qual, por sua vez, produz eficácias ou consequências. Essas eficácias podem ser de diversas espécies.

A eficácia principal da sentença corresponde ao conteúdo da espécie de tutela jurisdicional veiculada na sentença a ser observada pelas partes. A sentença pode veicular tutela jurisdicional declaratória (certificando a existência ou inexistência de vínculos jurídicos), tutela jurisdicional constitutiva (criando, modificando ou extinguindo vínculos jurídicos), tutela jurisdicional condenatória (conclamando uma das partes ao pagamento de obrigação de pagar quantia), tutela jurisdicional executiva *lato sensu* (determinando o adimplemento de obrigação de dar ou de restituir coisa) ou mandamental (determinando o adimplemento de obrigação de fazer ou de não fazer).[531]

Por eficácia reflexa da sentença entende-se a produção de efeitos da sentença em relação a terceiros, isto é, a sujeitos que não figurem como parte da relação processual. Para que haja a produção dos efeitos reflexos da sentença, como regra geral, impõe-se que a esses terceiros seja assegurado o direito fundamental ao contraditório, sendo-lhes dada a oportunidade de participar do debate processual, sendo-lhes oportunizada a chance de falar nos autos, de modo a exercer influência na construção da decisão judicial. A produção de eficácia reflexa da sentença depende da existência de decisão expressa a esse respeito. Exemplo de produção dessa eficácia reflexa da sentença pode ser visto no constante do art. 59, § 2º, da Lei nº 8.245/91, segundo o qual a eficácia da sentença da ação de despejo em relação ao sublocatário fica condicionada à sua prévia ciência quanto à existência do debate processual, bem como de oportunidade para participação na construção da decisão judicial.

A eficácia anexa da sentença, por sua vez, diz respeito à produção de efeitos da sentença previstos em lei, que se operam de maneira automática, independentemente da presença de comando expresso na sentença.[532] Exemplo desses efeitos anexos da sentença pode ser visto na produção da hipoteca judiciária sobre os bens da parte sucumbente em favor da parte vencedora, prevista no art. 495 do CPC.

9.5. A sentença e a regra de congruência

A regra da congruência dispõe no sentido de que deve haver correspondência entre o objeto do pedido e a questão decidida na sentença. Trata-se de limite ao exercício da própria jurisdição. Não por outra razão, o art. 141 do CPC determina que o juiz deva decidir o mérito nos limites propostos pelas partes, vedando-lhe conhecer de questão não suscitada, que exigem a iniciativa da parte. Delimitando os contornos desta esfera de atuação do juiz, o art. 492 vem complementar

---

[531] A respeito das diversas espécies de tutela jurisdicional, ver as lições de ALVARO DE OLIVEIRA, Carlos Alberto. *Teoria e Prática da Tutela Jurisdicional*. Rio de Janeiro: Forense, 2009. especialmente p. 145 e seguintes, e, com algumas diferenças (em especial no que se refere à definição da tutela jurisdicional condenatória, com ulteriores desdobramentos), YARSHELL, Flavio Luiz. *Tutela Jurisdicional*. 2ª edição. São Paulo: DPJ Editora, 2006. p. 152-180.

[532] Esses efeitos anexos são chamados de efeitos secundários por THEODORO JR., Humberto. *Curso de Direito Processual Civil*. Vol. I. Op. cit., p. 1.081.

a intransponível congruência, nestes exatos termos: "é vedado ao juiz proferir decisão de natureza diversa da pedida, bem como condenar a parte em quantidade superior ou em objeto diverso do que lhe foi demandado".

Resulta daí que o juiz deverá ater-se ao pedido das partes, tanto àqueles formulados pelo autor na petição inicial quanto àqueles apresentados pelo réu na contestação, em sede de reconvenção.[533] São defeituosas as sentenças que deixam de julgar um pedido (*sentença citra petita*), que julgam para além do pedido (*sentença ultra petita*) ou que decidir sobre questão diversa daquela que era objeto do pedido (*sentença extra petita*).

Em se tratando de sentenças *citra petita*, cabe ao julgador, diante de recurso interposto pela parte prejudicada, sanar o defeito encontrado, colmatando a lacuna existente. Frise-se que não é viciada a sentença que, analisando os pedidos formulados pela parte, julga a ação parcialmente procedente, analisando todos os pleitos da parte e rejeitando-os em parte.[534]

Repare-se que sequer terá havido contraditório a respeito da parte na qual o juiz extrapolar ao pedido (*ultra petita*) ou decidir sobre coisa diversa (*extra petita*). Nos casos de decisão *ultra petita*, havendo sido interposto recurso pela parte prejudicada ou manejada ação rescisória, deverá o julgador invalidar apenas a parte ou parcela que superar o pedido, não sendo o caso de invalidar-se toda a decisão. Em se tratando de decisão *extra petita*, cabe ao julgador, diante de recurso ou de ação rescisória, impor a invalidação da decisão como um todo.

Impõe-se, contudo, ressalvar as situações em que o julgador está autorizado, por lei, a ir além do que foi expressamente pedido pela parte. É o caso, por exemplo, dos chamados *pedidos implícitos* (art. 322 e 323 do CPC), bem como veiculação de *astreintes* nas decisões que impõem às partes o dever de fazer, não fazer ou de entrega de coisa (arts. 139, IV, 537 e 538, § 3º, do CPC).

Sob outro enfoque, a sentença não deverá ser *congruente* apenas em relação à demanda (congruência externa), deverá ser *congruente* também em relação a si própria (congruência interna).

Daí exigir-se que a sentença seja *clara* e *precisa*, de modo a evitar ambiguidades e incertezas, solucionando de modo inteligível e preciso

---

[533] Assim pensa Clayton A. Maranhão, In: CUNHA, José Sebastião Fagundes (coord.). *Código de Processo Civil Comentado*. São Paulo: Revista dos Tribunais, 2016. p. 773.

[534] É também a posição de Fernando da Fonseca Gajardoni, in GAJARDONI, Fernando da Fonseca; DELLORE, Luiz; ROQUE, André Vasconcelos; OLIVEIRA JR., Zulmar Duarte de. *Teoria Geral do Processo*: Comentários ao CPC de 2015: Parte geral. Op. cit., p. 474.

a controvérsia submetida ao judiciário. Note-se, aliás, que caberão embargos de declaração sempre que a sentença (*lato sensu*) se mostrar obscura ou contraditória (art. 1.019). A decisão *imprecisa* não poderá ser executada. A decisão deverá ser *certa*, mesmo que decida sobre relação jurídica condicional (art. 492, parágrafo único). A sentença também deverá ser *líquida* sempre que o processo apresentar elementos suficientes para definir o montante da obrigação (art. 491). De outro modo, se condenar qualquer das partes ao pagamento de quantia ilíquida, proceder-se-á a sua liquidação em fase posterior, nos termos dos arts. 509 e seguintes do CPC.

10. Tutela provisória

Hilbert Maximiliano Akihito Obara

O CPC de 2015, no Livro V, Título I, trata das tutelas provisórias, classificando-as, no art. 294, em tutelas de urgência e evidência. As tutelas provisórias de urgência são diferenciadas, no parágrafo único do mesmo artigo, em tutela provisória de urgência antecipada e cautelar.

A base teórica adotada pelo código, notadamente, é a de Piero Calamandrei, posto que para Ovídio Araújo Baptista da Silva as tutelas cautelares não poderiam constar do gênero provisório.[535] De qualquer modo, em face da limitação imposta ao trabalho, trataremos do tema de acordo com a linguagem do código sem adentrar nas demais questões teóricas circunstanciais. Em sendo assim, todas as tutelas mencionadas são tidas como provisórias porque vão dar ensejo a tutelas definitivas.

A tutela provisória é aquela que decorre de decisão proferida com base em cognição vertical sumária.[536] A cognição vertical sumária é, na linguagem do código, aquela que decorre da probabilidade do direito averiguada pelo Estado-juiz. Ou seja, a cognição vertical sumária pressupõe a análise incompleta do conteúdo probatório. Dessa análise o julgador fica convencido de que as alegações fáticas postas são verídicas e que os mencionados fatos constatados através de um contexto probatório incompleto, em princípio, indicam que há um direito a ser tutelado. Na doutrina e na jurisprudência é comum a utilização de expressões com sentido muito aproximado, e em muitos

---

[535] Ovídio e Calamandrei diferenciam temporariedade e provisoriedade, no sentido de que o provisório teria aptidão para se tornar definitivo, enquanto que o temporário não. Ocorre que enquanto Calamandrei defende a tese da provisoriedade da cautelar Ovídio leciona que a cautelar seria temporária. A propósito ver: SILVA, Jaqueline Mielke. *Tutela de Urgência – de Piero Calamandrei a Ovídio Araújo Baptista da Silva*. Editora Verbo Jurídico, 2009.

[536] Sobre a temática da cognição no processo civil, nas suas variadas classificações ver a obra clássica de WATANABE, Kazuo. *Da cognição no processo civil*. São Paulo: Revista dos Tribunais, 1987.

casos idênticos, dentre elas, a verossimilhança, a fumaça do bom direito, o juízo de aparência, o juízo de não certeza etc.

A tutela definitiva, de outro lado, advém de um pronunciamento judicial amparado em cognição vertical exauriente. A cognição vertical exauriente exige o esgotamento das provas ou da oportunidade para a produção das mesmas. É comum a lição de que a cognição vertical exauriente seria o juízo de certeza.[537] Na realidade, o que acontece é que o encerramento da fase probatória impele o julgador a dar uma decisão que teria força de produzir a perseguida imutabilidade decorrente da coisa julgada material, portanto, com grau de probabilidade muito mais exigente do que o da cognição vertical sumária. A propósito, a cognição vertical sumária possui diversos graus de aproximação dos fatos. A cognição vertical do início do processo tem grau de aparência menor do que o grau alcançado após as provas documentais acostadas na contestação, que, por sua vez, é menor do que aquele alcançado após a produção de outros elementos de prova. Porém, com o esgotamento instrutório, há o maior nível de aproximação dos fatos possível no processo quando então ocorre a denominada cognição exauriente.

Há um vínculo indissociável entre tutela provisória e definitiva. Toda tutela provisória está fadada a ser substituída por uma tutela definitiva. A tutela provisória é caracterizada por estar condicionada inevitavelmente a um lapso temporal. A tutela provisória dura até que o procedimento determine a sua exclusão e a assunção da tutela definitiva. A tutela definitiva, por sua vez, diferentemente, não está vinculada a lapso temporal. Nela há a pretensão da imutabilidade, enquanto as coisas permanecerem como estão,[538] decorrente da coisa julgada material. No entanto, é importante gizar que não se está dizendo que a tutela definitiva sempre confirmará a tutela provisória. O que se disse é que a cognição vertical sumária dará ensejo à cognição vertical exauriente, que eventualmente também pode gerar convencimento em sentido diverso daquele anterior. A substituição pela tutela definitiva ocorrerá também quando sobrevier um julgamento de improcedência ou parcial procedência, quando então poderá haver a revogação ampla ou parcial da decisão concessiva da tutela provisória.

---

[537] Vinculando tal noção á clássica distinção de verdade formal ou real. Contudo, na hermenêutica filosófica de Gadamer, tal classificação é fenomenologicamente inconcebível. Há por trás da referida classificação uma matriz filosófica ultrapassada platônica-tomista que permite a separação do mundo dos fatos e mundo do Direito. Ver a propósito: STRECK, Lenio Luiz. *Hermenêutica e(m) crise*. Porto Alegre: Livraria do Advogado, 1999.

[538] Expressão da cláusula *rebus sic stantibus*.

10.1. Tutela de urgência

A tutela de urgência pode ser antecipada ou cautelar. Havia divergência doutrinária a respeito do grau de exigência da cognição vertical sumária para a tutela antecipada e cautelar. Uma parcela da doutrina defendia que o grau de exigência da *verossimilhança da alegação* era maior para a tutela antecipada, por estar amparada em *prova inequívoca* enquanto que o *fummus boni iuris* tinha um grau de exigência menor em relação à cognição judicial.[539] No entanto, a opção legislativa do Código de Processo Civil de 2015 de dar o mesmo tratamento, em relação aos referidos requisitos, como deixa gizada a regra do art. 300: "A tutela de urgência será concedida quando houver elementos que evidenciem a probabilidade do direito e o perigo de dano ou o risco ao resultado útil do processo".

A *probabilidade do direito* é requisito comum a todas as tutelas provisórias. Se é tutela provisória é porque está baseada em cognição vertical sumária. Isto é, tanto a tutela de urgência quanto a tutela de evidência terão em comum a cognição vertical sumária. O que diferencia a tutela de urgência da tutela de evidência é o *perigo de dano ou risco ao resultado útil do processo*, cuja previsão no código é exclusiva para as tutelas de urgência.

A respeito do perigo que é elemento diferencial da tutela de urgência, é necessário referir que a menção expressa ao perigo de dano e risco ao resultado útil do processo é revelador da opção legislativa pela tese de Calamandrei de que a cautelar teria a função de assegurar o processo principal. A adoção da tese de asseguramento do processo e não do direito material confere à cautelar um conteúdo não satisfativo.[540] Assim, há referência a uma situação de prevenção do perigo de dano que seria inerente à tutela antecipada (satisfativa) e de asseguramento[541] do resultado útil do processo principal que revelaria a natureza cautelar (não satisfativa).

Embora não reconheça o requisito da irreversibilidade, não há como deixar de mencionar que boa parte da doutrina o defende como

---

[539] Expressões em itálico que eram comumente utilizadas antes da vigência do CPC de 2015 e que constavam, as primeiras, no art. 273 do CPC de 1973.

[540] Tese diversa de Ovídio Araújo Baptista. A propósito ver: SILVA, Jaqueline Mielke. *Tutela de Urgência: de Piero Calamandrei a Ovído Araújo Baptista da Silva*. Porto Alegre: Verbo Jurídico, 2009.

[541] A propósito Luiz Guilherme Marinoni afirma que a cautelar não teria caráter preventivo por objetivar o asseguramento da frutuosidade do direito e não prevenir o dano decorrente do ato ilícito. Ver a propósito: MARINONI, Luiz Guilherme; ARENHART, Sérgio Cruz. *Curso de Processo Civil. Processo cautelar*. 6. ed. São Paulo: Revista dos Tribunais, 2014. v. 4. No entanto, boa parte da doutrina utiliza a expressão perigo de dano indistintamente, o que permite afirmar a natureza preventiva tanto para a tutela antecipada quanto para a cautelar.

requisito negativo das tutelas de urgência. Portanto, para esses doutrinadores, as tutelas de urgência devem estar fundamentadas em três elementos: cognição vertical sumária, perigo de dano e irreversibilidade. Com isso, poderia ser dito que as tutelas de urgência possuem dois requisitos positivos (cognição vertical sumária e perigo de demora) e um requisito negativo (risco de irreversibilidade da situação fática).[542] [543]

O requisito negativo da irreversibilidade pressupõe que os efeitos da situação fática advinda da tutela de urgência possa ser restaurada tal como estaria se não tivesse havido a intervenção judicial. Se não houver a reversibilidade dos efeitos da situação fática gerada pelo provimento o juiz não poderá conceder a tutela de urgência. Pela necessidade do tratamento isonômico também não poderia ser admitida a não concessão da tutela de urgência se a irreversibilidade dos efeitos fáticos decorrente da não concessão da tutela viessem a atingir apenas ao autor. E nas hipóteses em que tanto o autor quanto o réu pudessem ter contra si efeitos fáticos irreversíveis seja pela concessão ou não da tutela de urgência deveria o julgador optar pela tutela do interesse mais provável em detrimento do menos provável. A essa situação aplicava-se a denominada teoria da irreversibilidade recíproca.[544] [545]

No entanto, emprego um *standard de racionalidade*[546] filosófico para objetar a adoção do requisito da irreversibilidade. A justificação fenomenológica da hermenêutica filosófica não permite a dualidade mundo do direito e mundo dos fatos. Secundando a Stein defendo que os institutos a serem utilizados nas diversas áreas do conhecimento hu-

---

[542] Exemplificativamente, reconhecendo o requisito negativo, pode ser citado: BEDAQUE, José Roberto dos Santos. In: MARCATO, Antônio Carlos (coord.). *Código de Processo Civil Interpretado*. São Paulo: Atlas, 2003, p.800

[543] O CPC de 2015 prevê expressamente o requisito negativo da irreversibilidade na tutela antecipada: Art. 300. A tutela de urgência será concedida quando houver elementos que evidenciem a probabilidade do direito e o perigo de dano ou o risco ao resultado útil do processo.... § 3º A tutela de urgência de natureza antecipada não será concedida quando houver perigo de irreversibilidade dos efeitos da decisão.

[544] "Com certa freqüência, o pressuposto da irreversibilidade ficará "superado" ante a constatação da "recíproca irreversibilidade". Concedida a AT, e efetivada, cria-se situação irreversível em favor do autor; denegada, a situação será irreversível em prol do demandado". (Carneiro, Athos Gusmão. Da antecipação de Tutela, 6. ed., Rio de Janeiro, Forense, 2006, p. 87.)

[545] Ovídio não foi diferente ao reconhecer a tese diversa da defendida a favor da reversibilidade constante do CPC "Tratando-se de medida liminar satisfativa, capaz de provocar uma situação definitiva e irreversível, recomenda-se cautela redobrada do juiz ao concedê-la, ao passo que o trato das autênticas medidas cautelares, posto que produtores de situações fáticas por natureza reversíveis, poderá exigir do magistrado uma densidade menor de convencimento inicial". (SILVA, Ovídio Araújo Baptista da. *Decisões interlocutórias e sentenças liminares. Da sentença Liminar à Nulidade da Sentença*. Rio de Janeiro: Forense, 2002.)

[546] Ver a propósito: STEIN, Ernildo. Exercícios de Fenomenologia: Limites de um Paradigma. Ijuí: Unijuí, 2004. Parte III, Capítulos 1 e 2.

mano não podem ignorar a hermenêutica filosófica. Muito antes pelo contrário, há a necessidade de uma filtragem hermenêutica filosófica, na medida em que a mesma se constitui em condição de possibilidade para as demais áreas de conhecimento. Portanto, no Direito, mesmo em nível diverso do hermenêutico filosófico, deveriam ser barrados os institutos que não passassem pela referida filtragem, pois não seriam aptos a proporcionar contribuição relevante, mas muito antes o contrário seriam potenciais geradores de dificuldades e aporias. Isso é o que ocorre com a irreversibilidade recíproca.

Há assim um vetor de conhecimento oriundo da filosofia que não pode ser ignorado na situação vertente. Objetivando ilustrar de forma didática o que se está a defender é caso de trazer à baila a conhecida e antiga lição do pensador grego Heráclito, no sentido de que "ninguém se banha no mesmo rio duas vezes", na medida em que aquele que se banha já não é mais o mesmo, e o rio também já não é o mesmo, por ocasião do segundo banho. Portanto, salta aos olhos que nenhuma situação ou os efeitos fáticos podem vir a ser restaurados minimamente, quanto mais na *"integralidade"*, *"tal como estaria se não tivesse havido a intervenção judicial"*, restaurando o *status quo*, pois a restauração, na realidade, sempre será impossível.[547]

Atentando-se e atendendo ao supramencionado que denomino de *primado fenomenológico* em detrimento dos dogmas do "mundo jurídico", não há como permitir o requisito negativo da irreversibilidade recíproca. Na situação concreta, objetivando permitir a concessão de tutelas de urgência, o que se exige, na realidade, por parte do julgador, é uma análise meticulosa, séria e com o máximo aprofundamento permitido, pela fase procedimental e pela situação de urgência, das alegações constantes do pedido de urgência e uma previsibilidade das consequências fáticas que poderão advir para ambas as partes tanto para a hipótese de deferimento quanto para a de indeferimento da tutela de urgência, objetivando a solução adequada ao caso, ainda que possa vir a gerar os efeitos adversos para o sucumbente.

O objetivo didático do presente trabalho, contudo, exige o registro de que no CPC de 2015, em seu art. 300, § 3º, há previsão expressa da irreversibilidade a vedar a concessão da antecipação de tutela. Previsão idêntica já estava presente no § 4º do art. 273 do CPC de 1973. A leitura que já se fazia e continua presente é, inclusive, no sentido de se estender a exigência para a cautelar denominando-a de requisito do *periculum in mora inverso*.

---

[547] Em itálico e entre aspas expressões que são comumente utilizadas para explicar a irreversibilidade.

Com o mesmo fim, cabe alertar para a ausência de identidade entre reversibilidade e revogabilidade. A revogabilidade, diferentemente da reversibilidade, diz respeito ao pronunciamento judicial. A decisão judicial pode vir a ser alterada/excluída do processo, caracterizando a revogação, enquanto a reversibilidade estaria relacionada aos acontecimentos fáticos.[548]

10.2. Técnica antecipatória

No período de vigência do Código de Processo Civil de 1973, anterior á vigência da Lei 8.952/94, todas as tutelas de urgência eram tratadas como cautelares, tendo, portanto, como requisitos o *fumus boni iuri* e *periculum in mora*. As tutelas antecipadas também eram submetidas a esses requisitos e tinham todo tratamento do Processo Cautelar, previsto a partir do art. 796 até o 889 do Código de Processo Civil de 1973. O único meio de se obter a antecipação do provimento de urgência de direito material era o processo cautelar.[549] E isso era necessário para se obter a sumarização procedimental e os cortes procedimentais, especialmente a liminar, previstos no processo cautelar.

A inexistência de regramento específico propiciou a identificação da "força expansiva cautelar", expressão do doutrinador italiano Frederico Carpi, que era caracterizada pelo ampliação do processo cautelar para incorporar tutelas de direito material, ultrapassando, portanto, o objetivo de mero asseguramento. Com isso, se propunha a ação, que na realidade não tinha natureza jurídica assecuratória, como se cautelar fosse e, seguindo-se o rito cautelar, obtinha-se a tutela que era antecipatória e após transformava-se em definitiva, produzindo, inclusive, coisa julgada.

Por terem objetivo de natureza jurídica distinta das verdadeiras cautelares, passaram a ser denominadas, as referidas ações, de pseudocautelares ou cautelares satisfativas. Assim, por exemplo, antes de 1994, se o cidadão fosse buscar junto ao Judiciário um medicamento em situação de urgência que não estivesse sendo fornecido pelo Estado deveria ajuizar ação cautelar satisfativa de obrigação de entregar

---

[548] "A "irreversibilidade" não se refere propriamente ao "provimento" antecipatório, mas sim aos efeitos do provimento. O provimento, em si mesmo, como decisão judicial passível de recurso e que pode ser revogada ou modificada a qualquer tempo (art. 273, § 4º), é eminentemente reversível". (CARNEIRO, Athos Gusmão. *Da antecipação de Tutela*, 6. ed. Rio de Janeiro: Forense, 2006, cap. XIII.)

[549] A referência diz respeito à antecipação de direitos em geral, pois já havia diversos procedimentos especiais que continham técnica antecipatória. Como as possessórias, mandados de segurança etc.

coisa certa. Dentro do instrumental processual existente na época a técnica antecipatória adotada pelo operador jurídico para obter a tutela de interesses relevantes de caráter não asseguratório. No entanto, após a implementação da alteração do art. 273 do Código de Processo de 1973, com a Lei 8.952/94, não mais se justifica esse proceder. Surgiu a técnica antecipatória adequada para o direito material, diversa da técnica do procedimento cautelar.

No código de Processo Civil de 1973, como regra, após o advento da introdução da antecipação de tutela, não seria de se admitir as ações cautelares satisfativas ou pseudocautelares. No entanto, havia algumas cautelares nominadas, típicas, específicas, que foram concebidas com a natureza não asseguratória, ou seja, como cautelares satisfativas ou pseudocautelares. As referidas ações continuaram previstas no código e permaneceram em nosso ordenamento jurídico até o advento da vigência do Código de Processo Civil de 2015, onde há rol exemplificativo de cautelares (art. 301), mas não há mais previsão para as cautelares satisfativas e pseudocautelares, em face da perda da tipicidade e especificidade legal.

Em que pese a liminar seja o corte procedimental mais destacado na técnica antecipatória, é possível que as tutelas de urgência possam vir a ser concedidas em qualquer outra fase do procedimento. A esse respeito, é importante que se esclareça que, mesmo quando a tutela de urgência é dada de imediato, logo após a propositura da ação, não há prejuízo irreparável ao contraditório e ampla defesa, pois, posteriormente haverá a continuidade do processo com a observância das referidas garantias constitucionais. O detalhamento das hipóteses específicas de antecipação serão tratadas logo adiante em tópicos diversos.

A propósito, cabe destacar que na sistemática adotada pelo Código de Processo Civil não é possível confundir liminar com tutela antecipada ou cautelar. As tutelas de urgência podem ter caráter liminar ou não. Se as tutelas de urgência são concedidas de imediato, no início do procedimento, na origem do processo serão liminares. Podem tais tutelas ter deferimento no curso, na sentença ou até no cumprimento da sentença, mas então não serão mais liminares.

A técnica antecipatória objetiva a celeridade e para tanto pressupõe que o conhecimento e a execução ocorram conjuntamente. Há, assim, o abandono da dicotomia do processo clássico para adotar o sincretismo. A cognição vertical sumária é essencial para a técnica antecipatória, porém a mesma só atende ao interesse da parte se tiver agregada à decisão o que a doutrina clássica denomina de eficácia executiva *lato sensu* ou mandamental.[550]

10.3. Cautelar

10.3.1. Conceito

A tutela cautelar é a proteção concedida pelo Estado-juiz, decorrente de um processo e decisão judicial, que objetiva assegurar a um processo principal ou a um direito material.[551] Como referido, em face dos limites traçados para o presente trabalho, será adotada apenas a primeira corrente por ser utilizada, quase em sua integralidade, pelo atual código. Comumente, na referida corrente, é dito que a tutela cautelar assegura um provimento jurisdicional satisfativo a ser alcançado no processo de conhecimento ou execução, que são, assim, considerados processos principais, em relação ao processo cautelar, que seria acessório. Ou, como está gizado no atual código, para assegurar o risco ao resultado útil do processo. Obviamente, a concessão da tutela cautelar está condicionado ao atendimento dos requisitos que foram anteriormente mencionados.

Enquanto grande parte da doutrina defende a natureza preventiva da tutela cautelar por entender que evita o dano decorrente da ineficácia do processo principal, outra parte da doutrina defende que o asseguramento não é preventivo. Para essa corrente, que tem como um de seus expoentes Luiz Guilherme Marinoni, a cautelar não seria apta a evitar o dano decorrente do ato ilícito, que em se tratando de tutela de urgência, só poderia ocorrer através da tutela antecipada. Isso porque a tutela cautelar atua em situação distinta daquela destinada à tutela antecipada e em relação ao dano decorrente do ato ilícito seria independente. A tutela cautelar objetiva assegurar a frutuosidade do direito, que inclusive, em muitos casos, como nas demandas ressarcitórias, tem como pressuposto a ocorrência do ato ilícito e do dano.

10.3.2. Procedimento

Houve significativa alteração procedimental do código anterior (CPC de 1973) em relação ao código atual (CPC de 2015). Havia a pre-

---

[550] Ver a propósito a doutrina clássica de Pontes de Miranda que classifca as eficácias em declaratória, constitutiva, condenatória, executiva lato sensu e mandamental.
[551] Reitero que dois dos grandes expoentes de cada uma dessas correntes são Piero Calamandrei e Ovídio Baptista, respectivamente. A propósito ver: SILVA, Jaqueline Mielke. *Tutela de Urgência: de Piero Calamandrei a Ovído Araújo Baptista da Silva*. Porto Alegre: Verbo Jurídico, 2009.

visão de um livro próprio ao processo autônomo cautelar. Como consequência o código previa um procedimento cautelar completamente dissociado do dos procedimentos do processo de conhecimento e de execução. O procedimento cautelar podia ser comum ou específico. O comum era utilizado para todas as cautelares atípicas, inominadas, inespecíficas, sendo que a aplicação nas cautelares típicas, nominadas e especificas ocorria apenas de maneira subsidiária, já que possuíam procedimento próprio, diferenciado.[552] No código atual, de regra, utilizar-se-á o procedimento comum do processo de conhecimento, previsto a partir do art. 318, exceto em relação à fase inicial do procedimento da tutela cautelar requerida em caráter antecedente[553] cujo procedimento inicia diferenciado, caracterizado por uma sumariedade procedimental, mas acaba por desaguar no procedimento comum.[554]

No requerimento incidental da tutela cautelar, comumente o pedido será realizado conjuntamente com o pedido principal (§ 1º do art. 308, CPC/15), na mesma petição que deverá atender a todos os requisitos do art. 319 do código de 2015. Na referida petição deverão ser somados os argumentos relacionados aos requisitos da cautelar, de modo a permitir a análise do pedido de tutela cautelar. De qualquer modo, nada obsta que no curso de qualquer procedimento, em se verificando a necessidade da tutela cautelar, que o autor faça o requerimento incidentalmente. Inclusive, há que se permitir a concessão eventual da tutela de urgência cautelar de ofício, em qualquer fase do procedimento, por aplicação do poder geral de cautelar.

O procedimento da tutela cautelar requerida em caráter antecedente está previsto nos arts. 305 e seguintes do código.

O procedimento inicia-se com a petição inicial cautelar, que tem elementos especiais (art. 305, CPC/15) relacionados à indicação do fundamento e da lide pretensamente definitiva, bem como as asserções relacionadas aos requisitos da cautelar. Há a necessidade de complementação com os demais requisitos da petição inicial do procedimento comum do processo de conhecimento (art. 319 e seus incisos, CPC/15).

Há também a exigência dos documentos indispensáveis para a propositura da ação (art. 320, CPC/15) no procedimento comum do processo de conhecimento. Nenhuma dúvida pode existir no sentido

---

[552] No código atual, as classificações mencionadas foram abandonadas, restando apenas a nominação exemplificativa de algumas cautelares no art. 301.
[553] Art. 305 do atual código.
[554] Parágrafo único do art. 305 do código.

de que na petição inicial cautelar é de ser respeitado o mesmo dispositivo.

O código dá especial atenção para a fungibilidade das tutelas de urgência. Se o juiz perceber que se trata de tutela antecipada, e não cautelar, deverá receber o pedido como de tutela antecipada requerida em caráter antecedente (parágrafo único do art. 305, CPC/15). A propósito, a doutrina, desde o código anterior, admite a fungibilidade mão dupla, tanto no sentido mencionado, quando o pedido for cautelar, mas o provimento adequado for de tutela antecipada quanto no sentido inverso, quando o pedido for de tutela antecipada e o provimento adequado for cautelar.

Verificado que o pedido efetivamente é cautelar, o juiz passa a averiguar a aptidão da petição inicial.[555] Diante da aptidão da peça, o juiz determinará a citação, mas se for inepta, determinará a emenda se o defeito for passível de correção ou extingue o processo sem julgamento de mérito se o defeito for insanável. O prazo de emenda é de ser fixado em 5 dias, em face da necessidade simetria com o prazo de cinco dias para contestar (306, CPC/15). Não sendo realizada a emenda, o juiz extinguirá o processo sem julgamento de mérito, pela inépcia da inicial (art. 485, I, CPC). Há ainda a possibilidade do julgamento de improcedência de plano caso o juiz verifique a prescrição ou decadência e nas demais hipóteses de improcedência liminar do pedido (art. 332, incisos e § 1º, CPC/15).

Ao analisar eventual pedido liminar, o juiz concederá de plano a tutela cautelar se estiverem presentes os requisitos. Não estando suficientemente convencido, poderá o magistrado determinar ainda a caução contracautela ou a justificação prévia do alegado, decidindo, logo após, sobre o pleito antecipatório da tutela cautelar[556] (§§ 1º e 2º do art. 300, CPC/15).

Em seguida, concedida ou não a tutela cautelar, deve ser realizada a citação, se ainda não tiver ocorrido, já que por ocasião da justificação prévia é possível a citação se não houver risco em relação

---

[555] De regra o pedido cautelar, mesmo que tenha sido feito em caráter liminar, só será analisado se a petição for apta. No entanto, observando-se a excepcionalidade da situação, pode, o caso concreto, recomendar a análise do pleito cautelar mesmo com a inépcia da inicial, com a oportunização da emenda em um segundo momento – supremacia da urgência sobre a forma.

[556] Caução contracautela: é uma cautela contrária ao autor, em favor do réu para resguardá-lo de eventual prejuízo que a execução da medida possa vir a lhe causar indevidamente. Essa garantia poderá ser real ou fidejussória. Se o autor não tiver condições de prestar a contracautela ou se não se tratar de questão que possa ser economicamente assegurada, restará ainda a possibilidade da justificação. A justificação consiste na produção de outros meios de prova além daquela documental acostada pelo autor com a petição inicial, de modo a fortalecer o convencimento judicial a respeito dos requisitos da cautelar.

à perda da efetividade da medida cautelar a ser justificada. Com a citação, no prazo de cinco dias, o réu pode apresentar a contestação e indicar as provas que pretende produzir (art. 306, CPC/15).[557]

Na hipótese da não apresentação de resposta do réu, em face da sua contumácia é caracterizada a revelia. Em se tratando de direito disponível, a consequência é a presunção da veracidade dos fatos alegados pelo autor. Contudo, essa presunção é nos limites da cautelar, no sentido de que não produzirá cognição de certeza a respeito dos fatos referidos, com a fixação do prazo impróprio de cinco dias para o julgamento. (art. 307, CPC/15). Outra consequência é o julgamento antecipado do mérito (art. 355, II, CPC/15).

Havendo a contestação, por aplicação subsidiária do procedimento comum do processo de conhecimento, é possível a réplica, que se dará quando o réu tiver arguido alguma defesa processual (art. 337, CPC/15) ou se houver qualquer alegação atinente a fato impeditivo, modificativo ou extintivo do direito do autor (arts. 350 e 351, CPC/15). Por simetria ao prazo da contestação e para adequar ao procedimento sumarizado cautelar o prazo para a réplica será igualmente de cinco dias. Seguindo-se o procedimento comum (parágrafo único do art. 307, CPC/15), com atenção à necessária simetria em relação ao prazo de cinco dias para contestar em relação a todos os demais atos a serem eventualmente realizados.

A adoção da doutrina de Calamandrei impõe que haja sempre necessariamente uma ação principal a ser ajuizada. No procedimento preparatório, o pedido principal deve ser ajuizado no prazo máximo de trinta dias contados da efetivação da medida cautelar (art. 308, CPC/15).

No procedimento cautelar e principal, só haverá pagamento de custas em uma única oportunidade, razão pela qual deve sempre ser dado à causa o valor referente ao pedido principal. No caso do procedimento cautelar antecedente, já se dá o valor da causa em relação ao pedido principal e deverá haver o pagamento das custas correspondentes. Porém, quando for formulado o pedido principal, não há pagamento de novas custas. Se o pedido cautelar é incidente já haverá a incidência de custas em relação ao pedido principal, restando afastada a necessidade do pagamento de novas custas (art. 308, CPC/15).

---

[557] Na vigência do código anterior, havia discussão a respeito do cabimento da exceção de incompetência relativa territorial que era processada através de autos de incidente autônomo, suspendendo o processo cautelar, porém sem suspender a medida liminar eventualmente concedida. Se não proposta a exceção de incompetência havia a prorrogação da competência. Ocorre que a exceção mencionada deixou de ser produzida em peça autônoma à contestação a partir do CPC de 2015.

A tutela cautelar não é capaz de produzir coisa julgada material, conforme defende grande parte da doutrina (art. 310, CPC/15). Porém, não é possível a repetição do mesmo pedido cautelar quando houver a cessação da eficácia da tutela cautelar concedida, salvo por novo fundamento (art. 309, CPC/15), em face da aplicação do princípio do *non bis in idem*.

A decisão concessiva da tutela cautelar tem caráter interdital. Não se podendo olvidar, portanto, que a tutela cautelar será sempre efetivada de forma independente de qualquer rito executivo. De regra, a medida cautelar efetivada pode vir a ser substituída por outra que atenda as mesmas finalidades. É o que se denomina de caução substitutiva.[558][559]

10.4. Satisfativa

11.4.1. Conceito

Na classificação adotada no presente estudo, a tutela de urgência pode ter objetivo meramente asseguratório, não satisfativo (tutela cautelar) ou ter objetivo satisfativo (tutela antecipada). A tutela antecipada pressupõe o atendimento da pretensão de direito material do autor, o que confere a natureza satisfativa do provimento. O atendimento dessa pretensão de conteúdo satisfativo, quando vier a ocorrer em qualquer momento anterior ao final do procedimento (liminarmente ou em qualquer outra fase procedimental) onde normalmente deveria ocorrer a satisfação do direito perseguido judicialmente, caracteriza o provimento antecipatório. Portanto, não só anteriormente à sentença de mérito é possível o provimento antecipatório, como também na própria sentença de mérito, em fase recursal e até no curso do procedimento executório.[560] Se o provimento antecipatório estiver vinculado à necessidade de atendimento do requisito da probabilidade do direito e do perigo de dano decorrente da demora no atendimento da referida pretensão estaremos diante da antecipação de tutela. Por-

---

[558] Pode não ser cabível por se tratar de bem que não admite susbtituição em razão da natureza do direito assegurado, como acontece no sequestro, ou em razão de não possuir conteúdo econômico, como na apreensão de criança, ou não ser a medida apta a causar maior gravame ao réu, como na cautela de mera exibição

[559] Caução que é realizada para substituir o bem que foi objeto da medida constritiva.

[560] Em sentido inverso, permitindo antecipação de tutela apenas anteriormente à decisão de mérito, parte da doutrina, refere que a antecipação de tutela "consiste na entrega do bem da vida ao litigante, antes da prolação da sentença final ..." in, WINTER, Eduardo da Silva. *Medidas Cautelares e Antecipação do Efeitos de Tutela*. Questões atuais e relevantes. Sergio Antonio Fabris Editor, 2007. p. 23.

tanto, é possível ocorrer antecipações de não urgência e antecipações de urgência. As antecipações de urgência são denominadas de tutelas antecipadas pelo código.

O conceito mencionado é revelador da quebra do binômio conhecimento – execução. A tutela antecipada privilegia a celeridade em detrimento da certeza, constituindo-se em um mecanismo eficaz para atendimento do direito material de forma célere, apanágio do Estado Democrático de Direito.

Não é demais que se repita, em face dos fins didáticos perseguidos, que para ser considerada antecipação de tutela é necessário que haja o atendimento dos requisitos legais, especialmente a demonstração de urgência. Portanto, para o CPC de 2015 não podem ser denominadas de tutela antecipada as antecipações de não urgência como acontece em alguns procedimentos especiais, nas tutelas de evidência e no julgamento antecipado parcial de mérito. De igual modo, também não se pode confundi-la com a tutela cautelar, como referido alhures, ainda que seus requisitos sejam comuns.

10.4.2. Procedimento

O CPC de 2015, a partir de seu artigo 303, introduziu um procedimento inédito no sistema processual pátrio, que foi o da tutela antecipada antecedente. A aplicação dessa normatização permitirá, ao autor, conforme o seu interesse, optar entre a tutela antecipada requerida incidentemente e antecedentemente. No caso do requerimento incidente, não há novidade em relação à sistemática adotada pelo código anterior. O autor requer a tutela antecipada no processo no qual buscará a tutela definitiva e segue-se o procedimento previsto para a tutela definitiva. No caso da tutela antecipada antecedente, haverá a indicação do pedido de tutela final, mas será seguido um procedimento diferenciado. De qualquer modo, em ambos, como referido, aplica-se a fungibilidade das tutelas de urgência.

Em que pese o artigo 303 mencionado refira que o autor, no procedimento da tutela antecipada antecedente, limita o seu requerimento à tutela antecipada, com a indicação do pedido de tutela final, com a exposição da lide (causa de pedir) e requisitos da tutela antecipada. Há ainda a necessidade de indicar o interesse no procedimento da tutela antecipada antecedente e estabilização consequente (§ 5º do art. 303, CPC/15).[561] No mais, deverão estar presentes todos os de-

---

[561] Em que pese Didier jr, Paula S. Braga e Rafael A. de oliveira, in *Curso de Direito Processual Civil* – Vol. 2, 11ª ed, Editora Jus Podivm. Pag. 620. refiram que a indicação ocorra para que o réu possa

mais requisitos da petição inicial do procedimento comum do processo de conhecimento (arts. 319 e 320, CPC/15), exceto em relação à argumentação que será mais sucinta e a possibilidade da ausência de alguns documentos. Isso porque se o juiz entender que os requisitos da tutela antecipada estão presentes e deferir o pedido correspondente poderá o autor complementar a petição anterior somente argumentativamente e com a juntada de novos documentos (inciso I do art. 303, CPC/15).

O prazo para o referido aditamento é o legal de quinze dias ou poderá ser fixado prazo judicial mais elástico. A fixação de prazo maior deverá ocorrer a pedido do autor e será analisado em face da complexidade que o caso venha a apresentar.

Como referido em relação ao procedimento cautelar, aqui também só se pagam custas uma vez só. Se o requerimento for de tutela antecipada antecedente, por ocasião do ajuizamento do pedido antecedente já se realiza o pagamento das custas, levando em consideração o valor da causa que será dado de acordo com o pedido final definitivo. Já no requerimento incidente, há de ser feito o pagamento das custas por ocasião do ajuizamento da petição inicial contendo o pedido definitivo, sendo indiferente que o mesmo contenha em conjunto pedido de tutela antecipada ou se o pedido de tutela antecipada venha a ser feito posteriormente, em relação ao pedido de tutela antecipada não se pagam novas custas.

No caso da tutela antecipada antecedente, em sendo caso de aditamento, se o mesmo não vier a ser feito, no prazo referido, o juiz deverá extinguir o processo sem resolução do mérito (§ 2º, art. 303, CPC/15). Em consequência, deve ser revogada a decisão concessiva da tutela antecipada antecedente.

Outra novidade é a possibilidade de emenda para a concessão da tutela antecipada antecedente. Na hipótese de não haver elementos que indiquem a presença dos requisitos para a concessão da tutela antecipada antecedente, o juiz determinará a intimação do autor para complementar a prova, em cinco dias, sob pena de indeferimento e extinção do processo, sem resolução do mérito (§ 6º do art. 303 do CPC/15).[562]

---

eventualmente optar pelo oferecimento de recurso ou contestação, antes disso há que se atentar, data vênia, que a regra continuará sendo no CPC de 2015 a tutela antecipada incidente. Portanto, se não houver essa manifestação expressa o magistrado tomará a petição inicial, desde logo, pelo procedimento comum e determinará eventual emenda.

[562] Friso que não vislumbro empecilho para as hipóteses do juiz exigir caução ou justificação prévia, a teor dos §§ 1º e 2º do art. 300 do CPC/2015, nos moldes do procedimento referido alhures para a cautelar.

Após, o réu será citado e intimado para a audiência de conciliação e mediação, razão pela qual deve haver o requerimento relacionado ao referido interesse na audiência mencionada estar presente na petição inicial, como supramencionado. O réu, por seu turno, igualmente, deverá informar em juízo o seu eventual desinteresse pela audiência. Em sendo caso de realização da audiência de conciliação e mediação, não sendo exitosa a tentativa de conciliação e mediação, começa a correr o prazo para a contestação.

A grande novidade no procedimento analisado é a estabilização da tutela antecipada concedida. O código registra que se o réu não recorrer da decisão concessiva da tutela antecipada, ocorrerá o referido fenômeno processual. A doutrina vem acrescentando que o importante é a verificação da fundada resistência à pretensão do autor. Dessa forma, se o réu não recorre, mas vem a contestar,[563] igualmente não pode ser verificada a estabilização da tutela.

A estabilização da tutela fará com que a decisão concessiva permaneça produzindo efeitos, ainda que o processo deva ser extinto (§ 1º do art. 304, CPC/15). No prazo de dois anos, qualquer das partes poderá buscar o reconhecimento de nulidade da decisão concessiva ou a sua alteração, mas não no mesmo processo, pois ele terá sido extinto. O legitimado, que tanto pode ser o autor quanto o réu (§ 2º do art. 304, CPC/15), deverá ajuizar ação autônoma para alcançar o fim mencionado. A ação em que o réu buscaria a revisão do mérito, em tese delineada há muitos anos atrás por Ovídio Baptista, era denominada de ação inversa, mas, não é demais repetir, o código permite que ambas as partes venham a se utilizar de tal instrumento apto a quebrar a estabilidade adquirida pela tutela. No entanto, enquanto não houver alteração da decisão a tutela antecipada conservará seus efeitos (§ 3º, art. 304, CPC/15).

O juiz competente para a ação que objetiva a alteração ou invalidade da decisão há de ser proposta perante o mesmo juízo onde tramitou o pedido de tutela antecipada antecedente. Ou seja, deverá ser observada a prevenção do juízo em que a tutela antecipada foi concedida (§ 4º do art. 304, CPC/15).

Ambas as partes também podem pedir desarquivamento dos autos em que foi concedida a tutela antecipada antecedente estabilizada (§ 4º do art. 304, CPC/15). Conveniente tal diligência para a

---

[563] Visão de Didier jr, Paula S. Braga e Rafael A. de oliveira (*Curso de Direito Processual Civil* – Vol. 2, 11ª ed. JusPodivm. p. 616). Os mesmos autores defendem a aplicação analógica do procedimento monitório para observar vantagens para o réu na hipótese de não contestação ou recurso, com o não pagamento das custas e honorários de apenas cinco por cento. p. 617 e 618.

complementação da instrução a ser realizada no novo procedimento instaurado. Na linha da colaboração entre os sujeitos do processo pode inclusive ser defendido que a diligência possa ser realizada de ofício pelo juiz.

Ainda, é importante frisar que durante o período de dois anos em que é cabível a ação para buscar a quebra da estabilização mencionada, não há que se falar em coisa julgada, em face da possibilidade de modificação do *decisium*. Continua havendo durante o referido período cognição vertical sumária que permite a mudança do convencimento do julgador através da ação de alteração ou invalidade da decisão estabilizadora de tutela. Porém, após tal período não se pode negar que a cognição vertical sumária dará ensejo para a cognição vertical exauriente e esgotado o procedimento, inclusive em relação aos recursos, não há lógica em negar a superveniência da coisa julgada material. Sabido que há autores que negam a ocorrência da coisa julgada mesmo após o período de dois anos.[564] Porém, diferentemente do que defende essa doutrina, a decisão sobre a tutela antecipada julga o mérito, analisa indubitavelmente o pedido da ação, e na medida em que tal decisão indubitavelmente configurará a hipótese do art. 487, I, do CPC/2015 não há, data vênia, como negar a coisa julgada material.

10.5. Tutela de evidência

Há doutrina que vincula a tutela de evidência a cognição vertical exauriente, *data venia*, ao menos na visão do código, não pode ser vista de tal forma. O motivo é simples. No momento em que a tutela de evidência é tida como espécie do gênero provisória, a ela se vincula indissociavelmente a cognição vertical sumária. Significa, portanto, que necessariamente deverá ser substituída pela cognição vertical exauriente, quando então deixará de ser provisória, de evidência, e passará a ser definitiva. Em consequência, não pode restar obstada a possibilidade de revogação e modificação durante todo *iter* procedimental.

Como referido anteriormente, em que pese provisória como as tutelas de urgência, na tutela de evidência não se exige a prova do *perigo de dano* decorrente da demora do processo e nem o *risco ao resultado útil do processo*. Na tutela de evidência, há o pressuposto de demonstração de fatos que indicam a presença de um direito muito provável para o autor. Em consequência, o êxito na resistência do réu é improvável. Assim, em face do princípio isonômico permite-se que se satisfaça an-

---

[564] Didier jr, Paula S. Braga e Rafael A. de oliveira (*Curso de Direito Processual Civil* – Vol. 2, 11ª ed. JusPodivm. p. 625 e 626).

tecipadamente o direito do autor, distribuindo-se justificadamente o ônus decorrente da demora do processo para aquele que muito provavelmente será sucumbente na demanda, o réu. Nesse sentido amplo há tutelas de evidência em alguns procedimentos especiais, como, por exemplo nas ações possessórias, na ação monitória, no despejo, entre outros. Porém, o objeto do presente estudo é limitado às tutelas de evidência gerais previstas nos incisos do art. 311 do CPC.

Essas tutelas de evidência podem ser classificadas em tutela sancionatória/punitiva e amparada em prova documental. A tutela que concede a antecipação do provimento por imposição de uma sanção ou pena está prevista no inciso primeiro do artigo mencionado. A tutela de evidência punitiva é concedida para sancionar uma conduta abusiva ou protelatória do réu. Esse tipo de conduta está a indicar que o réu não tem razão e que pretende utilizar o processo para atingir fim não compatível com o Direito, aproveitando-se e utilizando, muitas vezes, de direito que tem consciência de que não possui, enquanto aquele que teria o direito suporta os ônus da demora do processo.

A doutrina costuma diferenciar abuso do direito de defesa do manifesto propósito protelatório do réu. O abuso do direito de defesa está relacionado a ato praticado dentro dos autos do processo enquanto que o ato protelatório está vinculado a ato externo.

O inciso segundo traz a tutela de evidência amparada em prova documental e tese firmada em *julgamento de casos repetitivos ou em súmula vinculante*. Há, portanto, dois requisitos para a concessão dessa tutela de evidência. O juiz deve alcançar o convencimento de probabilidade de direito em face da prova documental produzida e deve haver posicionamento firmado pelos tribunais ou em súmula vinculante onde se possa identificar que a *ratio decidendi* é equivalente.

O inciso terceiro trata da tutela de evidência amparada em prova documental de contrato de depósito. O código anterior previa um procedimento especial de depósito que permitia até a prisão civil. Em face da extrema gravidade foi a sanção de prisão, por não ser adequada à sistemática processual civil, considerada inconstitucional. De qualquer modo, reconhecendo que se trata de situação diferenciada, a legislação previu que a prova documental é suficiente para evidenciar o direito e permitir, inclusive, a concessão da tutela da obrigação de entrega liminarmente. Se necessária a conversão em pecúnia, não está o autor autorizado legalmente a buscar a tutela de evidência. Em que pese o código preveja apenas a imposição de multa, como instrumento de coação à obrigação, não podem ser descartadas outras medidas que se mostrarem adequadas para a efetivação da tutela (art. 297, CPC/15).

O inciso quarto permite a tutela de evidência quando houver prova documental suficiente dos fatos constitutivos do direito do autor, e o réu não opuser prova capaz de gerar dúvida razoável. Para valiosa doutrina, essa situação não configuraria tutela provisória, razão pela qual estaria inadequadamente prevista nessa parte do código. A situação hipotética trazida no inciso ensejaria, na realidade, julgamento antecipado da lide, pois a concessão da tutela só seria permitida se esgotada a fase instrutória.[565] No entanto, não pode ser admitida a negação de utilidade da normatização trabalhada. Há de se buscar a efetivação dos direitos através do inciso mencionado à luz do novo paradigma democrático previsto constitucionalmente do atual código de processo civil. Não se pode admitir que haja a necessidade do esgotamento das oportunidades de provas ao réu para permitir a tutela de evidência, porque se assim o for, realmente, não haveria motivo para diferenciar a tutela tratada do julgamento antecipado da lide. O paradigma democrático previsto na Constituição ao qual buscou-se alinhar o atual Código de Processo Civil defende a divisão mais equilibrada dos ônus processuais. Diferentemente do paradigma liberal em que havia a necessidade de um exigente e demorado processo de conhecimento para se alcançar a certeza e de outro longo processo de execução para alcançar a satisfação do Direito reconhecido, no processo democrático há a mitigação de tantas exigências em prol de um processo efetivo, célere e solidário. Portanto, a tutela de evidência há de ser concedida mesmo quando não encerrada a possibilidade probatória ao réu. Se houver prova documental suficiente a demonstrar os fatos constitutivos do direito do autor e se já na contestação o julgador perceber que não há contraprova capaz de gerar dúvida razoável, ainda que se admita que, em tese, possa vir a surgir outras provas aptas a gerar dúvida razoável, é de ser concedida a tutela. Como em todos os juízos de probabilidade, excepcionalmente, com a dilação probatória mais aprofundada, pode vir a surgir prova que gere convencimento diverso, mas tal situação não pode se constituir obstáculo às tutelas provisórias sob pena de torná-las ineficazes. Em todas as tutelas provisórias, e não é diferente na tutela de evidência ora tratada, há o pressuposto de se tutelar um direito que se aparenta muito mais provável em detrimento em detrimento de outro que parece ser improvável.

---

[565] Didier Jr., Paula S. Braga e Rafael A. de oliveira (*Curso de Direito Processual Civil* – Vol. 2, 11ª ed. JusPodivm. p. 641 e 642).

11. Referências

ABELHA, Marcelo. *Manual de Direito Processual Civil*. 6ª ed. Rio de Janeiro: Forense, 2016.
ALTAVILLA, Enrico. *Psicologia Judiciária*. V. II. Trad. Fernando de Miranda. 3. ed. Coimbra: Armênio Amado, 1982.
ALVARO DE OLIVEIRA, Carlos Alberto. A Garantia do Contraditório. In: *Do Formalismo no Processo Civil*. 2. ed. São Paulo: Saraiva, 2003.
——. *Do Formalismo no Processo Civil*. 3ª edição. São Paulo: Saraiva, 2009.
——. *Do Formalismo no Processo Civil*. 4ª ed. São Paulo: Saraiva, 2010.
——. Presunções e ficções no direito probatório. In: *Revista de Processo*, vol. 196, (2011): 13-20.
——. *Teoria e Prática da Tutela Jurisdicional*. Rio de Janeiro: Forense, 2009.
——; MITIDIERO, Daniel. *Curso de Processo Civil*. Vol. 2. São Paulo: Atlas, 2012.
——; ——. *Curso de Processo Civil*. Vol. 1. São Paulo: Atlas, 2010.
ALVIM, Arruda; ASSIS, Araken de; ARRUDA ALVIM, Eduardo. *Comentários ao Código de Processo Civil*. 2ª edição. São Paulo: Editora Revista dos Tribunais, 2012.
AMARAL, Paulo Osternack. *Código de processo civil comentado*. Coordenação José Sebastião Fagundes, Antônio César Bochenek e Eduardo Cambi. São Paulo: Revista dos Tribunais, 2016.
AROCA, Juan Montero. *La Prueba en el Proceso Civil*. 6ª ed. Madrid: Civitas, 2011.
ASCENSÃO, José de Oliveira. *Direito Civil. Teoria Geral. Ações e Fatos Jurídicos*. 3. ed. São Paulo: Saraiva, 2010.
ASSIS, Araken de. *Cumulação de ações*. São Paulo: Revista dos Tribunais, 2002.
——. *Processo Civil Brasileiro*. Parte especial: procedimento comum (da demanda à coisa julgada). v. III. São Paulo: Revista dos Tribunais, 2015.
ÁVILA, Humberto. *Teoria dos princípios:* da definição à aplicação dos princípios jurídicos. 16ª ed. São Paulo: Malheiros, 2009.
BAPTISTA DA SILVA, Ovídio. *Curso de Processo Civil*: processo de conhecimento. 6. ed. São Paulo: Revista dos Tribunais, 2003.
BARBOSA MOREIRA, José Carlos. *O Novo Processo Civil Brasileiro*. 25. ed. Rio de Janeiro: Forense, 2007.
——. Os poderes do juiz na direção e na instrução do processo. In: *Temas de direito processual*. Quarta Série. São Paulo: Saraiva, 1989.
——. Regras de experiência e conceitos juridicamente indeterminados. In: *Revista Forense*, v. 261 (1978): 13-19.
BARRETO, Vicente de Paulo (org.). *Dicionário de filosofia do direito*. São Leopoldo: Editora Unisinos, 2006. p. 701.
BEDAQUE, José Roberto dos Santos. In: MARCATO, Antônio Carlos (coord.). *Código de Processo Civil Interpretado*. São Paulo: Atlas, 2003.
——. *Poderes instrutórios do juiz*. 4ª ed. São Paulo: Revista dos Tribunais, 2009.
BELTRÁN, Jordi Ferrer. *Prova e verità nel diritto*. Bologna: Il Mulino, 2004.
BONDIOLI, Luis Guilherme Aidar. In: WAMBIER, Teresa Arruda Alvim; DIDIER JR., Fredie; TALAMINI, Eduaro; DANTAS, Bruno (Coord). *Breves Comentários ao novo Código de Processo Civil*, São Paulo: Revista dos Tribunais, 2015.
BRUTAU, José Puig. *A jurisprudência como fonte de direito*. Porto Alegre: AJURIS, 1977. p. 28.

BUENO, Cassio Scarpinella. *Curso sistematizado de direito processual civil.* vol. 2, t. 1. São Paulo: Saraiva, 2007.

——. *Manual de direito processual civil.* 2. ed., rev., atual. e ampl. São Paulo: Saraiva, 2016.

BUZAID, Alfredo. Do ônus da prova. *Revista de Direito Processual Civil*, v. 4, jul./dez. 1961.

CALAMANDREI, Piero. El juez y el historiador. In: *Estudios sobre el proceso civil.* Trad. de S. Sentís Melendo, Buenos Aires: Editorial Bibliografica I Argentina, 1945.

CÂMARA, Alexandre Freitas. *Lições de processo civil*: v. 1. 23. ed. São Paulo: Atlas, 2012.

CAMBI, Eduardo. *A prova civil: admissibilidade e relevância.* São Paulo: Revista dos Tribunais, 2006.

——. *Curso de Direito Probatório.* Curitiba: Juruá, 2014.

——. *Direito constitucional à prova no processo civil.* São Paulo: RT, 2001.

CARNEIRO, Athos Gusmão. *Audiência de instrução e julgamento e audiências preliminares.* 15ª edição. Brasília: Gazeta Jurídica, 2014.

——. *Da antecipação de Tutela.* 6ª ed. Rio de Janeiro: Forense, 2006.

CARNELUTTI, Francesco. *A prova civil.* 4ª ed. Campinas: Bookseller, 2005.

——. *La Prova Civile.* 2. ed. Roma: Dell'ateneo, 1947.

CARPES, Artur Thompsen. *A prova do nexo de causalidade na responsabilidade civil.* São Paulo: Revista dos Tribunais, 2016.

——. *Ônus dinâmico da prova.* Porto Alegre: Livraria do Advogado, 2010.

CARRATA, Antonio. Funzione Dimostrativa della Prova (Verità del fatto nel Processo e Sistema Probatorio). In: *Rivista di Diritto Processuale*, Milano: Giuffrè, anno LVI, nº 1, genn./mar. – 2001.

CINTRA, Antonio Carlos de Araújo; GRINOVER, Ada Pellegrini; DINAMARCO, Cândido Rangel. *Teoria Geral do Processo.* 21. ed., rev. e atual. São Paulo: Malheiros, 2005.

COHEN, L. Jonathan. *The Probable and the Provable.* New York: Oxford University Press, 2011.

CONCEIÇÃO, Maria Lucia Lins. *Breves comentários ao novo código de processo civil*, 2ª ed. em *ebook*, coord. Teresa Arruda Alvim, Wambier, Fredie Didier Jr., Eduardo Talamini e Bruno Dantas, São Paulo: Revista dos Tribunais, 2016.

COUTURE, Eduardo J. *Fundamentos do direito processual civil.* Trad. Rubens Gomes de Souza. São Paulo: Saraiva, 1946.

CRUZ E TUCCI, José Rogério. A *causa petendi* no processo civil. 2ª ed. São Paulo: Revista dos Tribunais, 2001.

CUNHA, José Sebastião Fagundes (coord.). *Código de Processo Civil Comentado.* São Paulo: Revista dos Tribunais, 2016.

DAMASKA, Mirjan R. *Evidence Law Adrift.* New Haven: Yale University Press, 1997.

DELLEPIANE, Antonio. *Nueva Teoría de La Prueba.* 10ª ed. Bogotá: Temis, 2011.

DENTI, Vittorio. Scientificità della prova e libera valutazione del giudice. In: *Rivista di Diritto Processuale*, n. 27 (1972): 414-437.

DEVIS ECHANDÍA, Hernando. *Teoria general de la prueba judicial.* Buenos Aires: Víctor P. De Zavallía, [s.d.] v. 1.

——. *Teoría General de la Prueba Judicial.* Tomo I. 5ª ed. Bogotá: TEMIS, 2006.

DIDIER JR, Fredie; BRAGA, Paula Sarno; OLIVEIRA, Rafael Alexandria de. *Curso de direito processual civil.* Vol. 2. 10ª edição. Salvador: JusPodivm, 2016.

——. *Curso de Processo Civil*: introdução ao direito processual civil, parte geral e processo de conhecimento. 18. ed. Salvador: Juspodivm, 2016.

DINAMARCO, Cândido Rangel. *A instrumentalidade do processo.* 12. ed. rev. e atual. São Paulo: Malheiros, 2005.

——. *Instituições de Direito Processual Civil.* 6. ed. São Paulo: Malheiros, 2009, vol. III.

DWORKIN, Ronald. *Levando os direitos a sério.* Tradução de Nelson Boeira. São Paulo: Editora WMF Martins Fontes, 2010.

FABRÍCIO, Adroaldo Furtado. Fatos notórios e máximas de experiência. In: *Revista Forense*, v. 376 (2004): 3-10.

FAVALE, José Ovalle. *Teoría General del Proceso*. México: Oxford, 2005.

FERREIRA, William Santos. *Princípios fundamentais da prova cível*. São Paulo: Revista dos Tribunais, 2015.

FERREIRA FILHO, Manoel Caetano. *Código de processo civil comentado*. Coordenação CUNHA, José Sebastião Fagundes e BOCHENEK, Antonio Cesar, CAMBI, Eduardo. São Paulo: Editora Revista dos Tribunais, 2016.

FERRER BELTRÁN, Jordi. *La valoración racional de la prueba*. Madrid: Marcial Pons, 2007.

FIGUEIRA JÚNIOR, Joel Dias. *Comentários ao código de processo civil*. São Paulo: Editora Revista dos Tribunais, 2001, v. 4, tomo II.

FORNACIARI, Flávia Hellmeister Clito. As máximas de experiência e o livre convencimento do juiz. In: *Revista Dialética de Direito Processual*, n. 10 (2004): 9-26.

FORSTER, João Paulo K. O direito fundamental à prova. In: REICHELT, Luís Alberto, DALL'ALBA, Felipe Camilo (orgs.). *Primeiras Linhas de Direito Processual Civil*. Vol. 1. Porto Alegre: Livraria do Advogado, 2016.

FRANK, Jerome. *Law and the Modern Mind*. New York: Tudor Publishing Co., 1936, p. 42 e seguintes.

FUX, Luiz. *Curso de direito processual civil*. Rio de Janeiro: Forense, 2004.

GAJARDONI, Fernando da Fonseca, DELLORE, Luiz, ROQUE, André Vasconcelos e OLIVEIRA JR., Zulmar Duarte de. *Teoria Geral do Processo: Comentários ao CPC de 2015: Parte geral*. São Paulo: Forense, 2015.

GARNER, Bryan A. (Ed.). *Black's Law Dictionary*. 8. ed. St. Paul: Thomson West, 2004.

GARRIGUES y DÍAZ-CANÃBATE, Joaquín. *Problemas atuais das sociedades anônimas*. Tradução, prefácio e notas do prof. Norberto da Costa Caruso MacDonald. Porto Alegre: Sergio Antonio Fabris Editor, 1982.

GASCÓN ABELLÁN, Marina. *Los Hechos en el Derecho*: bases argumentales de la prueba. 3. ed. Madrid: Marcial Pons, 2010.

GASPAR, António Henriques. A Justiça nas incertezas da sociedade contemporânea. *Julgar*. Coimbra: Coimbra Editora, nº 1, jan./abr.2007.

GOLDSCHMIDT, James. *Derecho procesal civil*. Trad. Leonardo Prieto Castro. Barcelona: Labor, 1936.

GOTTWALD, Peter. *Die Revisionsinstanz als Tatsacheninstanz*. Berlin: Duncker und Humblot, 1974.

GROSS, Marco Eugênio. *A Categoria das Máximas de Experiência no Âmbito do Livre Convencimento do Juiz e o seu Controle pelo Superior Tribunal de Justiça*. Dissertação (Mestrado) – Faculdade de Direito, Universidade Federal do Rio Grande do Sul.

HENKE, Horst-Eberhard. *La Cuestion de Hecho*: el concepto indeterminado em el derecho civil y su casacionabilidad. Trad. de Tomas A. Banzhaf. Buenos Aires: Ediciones Juridicas Europa-America, 1979.

HOLMES, Oliver Wendell. The common law. In: FISHER III, William W.; HORWITZ, Morton J.; REED, Thomas A. (Orgs.). *American legal realism*. Oxford: Oxford University Press, 1993. p. 9.

JAUERNIG, Othmar. *Direito processual civil*. 25 ed., totalmente refundida, da obra criada por Friedrich Lent. Trad. F. Silveira Ramos. Coimbra: Almedina.

KEMMERICH, Clóvis Juarez. *Estudos de direito processual*. Porto Alegre: Edição do Autor, 2007.

KIELMANOVICH, Jorge L. *Teoría de la prueba y médios probatorios*. 3 ed. Buenos Aires: Rubinzal-Culzoni Editores, 2004.

KNIJNIK, Danilo. *A Prova nos Juízos Cível, Penal e Tributário*. Forense: Rio de Janeiro, 2007, p. 6.

——. Ceticismo fático e fundamentação teórica de um direito probatório. In: ——. (Org.). *Prova judiciária*: novos estudos sobre o novo direito probatório. Porto Alegre: Livraria do Advogado, 2007.

LACERDA, Galeno. *Teoria Geral do Processo*. Rio de Janeiro: Forense, 2006.

LALANDE, André. *Vocabulário técnico e crítico da Filosofia*. 3ª ed. São Paulo: Martins Fontes, 1999.

——. *Despacho saneador*. Porto Alegre: Fabris, 1985.

LAUDAN, Larry. *Truth, Error and Criminal Law*. Cambridge: Cambridge, 2006.
LÉVY-BRUHL, Henri. *La Preuve Judiciaire*. Paris: Librairie Marcel Rivière et Cie, 1964.
LIEBMAN, Enrico Tullio. Nulidade da sentença proferida sem citação do réu. In: *Estudos sobre o processo civil brasileiro*. São Paulo: Bushatsky, 1976.
LLEWWLLYN, Karl Nickerson. Some realism about realism: responding to dean pound. *Harvard Law Review*, Cambridge, v. 44, p. 1233-1234, 1930/1931.
LOMBARDO, Luigi. Prova scientifica e osservanza del contraddittorio nel processo civile. In: *Rivista di Diritto Processuale*, anno LVII, n. 4 (2002): 1083-1122.
LOPES, João Batista. *A Prova no Direito Processual Civil*. 3ª ed. São Paulo: RT, 2007.
LOPEZ MIRÓ, Horácio G. *Probar o sucumbir*. Buenos Aires: Abeledo-Perrot, 1998.
MANNARINO, Nicola. *La Prova nel Processo*. Padova: CEDAM, 2007.
MARÍAS, Julián. *Tratado sobre a convivência*. São Paulo: Martins Fontes, 2003.
MARINONI, Luis Guilherme, ARENHART, Sérgio Cruz. *Prova e Convicção*. 3ª ed. São Paulo: RT, 2015.
——; ARENHART, Sérgio Cruz, MITIDIERO, Daniel. *Novo curso de processo civil*. Vol. 2. 2ª ed. São Paulo: Revista dos Tribunais, 2016.
——. *Processo de conhecimento*. Luiz Guilherme Marinoni. Sérgio Cruz Arenhart – 10. ed. rev. e atual. – São Paulo: Editora Revista dos Tribunais, 2011.
——; ARENHART, Sérgio Cruz. *Curso de Processo Civil. Processo cautelar*. 6. ed. São Paulo: Revista dos Tribunais, 2014.
——; ARENHART, Sergio Cruz; MITIDIEIRO, Daniel. *Novo Código de Processo Civil comentado*. 2 ed. São Paulo: Revista dos Tribunais, 2016.
——; ARENHART, Sérgio Cruz; MITIDIERO, Daniel. *Novo Curso de Direito Processual Civil:* tutela dos direitos mediante procedimento comum. Vol. 2. São Paulo: Revista dos Tribunais, 2015.
MAZZARELLA, Giuseppe. Appunti sul fatto notorio. In: *Rivista di Diritto Processuale Civile*, vol. .XI (1934): 65-74.
MEDINA, José Miguel Garcia. *Direito Processual Civil Moderno*. São Paulo: Revista dos Tribunais, 2016.
——. *Guia prático do novo processo civil brasileiro*. São Paulo: Editora Revista dos Tribunais, 2016.
MELENDO, Santiago Sentís. Naturaleza de la prueba: la prueba es libertad. *Revista dos Tribunais*, São Paulo, v. 63, n. 462, p. 11-22, abr. 1974.
MENEZES CORDEIRO, Antonio Manuel da Rocha e. *Da Boa Fé no Direito Civil*. 3ª. Reimpressão. Coimbra: Almedina, 2007.
MICHELI. Gian Antonio. *L´Onere della prova*. Padova: Cedam, 1966.
MIRANDA, Pontes de. *Comentários ao Código de Processo Civil*. Rio de Janeiro: Forense, 1974, tomo IV.
MITIDIERO, Daniel. Fundamentação e precedente – dois discursos a partir da decisão judicial. *Revista de Processo*. São Paulo: RT. 2012, n. 206.
MORALES, Rodrigo Rivera. *La prueba: un análisis racional y prático*. Madrid: Marcial Pons, 2011.
MOREIRA, José Carlos Barbosa. *O novo processo civil brasileiro:* exposição sistemática do procedimento. Edição Revista e Atualizada. Rio de Janeiro: Forense, 2010.
MORELLO, Augusto Mario. *La prueba: tendencias modernas*. Buenos Aires: Abeledo Perrot, 2001.
MÚRIAS, Pedro Ferreira. Por uma distribuição fundamentada do ónus da prova. Lisboa: Lex, 2000
NERY JUNIOR, Nelson. *Comentários ao Código de Processo Civil*. Nelson Nery Junior, Rosa Maria de Andrade Nery – São Paulo: Editora Revista dos Tribunais, 2015.
PASSOS, José Joaquim Calmon de. *Comentários ao Código de Processo Civil*. V. III, Rio de Janeiro: Forense, 2004
PAVANINI, Giovanni. Massime di esperienza e fatti notori in corte di cassazione. In: *Rivista di Diritto Processuale Civile*, vol. XIV (1937): 247-268.

PEIXOTO, RAVI. *A Fazenda Pública e a audiência de conciliação no novo CPC*. Disponível em: <http://www.conjur.com.br/2016-abr-07/ravi-peixoto-fazenda-audiencia-conciliacao-cpc.>Acesso em 07.09.16.
PICÓ I JUNOY, Joan. *El derecho a la prueba en el proceso civil*. Barcelona: Bosch, 1996.
PINHO, Humberto Dalla Bernardina de. *Direito processual civil contemporâneo*: introdução ao processo civil. Volume II – São Paulo: Saraiva, 2012.
PIRES DE SOUSA, Luís Filipe. *Prova testemunhal*. Almedina: Coimbra, 2013.
——. *Prova testemunhal*. Coimbra: Almedina, 2013.
PONTES DE MIRANDA, Francisco Cavalcanti. *Comentários ao Código de Processo Civil*. v. IV. Rio de Janeiro: Forense, 1974.
PRETTO, Cristiano. *Autonomia Privada e Testamento*. Liberdade e limite no direito de testar no Código Civil de 2002. Porto Alegre: Fabris, 2015.
RAMOS, Vitor de Paula. *Ônus da prova no processo civil*: do ônus ao dever de provar. São Paulo: Revista dos Tribunais, 2015.
REICHELT, Luís Alberto. *A Prova no Direito Processual Civil*. Porto Alegre: Livraria do Advogado, 2009.
——. Sobre a densificação conceitual do direito fundamental à intangibilidade da coisa julgada no novo Código de Processo Civil. In: REICHELT, Luis Alberto e RUBIN, Fernando. *Grandes Temas do Novo Código de Processo Civil*. vol. 2. Porto Alegre: Livraria do Advogado, 2016.
——; DALL´ALBA, Felipe Camilo (Coord.). *Primeiras linhas de direito processual civil. Volume 1: teoria geral do processo civil*. Porto Alegre: Livraria do Advogado, 2016.
RÍOS, Eva Isabel Sanjurjo. *La prueba pericial civil. Procedimiento y valoración*. Madrid: REUS, 2013.
RIVELLO, Pier Paolo. *La Prova Scientifica*. Milano: Giuffrè, 2014.
ROSENBERG, Leo. *La carga de la prueba*. Trad. Ernesto Krotoschin. Buenos Aires: Ejea, 1956.
ROSITO, Francisco. *Direito Probatório*: as máximas de experiência em juízo. Porto Alegre: Livraria do Advogado, 2007.
ROSONI, Isabella. *Quae singula non prosunt collecta iuvant*: la teoria della prova indiziaria nell'ettà medievale e moderna. Milano: Giuffrè, 1995. p. 99-101.
SÁ, Renato Montans de. *Manual de direito processual civil*. 2. ed. – São Paulo: Saraiva, 2016.
SALOMÃO FILHO, Calixto. Sociedade Anônima: interesse público e privado. *Revista de Direito Mercantil*, São Paulo, n. 127, p. 7-20, 2002.
SANTOS, Guilherme Luis Quaresma Batista. A colheita de depoimentos no processo civil brasileiro. *Revista de Processo*. Ano 37, n. 213, novembro de 212.
SANTOS, Moacyr Amaral. *Comentários ao Código de Processo Civil*. Vol. 4. Rio de Janeiro: Forense, 1976.
——. *Primeiras linhas de direito processual civil*. Atualizado por Aricê Moacyr Amaral Santos. 2º vol. 23ª ed. São Paulo: Saraiva, 2004.
——. *Prova judiciária no cível e comercial*. v. 3. 4. ed. São Paulo: Saraiva, 1972.
——. *Prova judiciária no cível e no comercial*. Vol. 1. São Paulo: Max Limonad, 1970.
SARLET, Ingo Wolfgang; MARINONI, Luiz Guilherme; MITIDIERO, Daniel. *Curso de direito constitucional*. São Paulo: Revista dos Tribunais, 2012.
SCHÖNKE, Adolfo. *Derecho procesal civil*. Barcelona: Bosch, 1950.
SENTIS MELENDO, Santiago. Naturaleza de la prueba: la prueba es libertad. *Revista dos Tribunais*, São Paulo, n. 462, abr. 1974.
SILVA, Jaqueline Mielke. *Tutela de Urgência – de Piero Calamandrei a Ovídio Araújo Baptista da Silva. Editora*. Porto Alegre: Verbo Jurídico, 2009.
SILVA, Ovídio Araújo Baptista da. *Decisões interlocutórias e sentenças liminares*. Da sentença Liminar à Nulidade da Sentença. Rio de Janeiro: Forense, 2002.
——. *Curso de processo civil*. Rio de Janeiro: Forense, 2008, v. 1, t. 1.
SOBRINHO, Elício de Cresci. O juiz e as máximas de experiência. In: *Revista Jurídica*, n. 101 (1983): 58-69.
STEIN, Ernildo. *Exercícios de Fenomenologia*: Limites de um Paradigma. Ijuí: Unijuí, 2004.

STEIN, Friedrich. *El conocimiento privado del juez*. Trad. Andrés de la Oliva Santos. Madrid: Centro de Estudios Ramón Aceres, 1990.

STRECK, Lenio Luiz. *Hermenêutica e(m) crise*. Porto Alegre: Livraria do Advogado, 1999.

TAPPER, Colin. *Cross & Tapper on Evidence*. 12ª ed. New York: Oxford University Press, 2010.

TARUFFO, Michele. Considerazioni sulle massime d'esperienza. In: *Rivista Trimestrale di Diritto e Procedura Civile*, anno LXII, n. 2 (2009): 551-569).

——. *A prova*. Trad. João Gabriel Couto. São Paulo: Marcial Pons, 2014.

——. Il controlo di razionalitá della decisione fra logica, retorica e dialetica. *REPRO*, São paulo, v. 32, n. 143, jan. 2007.

——. *La Motivazione della Sentenza Civile*. Padova: CEDAM, 1975.

——. *La Prova dei Fatti Giuridici*. Milano: Giuffrè, 1992.

——. *La Prueba*. Madrid: Marcial Pons, 2008.

——. Modelli di Prova e di Procedimento Probatorio. In: *Rivista di Diritto Processuale*, Milano: Giuffrè, anno XLV, n° 2, apr./giug. – 1990.

——. *Páginas sobre justicia civil*. Madrid: Marcial Pons, 2009.

——. *Simplemente la verdad*. Madrid: Marcial Pons, 2010. p. 268.

——. *Uma simples verdade. O juiz e a construção dos fatos*. Trad. Vitor de Paula Ramos. Madri: Marcial Pons, 2012.

TEIXEIRA, Guilherme Freire. *Código de Processo Civil*. Coord. Cunha, J.S. Fagundes, Bochenek, Antonio César e Cambi, Eduardo. São Paulo: Revista dos tribunais, 2016.

TEIXEIRA, Guilherme Puchalski. Sentenças objetivamente complexas: impossibilidade do trânsito em julgado parcial. *Revista de Processo*. vol. 162. p. 228. São Paulo: Ed. RT, ago. 2008.

TESHEINER, José Maria Rosa. *Pressupostos processuais e nulidades no processo civil*. São Paulo: Editora Saraiva, 2000.

THEODORO JR., Humberto. *Curso de direito processual civil*. v. I. 56ª ed. Rio de Janeiro: Editora Forense, 2015.

——. Estabilização da demanda no novo Código de Processo Civil. In: *Revista de Processo*, vol. 244 (2015): 196-205.

——. *Novo Código de Processo Civil Anotado*. 20. ed. Rio de Janeiro: Forense, 2016.

TOMBARI, Giovanna Fabbrini. Note in tema di presunzioni legali. In: *Rivista Trimestrale di Diritto e Procedura Civile*, anno XLV, n. 3 (1991): 917-938.

TONINI, Paolo. *A Prova no Processo Penal Italiano*. Traduzido por Alexandra Martins e Daniela Mtóz. São Paulo: Revista dos Tribunais, 2002.

VERÇOSA, Haroldo Malheiros Duclerc. *Direito Comercial. Teoria Geral*. 4. ed. São Paulo: Revista dos Tribunais, 2014.

WAMBIER, Luiz Rodrigues; TALAMINI, Eduardo. *Curso Avançado de Processo Civil*. 16ª ed. São Paulo: Revista dos Tribunais, 2016.

WAMBIER, Teresa Arruda Alvim (coordenação). *Primeiros Comentários ao Novo Código de Processo Civil. Artigo por artigo*. Revista dos Tribunais: São Paulo, 2015.

——, DIDIER JR, Fredie, TALAMINI, Eduardo e DANTAS, Bruno (org.). *Breves Comentários ao Novo Código de Processo Civil*. São Paulo: Revista dos Tribunais, 2015.

WATANABE, Kazuo. *Da cognição no processo civil*. São Paulo: RT, 1987.

WELSCH, Gisele Mazzoni. *Legitimação Democrática do Poder Judiciário no Novo CPC* (Coleção Liebman). São Paulo: Revista dos Tribunais, 2016.

WINTER, Eduardo da Silva. *Medidas Cautelares e Antecipação do Efeitos de Tutela*. Questões atuais e relevantes. Sergio Antonio Fabris Editor, 2007.

YARSHELL, Flavio Luiz. *Antecipação da prova sem o requisito da urgência*. São Paulo: Malheiros, 2009.

——. *Tutela Jurisdicional*. 2ª ed. São Paulo: DPJ, 2006.

Impressão:
Evangraf
Rua Waldomiro Schapke, 77 - POA/RS
Fone: (51) 3336.2466 - (51) 3336.0422
E-mail: evangraf.adm@terra.com.br